Auftrag und Wahrheit 15|2025

Ökumenische Quartalsschrift für Predigt, Liturgie und Theologie

V B
SABAT

Herausgeber und Redaktion

Editorial

Habemus Papam!" Die Wahl von Robert Kardinal Prevost zum Papst und dessen gewählter Name Leo XIV. setzen durchaus eine Zäsur im Blick auf das vorherige Pontifikat von Papst Franziskus (2013-2025). Bereits am Abend der Präsentation auf der Loggia des Petersdoms wurden die Unterschiede deutlich, schon optisch und atmosphärisch. Der neue Pontifex präsentierte sich mit Mozetta und päpstlicher Stola. Das zeigt, dass hier die gute Tradition und liturgische Ordnung wieder zur Geltung kommen.

Dem folgte gleich das nächste positive „Aha-Erlebnis". So hat der neue Papst die Menschen mit dem österlichen Friedensgruß Christi begrüßt: „Friede sei mit Euch!" Neben „Gelobt sei Jesus Christus!" der zweite mögliche Gruß, den man unter der Papst-Loggia bei der Präsentation eines neuen Pontifex erwarten sollte. Auch wenn deutsche Medien in ihrer religiösen Unbedarftheit Papst Franziskus für sein „Buona sera" zur Premiere auf der Loggia 2013 gleich als besonders leger gefeiert hatten, so gehört dieser Gruß doch eher in die zwischenmenschliche Alltagskommunikation. Von einem frischgewählten Papst erwartet man indes einen geistlichen Gruß.

Bereits auf der Loggia kündigte Papst Leo XIV. etwas an, was die deutschen Amtskirchen, ihre durchschnittliche Mainstream- und Multikulti-Theologie, die kirchlichen Akademien und Juste Milieus bis ins Mark erschüttern wird: Papst Leo XIV. fordert, dass die Kirche wieder *missionarisch* sein muss. Jawohl: „missionarisch"! Ganz im Sinne des Auftrags des auferstandenen Herrn im Missionsbefehl (Mt 28,16-20)! Und ganz im Sinne der großen Enzyklika „Redemptoris Missio. Über die fortdauernde Gültigkeit des missionarischen Auftrages" von 1990 des heiligen Papstes Johannes Paul II. Diese zählt zu den wichtigsten Enzykliken der Kirchengeschichte und sollte Pflichtlektüre aller Theologiestudenten und Priester sein. Freilich auch ganz im Sinne seiner Vorgänger Benedikt XVI. und Franziskus, die ebenfalls unermüdlich die Unverzichtbarkeit der Neuevangelisation betont haben.

Warum diese – auch für den Fortbestand der Kirche Gottes auf Erden bis zur Wiederkehr des Herrn in Herrlichkeit (und zum Gericht!) so bedeutende Enzyklika des hl. Johannes Paul II. in Kirche und Theologie sowie kirchlichen Kreisen und Einrichtungen im deutschsprachigen Raum so wenig rezipiert wird, liegt auf der Hand. Sind doch die christliche Mission und das Attribut „missionarisch" in unserer weichgespülten „post-68er" Wellness- und Kuscheltheologie seit Jahrzehnten maximal verpönt. Die woke Post-Kolonialismus-Debatte der letzten Jahre flankiert und reflektiert dies auf politischer, medialer und akademischer Ebene. Statt sich um Neuevangelisation, Mission und eine missionarische Kirche zu kümmern, ist die Theologie hierzulande derzeit vollends damit beschäftigt, nun den vagen Pseudobegriff „missional" zu etablieren, ein theologisch-sprachliches Surrogat. Und jetzt das: ein Papst, der eine „missionarische Kirche" will.

In dieses Themenumfeld gehören auch erste Aussagen von Papst Leo XIV. zum Glaubensverlust in Europa und weltweit, den er als große Gefahr sieht. Also hier kündigt sich der Glaube neben der Mission und dem Einsatz für Frieden und soziale

Gerechtigkeit (ganz im Sinne von Leo XIII., dem Vater der Katholischen Soziallehre) als ein weiteres Kernthema dieses Pontifikats an. Wenn Leo XIV. dann schließlich wieder im Apostolischen Palast wohnt, wenn er sich ausdrücklich auf Kirchenvater Augustinus und seinen eigenen so herausragenden Augustiner-Orden beruft, dann gibt das alles guten Grund für viel Hoffnung und Dank an den Heiligen Geist zu Beginn dieses neuen Pontifikats.

Die deutschen Medien starten aber schon wieder mit ihrer Vereinnahmungsrhetorik und lancieren ihre genauso beliebigen wie deplatzierten „Erwartungs"-Kataloge. Von der Trauung gleichgeschlechtlicher Paare und der Neubewertung von Homosexualität über das Frauenpriesteramt bis hin zu einer stärkeren Mitbeteiligung der Laien und dem Ziel einer „synodalen Kirche" reichen die Forderungen, die die Medien jetzt eilfertig an den neuen Papst übermitteln, flankiert von linkskatholischen Stichwortgebern. Und wieder heißt es – wie schon bei Papst Franziskus –, Papst Leo XIV. müsse jetzt möglichst umgehend dies oder jenes tun und sagen, entscheiden, ändern und herbeiführen.

Es ist atemberaubend, mit welcher Chuzpe gerade kaum christlich geprägte Journalisten im deutschsprachigen Raum im Rahmen des hierzulande mittlerweile üblichen Kampagnen- und Haltungsjournalismus der Meinung sind, dem Papst vorschreiben zu müssen und zu können, was er zu tun habe. Da schwingen Journalisten sich selbst und ihre „politisch korrekte", woke und modernistische Sicht zum Maßstab für Botschaft, Lehre und Leben der Kirche auf, die freilich an Gottes Wort und Willen, Schrift und Bekenntnis sowie an die geistgewirkte Lehrtradition der Kirche gebunden ist.

Schon „unserem" bayerischen Papst Benedikt XVI. wurde nach seinem Rücktritt und späteren Heimgang in die Herrlichkeit Gottes floskelhaft vorgehalten und nachgerufen, er habe große Erwartungen nicht erfüllt. Ähnlich klang es nun nach dem Heimgang von Papst Franziskus, gerade im Blick auf die genannten medialen und linkskatholischen Lieblingsthemen. Gefeiert wurde Franziskus für seine Plädoyers für Barmherzigkeit, seine Nähe zu den Schwachen und Ärmsten, seine Haltung in der Migrationsfrage und sein Wohnen im Gästehaus St. Marta. Geflissentlich übergangen wurden hingegen seine stets klaren Aussagen etwa zu Abtreibung und Genderideologie. Im Nachgang heißt es nun auch zu ihm, er habe Erwartungen nicht erfüllt. Vielleicht waren aber die „Erwartungen" schlicht falsch.

Völlig unverständlich bis unheimlich blieb dem deutschen Amts-, Funktionärs- und Kirchentagskatholizismus und deren medialen Begleittrommlern die ebenso klare Haltung von Papst Franziskus zum deutschen „Synodalen Weg", dem der Pontifex mehr als einmal deutlich seine Grenzen aufzeigte, bis hin zu seinen warnenden Briefen an die deutschen Bischöfe und Gläubigen und der beinahe schon satirischen Aussage, wonach es bereits eine gute protestantische Kirche in Deutschland gebe und dies völlig ausreichend sei. Das alles wurde von Bätzing, Marx & Co. in einer bemerkenswerten Mischung aus Ignoranz, Verdrängung und Uminterpretation einfach beiseite gewischt.

Entgeistert bis entsetzt mussten viele links-grüne Journalisten, aber auch linkskatholische und protestantische Kreise sowie manche Bischöfe aber spätestens hier feststellen: Hoppla, auch dieser Papst ist und bleibt ja katholisch. Im Blick auf Leo

XIV. dürfte diese Erkenntnis schneller reifen als bei Papst Franziskus. Bis in die Nachrufe hinein versuchten Kardinal Marx und Bischof Georg Bätzing als Vorsitzender der Deutschen Bischofskonferenz, Papst Franziskus noch als ihren Verbündeten im Blick auf den abenteuerlichen teutonischen „Synodalen (Sonder)Weg" zu reklamieren. Man glaubte seinen Ohren nicht zu trauen bei den Statements beider nach dem Tod von Franziskus. Und natürlich wird bereits proklamiert, dass man sich bei Papst Leo XIV. volles Verständnis und Unterstützung für den deutschen Weg erhoffe. Die deutschen Journalisten übernehmen diese Narrative begeistert, wobei hier eher der Wunsch der Vater des Gedankens sein dürfte. Es blieb dem kaum für Scharfmacherei bekannten Kurienkardinal Kurt Koch, dem Leiter des Dikasteriums für die Einheit der Christen im Vatikan, vorbehalten, bereits öffentlich in deutlichen Worten vor einer Vereinnahmung von Papst Leo XIV. durch die deutschen Kirchenoberen zu warnen.

Was wurde schließlich nicht alles von den deutschen Medien prophezeit…: ein langes Konklave als Zeichen von Grabenkämpfen, finsteren Intrigen und Spannungen im Kardinalskollegium mit einem „Kompromisskandidaten" oder „Übergangspapst" als Ergebnis, nachdem sich die verfeindeten und unversöhnlichen Lager lange nicht würden einigen können. Kaum ein Bericht oder Interview kam ohne Hinweis auf die Hollywood-Variante des Konklaves im gleichnamigen Film aus, in dem natürlich auch die Rollen von gut (= modern und liberal) und böse (= konservativ) genau verteilt sind.[1]

Wer freilich die vorzüglichen Predigten von Kardinal Giovanni Battista Re zum Tod von Papst Franziskus und zur Eröffnung des Konklaves gehört hat, wer den würdevollen Einzug ins Konklave verfolgt hat und die ernsten und sich ihrer Verantwortung bewussten Blicke der Kardinäle bei dieser feierlichen Prozession und Zeremonie und deren Schwur auf Verschwiegenheit genau studiert hat, der konnte erkennen, wahrnehmen und spüren, dass ein Konklave sich nicht nach den Gesetzlichkeiten und Maßstäben des weltlichen Parlamentarismus und irdischen Parteiengezänks abspielt.

Zuletzt kam alles anders! Bei strahlend blauem Himmel über Rom brauchten die Kardinäle in der Sixtinischen Kapelle gerade einmal vier Wahlgänge, um mit Kardinal Robert Prevost einen wahrhaft würdigen neuen Papst zu wählen. Den deutschen Medien darf in diesem Zusammenhang auch ins Gedächtnis gerufen werden: Leo XIV. ist zuallererst Nachfolger des Apostels Petrus, das ist sein Amt. Dass er darin auch Nachfolger von Papst Franziskus ist, ist vor allem Chronologie. Nun möge Papst Franziskus in Frieden ruhen und das Ewige Licht leuchte ihm! Dem Heiligen Geist sei Dank für diese Wahl von Papst Leo XIV. Er möge den neuen Pontifex begleiten, erleuchten und immer wieder neu inspirieren! Viva il Papa! Gelobt sei Jesus Christus in Ewigkeit!

Deutsche Verfallserscheinungen

In „teutschen" Landen schreiten indes die geistig-moralischen und religiösen Verfallserscheinungen weiter munter voran. Teilweise erschreckende Vorfälle und Ereignisse finden vor aller Augen statt. Und die kirchliche Landschaft schweigt weitgehend.

---

[1] Ausführlicher zur Medienberichterstattung in meinem Kommentar „Das Konklave ist vorbei – die deutschen Medien blieben sich treu" (15. Mai 2025; https://kath.net/news/87509, abger. 27.05.2025).

In der Westkurve des Fußballstadions des 1. FC Kaiserslautern am Betzenberg veranstalten zehntausende Fans am 29. März bei einem Fußballspiel eine Teufelsbeschwörung mit einem riesigen Pentagramm.[2] In Feuerrot leuchtet dann unten der lateinische Schriftzug auf: „Exaudi nos, Lucifer, et surge ex abysso, sume animas nostras!" – zu deutsch: „Erhöre uns, Luzifer, erhebe dich aus dem Abgrund und nimm unsere Seelen." Zuletzt steigt eine riesige abstoßende Teufelsfratze mit Hörnern und bedrohlichen Augen aus dem Pentagramm auf und der Spruch wandelt sich: „Ad lucem nos trahe, orbem mundi regna, surge ex flammis et appare!" – „Führe uns zum Licht, herrsche über die Welt, erhebe dich aus den Flammen und erscheine!"

Nun haben die Fußballer des FCK traditionell den Spitznamen „die roten Teufel vom Betzenberg", für Christen ohnehin anstößig und fragwürdig. Doch diese diabolische Darbietung stellt jenen Spitznamen noch weit in den Schatten. Hier geht es nicht mehr um schlechten Geschmack, sondern um eine offene, von Tausenden Menschen effektiv durchgeführte Teufelsbeschwörung. Das war schlicht und ergreifend Teufelskult am Betzenberg! Jetzt mag man versucht sein, dies mit dem Hinweis abzutun: „Herr, vergib ihnen, denn sie wissen nicht, was sie tun!" Doch das greift zu kurz. Hier steckt mehr dahinter, vor allem unter Berücksichtigung der durchschnittlichen Lateinkenntnisse von Fans in Fußballstadien.

Nun sucht sich der Teufel immer nützliche Menschen, die er vereinnahmt, manipuliert, ausnutzt und für sich wirken lässt. Die moderne liberale Theologie unterschätzt das Problem freilich – anders als weiland Martin Luther – chronisch und systematisch, indem sie den Teufel einfach in Gefolge der Entmythologisierung der Bibel à la Rudolf Bultmann zum vormodernen Mythos erklärt und abgeschafft hat. Dabei genügt ein Blick in die Nachrichten und in die weite Welt, um zu sehen, wie mächtig der Teufel als Fürst und Herrscher dieser Welt derzeit wieder ist. Von Krieg, Gewalt und Terror weltweit bis zum Abfall weiter Teile Europas vom Christentum ist der Satan wirkmächtig wie selten zuvor.

Im zeitgenössischen Wellness-Christentum bleibt der geistliche Kampf gegen den Teufel als das personifizierte Böse auf der Strecke. Man kämpft lieber „gegen Rechts" und bestimmte Parteien oder gegen den Klimawandel – und bleibt damit schön innerweltlich. Der Vorfall von Kaiserslautern zeigt jedoch, dass der Antichrist genau weiß, wo er eindringen und herrschen kann. Diese für Christen so unerträgliche satanistische Pseudoliturgie hat einmal mehr vorgeführt, wohin die Reise geht. Der Teufel steckt schon lange nicht mehr „im Detail", sondern er triumphiert offen vor johlendem Publikum, das gewiss nicht weiß, worauf es sich da wirklich einlässt. Umso wichtiger ist, dass wir als Christen beten und Haltung zeigen.

Szenenwechsel: Berlin-Wedding. Ein 24-jähriger junger Christ wird im Mai auf offener Straße verprügelt, nachdem er sich als Christ geoutet hat. Nach seiner Religionszugehörigkeit gefragt, antwortete er, christlich getauft zu sein – daraufhin haben ihn laut Zeugen fünf Unbekannte krankenhausreif geschlagen. Die Wirklichkeit im Deutschland des Jahres 2025!

Wieder einmal stellt sich die Frage: Wo bleibt der Aufschrei in Medien und Politik, bei den vielen hauptberuflichen Antidiskriminierungsfunktionären, bei all den

---

[2] Näheres dazu in meinem Kommentar *„Teufelskult am Betzenberg"* (02.04.2025; vgl. https://www.idea.de/artikel/teufelskult-am-betzenberg, abger. 27.05.2025).

Multiplikatoren und Taktgebern der öffentlichen Meinung, die sonst jede kleinste vermeintliche sprachliche Diskriminierung noch mit der Lupe suchen – solange diese nur das richtige religiöse, sexuelle oder ethnische Spektrum und Milieu betrifft. Jeder – natürlich intolerablen – Hakenkreuzschmiererei wird von der bundesdeutschen Meinungsindustrie und Politszene zu größter medialer Aufmerksamkeit verholfen, jede Kritik am Islam oder an illegaler Zuwanderung hingegen wird als rassistisch gebrandmarkt, die satirische Formulierung „Gender-Gaga" wie auch das Bekenntnis zur Ehe aus Mann und Frau sowie der Einsatz für das ungeborene Leben als „rechts" diffamiert. Wenn aber Christen tätlich angegriffen oder Kirchen geschändet werden, dann herrscht Schweigen im (Blätter)Walde von Printmedien bis zu den öffentlich-rechtlichen „Anstalten".

Christen und Kirchen scheinen mittlerweile Freiwild zu sein – vom Vandalismus gegen Kirchen bis zu körperlichen Angriffen auf Christen. Dies ist in Frankreich und Österreich nicht anders. Gleichzeitig werden Studien zur vermeintlichen Islamophobie medial gehypt. Während sich Medien, Verfassungsschutz und Politik an der Bedrohung der Gesellschaft von „Rechts" verausgaben, pinkeln Feinde des Christentums in Weihwasserbehälter, entleeren ihre Gedärme auf Altäre und Altarbibeln, verschmieren Osterkerzen mit Fäkalien, zünden Altarbibeln an und zerstören Beichtstühle, reißen Statuen aus ihrer Verankerung oder beschädigen Holzaltäre. In nur wenigen Wochen vor Ostern gab es zahlreiche solcher Vorfälle in Deutschland. Und das auch in kleinen Städten und Gemeinden, nicht nur in bestimmten Großstadtvierteln.[3]

Wo bleibt auch hier der Aufschrei? Selbst von den Kirchenleitungen ist zu all dem so gut wie nichts zu hören. Angriffe auf Muslime oder Moscheen oder queere Menschen führen hingegen in aller Breite zu Protest: von der Medienberichterstattung und Talkshows über salbungsvolle Politikerreden bis zu Statistiken, Studien und kirchlichen Mahnungen.

Fazit: Christen und Kirchen sind mittlerweile Freiwild, die Berichterstattung über entsprechende Angriffe findet sich unter ferner liefen zwischen der neuen Frisur und Scheidungsgerüchten von B-Promis. Öffentlich ein Kreuz – oder eine Kippa – zu tragen ist hingegen mittlerweile in Deutschland gefährlich, Kirchen sind als christliche Gotteshäuser gefährdet. Wann erwacht wohl die Christenheit in Deutschland und in Europa endlich „aus dem Schlaf der Sicherheit", wie es im Kirchenlied „Sonne der Gerechtigkeit" so treffend heißt?

Zum aktuellen Heft

Diese Ausgabe widmet sich im Aufsatzteil dem Jubiläum des Konzils von Nizäa und dem Nizänischen Glaubensbekenntnis. Der Konfessionskundler Reinhard Thöle bietet in seinem Beitrag *„Die Wahrheit der Heilsgeschichte wird Wirklichkeit. Das Nizänum und der christliche Gottesdienst"* einen besonderen Einblick in den inneren Zusammenhang von Glaubensbekenntnis und Liturgie. Der Münchner Dogmatiker Gunther Wenz stellt die besonderen christologischen Implikationen des Nizänums dar (*„Eines Wesens mit dem Vater. Zu Genese und Folgen der nizänischen Christologie"*). Der rumä-

[3] Zahlreiche Beispiele bietet dieser Beitrag: *„Kirchenschändungen: Ist die Kriminalstatistik unzureichend?"* (30.04.2025; vgl. https://www.idea.de/artikel/kirchenschaendungen-ist-die-kriminalstatistik-unzureichend, abger. 27.05.2025).

nische orthodoxe Erzbischof Ioachim von Bacău und Roman (Metropolie der Moldau und Bukowina) unterstreicht die bleibende Gültigkeit der ökumenischen Konzilien und deren Bekenntnischarakter bis heute (*„Die Ökumenischen Synoden – ein kollektives Bekenntnis zur Wahrheit des Glaubens“*).

Im Aufsatzteil geben wir eine Rede des ungarischen Außenministers Péter Szijjártó zur Eröffnung der Tagung „Die christliche Zukunft des Libanon“ in Budapest vom 28.02.2025 in deutscher Übersetzung wieder. Im Zuge der massiv einseitigen Berichterstattung in den deutschen Medien über Ungarn wurde auch diese höchst begrüßenswerte Initiative der Regierung von Ministerpräsident Viktor Orbán wieder einmal totgeschwiegen, genauso wie das große Engagement dieser Regierung für die Christen im Nahen Osten. Die Ungarische Regierung fördert gezielt christliche Kirchen im Nahen Osten mit dem erklärten Ziel, auch die christliche Kultur vor Ort lebendig zu erhalten.

Der Predigtteil bietet Predigthilfen und –entwürfe für die Kirchenjahreszeit vom Trinitatissonntag bis zum Sonntag vor Michaelis.

Der Rezensionsteil würdigt wieder aktuelle Neuerscheinungen wie etwa – passend zur Europäischen Kulturhauptstadt 2025 Chemnitz – einen aktuellen (Bild)Band über die Kirchen dieser Stadt, aber auch ein beachtliches Sammelwerk zur Geschichte der Philosophie, das bereits 2021 erschienen ist.

Ich darf allen Leserinnen und Lesern nun in kirchlich so herausfordernden Zeiten im Namen des Herausgeberkreises und der Redaktion eine erbauliche und inspirierende Lektüre dieser neuen Ausgabe und den reichen Segen des Dreieinigen Gottes wünschen.

Selb, 27. Mai im Jahre des Heils 2025
Gedenktag des heiligen Augustinus von Canterbury

Pfarrer Prof. h. c. Dr. Jürgen Henkel
Schriftleiter

Inhalt

AUFSÄTZE – CODICILLI

Die Wahrheit der Heilsgeschichte wird Wirklichkeit

Das Nizänum und der christliche Gottesdienst

Prof. em. Dr. Reinhard Thöle D.D., Groß-Gerau

Im Jubiläumsjahr des Ersten Ökumenischen Konzils von Nicaea vom Jahr 325 liegt es nahe, in den Kirchen und in der Theologie eine ganze Anzahl von Fragen und Themen zu betrachten und zu besprechen, die mit dem Entstehen und der Weitergabe des großen Glaubensbekenntnisses von Nicaea-Konstantinopel (NC, 325/381) verbunden sind. Die einzelnen theologischen Fächer leisten dazu umfangreiche Beiträge. Die Kirchenhistoriker können sich mit der textgeschichtlichen Entstehung und der Konzilienentwicklung beschäftigen und mit der Stellung des Kaisers und dem Verhältnis von Staat und Kirche. Die Exegeten können den Umgang mit den Quellen und die Entwicklung des Kanons beleuchten, die Dogmatiker können die Logos-Christologie, den Philanthropismus, die Homoousie und die Entwicklungen der Trinitätslehre nachzeichnen, die Ökumeniker können sich auf das „filioque" stürzen. Ein großes Angebot an Fragen und Erkenntnissen kann uns begegnen und eine Diskussion eröffnen für die Gegenwart.

Meine Ausführungen beleuchten das Verhältnis des NC zum Gebet und zur Feier der Eucharistie. Denn das NC begegnet seit mehr als einem Jahrtausend und vielen Jahrhunderten den Kirchen, Gemeinden und Christen vornehmlich als ein Gebet in der Eucharistiefeier. Es wird in den traditionellen Kirchensprachen und in vielen Muttersprachen gebetet. Das NC gehört zu den Prinzipalstücken des gottesdienstlichen Erbes. Ob in einem griechischen oder syrischen Kirchenton, ob in der lateinischen Gregorianik, ob in einer Orchestermesse berühmter Komponisten, ob in einer avantgardistischen Vertonung, das NC wird im Gewand des Gesanges und in seinem Charakter als Gebet tradiert.

Man kann dafür den in der wissenschaftlichen Welt geläufigen Ausdruck „Sitz im Leben" verwenden. Der „Sitz im Leben" des NCs ist die Feier des eucharistischen Gottesdienstes und das NC erhält dadurch einen besonderen Charakter, dem auch eine besondere Betrachtung gebührt. Ich möchte daher in meinem Beitrag einige Beobachtungen und Aspekte zusammentragen, die aufzeigen, in welch enger Beziehung zueinander die Eucharistiefeier und das NC stehen. Die grundlegende These, die sich durch meine Ausführungen zieht, ist, dass das NC und die Eucharistiefeier eine Lebenseinheit sind, dass beide sich gegenseitig ergänzen und einander entschlüsseln.

Die Herausforderungen des 4. Jahrhunderts

Im vierten Jahrhundert erlebten die christlichen Gemeinden atemberaubende und umwerfende Entwicklungen und Herausforderungen, die man zumeist mit dem Begriff „Konstantinische Wende" bezeichnet. Die römischen Kaiser Konstantin und Licinius erließen 311 die „Mailänder Vereinbarung". Die bis dahin verbotene und auch blutig verfolgte christliche Kirche wurde zunächst geduldet, dann rechtlich privilegiert und schließlich zur Staatsreligion erhoben, neben der mit Ausnahme des Judentums keine andere Religion mehr geduldet wurde. Auch außerhalb der Grenzen des Römischen Reiches wurde die Ausbreitung des Christentums gefördert. Man muss sich das vorstellen. Welch eine Umkehrung der Perspektiven und der Verhältnisse! Und welch eine Herausforderung für die christlichen Kirchen und damit auch für ihr bisheriges gottesdienstliches Leben. Das Geheimnis ihres Glaubens, das sie über mehrere Generationen schon durch schwierigste Zeiten getragen hatte, musste nun unverfälscht und geschützt hinübergetragen werden in eine neue Zeit. Das Geheimnis des Glaubens war nicht mehr der äußeren Verfolgung ausgesetzt, aber der Gefahr von Unverständnis, philosophischen Attacken, eigenen Schwächen und Spaltungen.

Die Christen feierten bis dahin ihre Gottesdienste in einfachen Häusern, in Zeiten der Verfolgung sogar in den Katakomben, in denen sie Schutz und die Nähe der Gebeine der Märtyrer suchten. Die Quellenlage zu den Zeugnissen über die Eucharistie in der Urkirche ist schwierig. Aber man kann davon ausgehen, dass ein Teil des Gebetes und der Wortverkündigung der Eucharistie vorausging. Der Psalmengesang, die Schriftlesung und eine Predigt waren bekannt und der Eucharistie ging die Entlassung der Katechumenen voraus. Üblich waren auch Fürbittgebete. Ursprünglich war die Feier der Eucharistie mit dem Agapemahl verbunden. Sie wurde dann von ihr getrennt. Von den Tischen des Agapemahls blieb nur noch der eine Tisch des Vorstehers. Das Stehen mit zum Gebet erhobenen Händen wurde zur Gebetshaltung. Üblich war auch das häufige Bekreuzigen nicht nur im Gottesdienst, sondern auch im Alltag der Christen. Die Anwesenheit aller Gemeindeglieder wurde als Zeichen für das Mahl der gesamten Christenheit verstanden, die dann die Gegenwart Christi empfing. Es bildete sich auch das Gebet zu besonderen Tageszeiten heraus. Einfache gebräuchliche Handlungen, wie das Entzünden des Lichtes, das Überreichen von Milch und Honig an die Neugetauften, das Mischen von Wasser und Wein, der Friedenskuss, die Abgabe von Naturalien, wurden zu Ausgangspunkten späterer gedeuteter Riten.[1] Von der Erfahrung der Christenverfolgung geprägt musste dieses heilige Erbe der Kernhandlungen des christlichen Gottesdienstes bewahrt werden und bereitet für eine Zeit des Umbruchs. Und jetzt sage ich es mal sehr pointiert: Aus den einfachen Häusern der Christen wurden nach einigen Generationen, wenn wir auf die Architektur- und Kulturgeschichte schauen, Kathedralen, ja Nationalkathedralen. Das Christentum war nicht mehr eine verfolgte Sondergemeinschaft, die aus dem Judentum hervorgegangen war, sondern das Christentum war auf dem Weg zur Weltreligion. Und das Erste Ökumenische Konzil markiert die erste Etappe, mit der die Christen versuchen, dem großen Umbruch zu begegnen.

---

[1] Karl-Christian Felmy, *Vom urchristlichen Herrenmahl zur Göttlichen Liturgie*, Erlangen 2000, 32-34.

Das NC und die Arkan-Disziplin

Ein prägendes Element für das gottesdienstliche Leben der Gemeinden des 4. Jahrhunderts ist die Arkandisziplin. Diese geht davon aus, dass im Gottesdienst etwas Entscheidendes geschieht, das zu verbergen und zu schützen ist. Dieses Entscheidende kann nur durch denjenigen Menschen erfahren werden, der sich im Gottesdienst auf dieses Entscheidende einlässt. Etwas abwertend hat man in einer vermeintlich aufklärerischen Haltung in der älteren Literatur von „Mysterienreligionen" gesprochen, die nur den Eingeweihten durch Wiederholung ominöser Kultformeln zugänglich wurden. Heute sieht die Religionswissenschaft die enge Lebensverbindung zwischen religiöser Identität und ihrem Kult positiv.

In Wirklichkeit war es bei den christlichen Gottesdiensten aber so, dass die Gemeinden den Gottesdienst so stark als einen eschatologischen Vorgriff, als Beginn der neuen Schöpfung erfuhren, so stark auch als Manifestation der Gegenwart Gottes erlebten, dass es für sie völlig klar war, dass nur diejenigen, die zu einem Leib in Christus getauft waren, an diesem Leib in der Eucharistie Anteil haben konnten. Das war ihre gottesdienstliche Erfahrung, ihr Leben, ja ihr Überleben, dass der geheimnisvoll schon jetzt in der Eucharistie wiederkommende Herr ihre Hoffnung war. Und wurden Mitglieder der Gemeinde zum Martyrium gebracht, riefen die anderen Christen ihnen zu: Bitte denkt an uns in euren Gebeten, wenn ihr bald in der Zukunft ganz bei ihm sein werdet!

Für eine Generation katechetisch geschulter Geistlicher mag es überraschend sein: Erst im Zusammenhang mit der Taufe erfahren die Taufkandidaten das Taufsymbol. Das Vaterunser darf der Getaufte zum ersten Mal nach der Taufe beten.[2] Die ganz neue Dimension der Begegnung der Neugetauften wird im gottesdienstlichen Leben wach. Jetzt als Getaufter darf ich das Bekenntnis beten, jetzt darf ich erstmalig in der Gemeinde „Vater" zu ihm sagen. Die gottesdienstliche Feier der Geheimnisse des Glaubens ist dem lehrhaften Wissen über den Glauben vorangestellt. Der Ritus enthält mehr, als die Pädagogik es verstehbar machen kann. Natürlich lehrte man den Taufanwärtern auch die Glaubensauffassungen der Gemeinden, vital aber wurden diese in der Feier, im rituellen Vollzug des Gottesdienstes. Vor der Feier der Eucharistie wurden daher die Katechumenen, die Tauf- und Glaubensanwärter, aufgefordert, die gottesdienstliche Versammlung zu verlassen. Zu ihrem Schutz und zum Schutz der Gemeinde.

In der Liturgie der byzantinisch-slawischen Tradition gibt es noch heute vor dem eucharistischen Teil die sogenannte „Entlassung der Katechumenen". Nach einem Gebet für die Taufbewerber fordert der Diakon sie auf, die Gemeinde zu verlassen und keinesfalls dazubleiben.[3] Im Kontext der ostkirchlichen Tradition geht es dann weiter mit dem Großen Einzug, bei dem die vorbereiteten Gaben zum Altar getragen werden. Es folgt dann nach einigen sich steigernden Gebeten und dem Friedensgruß das NC als das Glaubensbekenntnis der Eucharistie. Aber – auch hier ist bis heute eine Spur der Arkandisziplin geblieben – vor dem Gebet des NC ruft der Diakon: „Die Türen, achtet auf die Türen." Eine Reminiszenz an die Türhüter des 4. Jahrhundert,

---

[2] Karl-Christian Felmy, *a.a.O.*, 35-36.

[3] Ansastasios Kallis (Hg.), *Die Göttliche Liturgie der Orthodoxen Kirche*, Mainz 1993, 88.

die darauf achten sollen, dass keine Ungetauften und in die christliche Religion noch nicht Aufgenommenen anwesend sind. Diese Entlassung ist heute natürlich zumeist fiktiv, manche Gemeinden versuchen, sie als Element des Gottesdienstes neu zu beleben.

Das NC ist daher bis heute in der ostkirchlichen Tradition als ein Text der Arkandisziplin zu verstehen und unterliegt daher der besonderen Hermeneutik dieser Arkandisziplin. Er ist ein Glaubensbekenntnis, ich sage es mal drastisch, das von Eingeweihten formuliert, für Eingeweihte gedacht und für die Handlung des Gottesdienstes bestimmt ist. Und daher eben durch das gottesdienstliche Geschehen zu entschlüsseln ist.

In den meisten kirchenamtlichen westlichen Messordnungen findet sich das NC nicht mehr im eucharistischen Teil nach dem Großen Einzug, sondern es hat eine Verschiebung stattgefunden in den Teil des Wortgottesdienstes nach dem Evangelium und eventuell der Predigt. Ab dem späten 6. Jahrhundert ist es dort zuerst in Spanien zu finden, ab dem 8. Jahrhundert in fränkischen Formularen und in der stadtrömischen Liturgie erst ab 1014.[4] Mit der Verschiebung ist nicht selten auch ein anders akzentuiertes Verstehen des Begriffes „Bekenntnis" einhergegangen. Es wurde nicht mehr primär eucharistisch-doxologisch gesehen, sondern konnte fortan auch verstanden werden als eine konziliare Regelung von Glaubensfragen,[5] als das Ende der Vormesse, als mehr aktuelle Antwort auf das Evangelium oder als Text theologischer Definitionen, vielleicht sogar nur als Steigerung der Feierlichkeit der Eucharistie.[6]

Ich möchte aber festhalten an der eucharistisch-doxologischen Hermeneutik der Arkandisziplin. Das NC kann letztlich nur von der Eigengesetzlichkeit der Eucharistie her verstanden werden. Dann, wenn es von der Gemeinde der Getauften im eschatologisch erlebten Leib Christi gebetet, gesungen und ergriffen wird. Ohne diese eucharistische Erfahrung als Voraussetzung bleibt es ein eigentümliches, verschlossenes kirchengeschichtliches Dokument.

Das NC als Kulterzählung

In der Religionswissenschaft geht man davon aus, dass im Vorderen Orient die Merkmale einer Religion im Zusammenspiel von Kulterzählung, einführenden Kultriten und einer Kultformel zur Geltung kamen. Die ätiologische Erzählung ist mehr als ein simples Erklärungsmuster. Sie tradiert das, was man als Außenstehender über diese Religion und den Charakter ihrer Glaubensauffassungen erzählen kann. Wer aber diese Religion von innen her als Betroffener erleben will, wird die einführenden Riten durchlaufen und dann als Eingeweihter den Kern der Religion im Mitvollzug einer Kultformel erleben.

Dem Christentum des 4. Jahrhunderts ist es mit der Entwicklung und Annahme des NC gelungen, eine Kulterzählung seiner Glaubenspraxis zum Ausdruck zu bringen, die eine Brücke schlägt zwischen der Zeit vor der Konstantinischen Wende und

---

4 Josef Andreas Jungmann, *Missarum Sollemnia*, Bd. 1, Wien 1948, 599.

5 Peter Stockmeier, *Konzile, altkirchlich II*, in Athanasios Basdekis u.a. (Hg.), *Ökumene Lexikon*, Frankfurt 1987, 723-726.

6 Liborius Olaf Lumma, Andreas Vonach, *Glaubensbekenntnis*, http://dx.doi.org/10.15496/publikation-69598.

den Aufgaben nach diesem Ereignis. Und diese Kulterzählung hat Bestand bis heute. Sie führt diejenigen, die auf der Suche nach dem christlichen Glauben sind, in die Grundzüge des Glaubens ein und verweist sie gleichzeitig an die Feier dieses Glauben in der Eucharistie. Liest man das NC als pädagogischen Text, kann man anfangen, das Christentum zu verstehen. Man erfährt auch den Umgang der christlichen Tradition mit den Überlieferungen der mosaischen Religion. Fängt man aber an, diesen Text zu beten, betritt man eine ganz andere Dimension, man begibt sich in den Wirkbereich des Kultes.

Die Kulterzählung ist in drei Bereiche geteilt. Sie kennt Gott, den Vater, als Schöpfer, der auch der Gott der Geschichte ist. Sie berichtet von Jesus Christus, seinem Sohn, der von seiner ewigen Zugehörigkeit zum Vater herkommend in die Welt geboren wird, einen Weg des neuen Lebens, der Erlösung und der Hingabe am Kreuz gehen muss, bevor er in die Herrlichkeit des Vaters zurückkehrt. Und sie beschreibt die von Gott, dem Heiligen Geist, geleitete eschatologische Gemeinschaft der Kirche, in der Gott, der Vater und der Sohn, lebendig wirkt. Alle Abschnitte dieser Erzählung hängen nicht nur historisch, sondern aktuell gegenseitig voneinander ab. Diese Kulterzählung ist als Gebet der Gemeinde wie eine fragende und hoffende Erwartung und Vorbereitung der Kulthandlung.

Die Kulthandlung erfolgt mit dem Eucharistiegebet. Dieses Gebet greift die drei Abschnitte der Kulterzählung auf und verwendet sie als Danksagung an den Vater, als Gedächtnis des Opferweges des Erlösers, und als Wandlung der Herzen der Gläubigen und der Gaben von Brot und Wein durch die Gegenwart des Heiligen Geistes. Das Eucharistiegebet fügt nun die Kultformel in die Kultlegende ein. Diese ist die Ätiologie des letzten Abendmahles als Passamahl. Dass Gedächtnis des Opferweges des Erlösers erfordert die Ätiologie des als Passamahls überlieferten letzten Abendmahles, die das heilige Mahl verstehbar macht und begründet, warum dieses so in den Lebensweg des Erlösers passt. Diese Kultformel als actio sacramentalis ist aber in der Eucharistie mit dem Erleben der Heilsgeschichte verbunden und kann nicht von ihr gelöst werden.

Die Kulterzählung des NC und das Eucharistiegebet umfangen sich gegenseitig und bilden in dieser Doppelung eine Sicherung und einen Schutz des christlichen Gottesdienstes für die angebrochene neue Zeit.

Das NC und das jüdische Erbe

Die christlichen Gemeinden bewahren in ihren Gottesdiensten auch im hellenistisch geprägten Umfeld die Ehrfurcht und Sakralität, aber auch die Freude, die ein Kennzeichen der jüdischen Mahltradition ist. Der erste Fachausdruck dafür ist die „Berakah". Ihre Eigenart besteht darin, dass sie Lobgebet und Segen zugleich ist, während wir in unseren Sprachen beide Begriffe meist getrennt ansehen. Die Berakah wird zu verschieden Anlässen zum Beispiel vor dem Essen, vor dem Anzünden des Lichtes oder zu Rechtssprüchen gesprochen oder gesungen.

Die Berakah ist nicht nur Segen und Lobpreis zugleich, sondern auch Darbringung und Dank, Offenbarung des Wissens über Gott und des Glaubens an ihn. Alles, über das der Lobpreis Gottes gesungen werden kann, kann so zum Segen von Gott her werden. Die Worte Christi wurden in die Berakah-Strukur der Passaliturgie eingesetzt. Die Berakah ist wie eine Keimzelle des gottesdienstlichen Handelns und prägt auch die christliche Eucharistie.[7]

Interessant ist, dass in den Evangelien des Matthäus (Mt 11, 25–27) und Lukas (Lk 10, 21-22) eine Berakah-Tradition aus dem Munde Jesu überliefert ist. „Zu der Stunde freute sich Jesus im Heiligen Geist und sprach: Ich preise dich, Vater, Herr des Himmels und der Erde, weil du dies den Weisen und Klugen verborgen hast und hast es den Unmündigen offenbart. Ja, Vater, so hat es dir wohlgefallen. Alles ist mir übergeben von meinem Vater. Und niemand weiß, wer der Sohn ist, als nur der Vater, noch, wer der Vater ist, als nur der Sohn und wem es der Sohn offenbaren will."[8] Dieses könnte man auch lesen wie eine Einleitung zum Gebet des NC, in dem diese Offenbarung geschieht. Viele Elemente der Berakah-Traditionen sind auch in der Briefliteratur des Neuen Testamentes auszumachen. Sie scheint das liturgiegeschichtliche Vehikel zu sein, das von der Torah zu Christus, vom Ersten Bund Gottes zum Neuen Bund, vom Geheimnis des Kreuzes zur Hoffnung auf die Herrlichkeit führt.

Der zweite Fachausdruck mit Wurzel in der jüdischen Liturgik ist der Begriff „Zikkaron", oft übersetzt mit „Memorial". Es handelt sich dabei um das gottesdienstliche Verständnis von Gedächtnistagen. Es begegnet uns bei der Einsetzung des Passahfestes (Ex 12,14): *„Ihr sollt diesen Tag als Gedenktag haben und sollt ihn feiern als ein Fest für den HERRN, ihr und alle eure Nachkommen, als ewige Ordnung.*" Es handelt sich dabei um ein heilsgeschichtliches Mysterium, bei dem sich die Zeiten teleskopartig ineinander verschieben. Bei der Feier des Passahfestes konnten die Juden das Ereignis ihres Auszugs, ihrer Befreiung wie Zeitgenossen erleben. In biblischem Sinn wird Heilsgeschichte so beschrieben, dass in der heiligen Handlung das zugleich passiert, was zwar einmal ein und für allemal vollendet wurde, zugleich aber immer neu und lebendig vollzogen wird.[9]

Es handelt sich um die Geschichtskonzeption der Gegenwärtigsetzung der Heilsereignisse durch Gott bei der Feier des Kultus. Nicht wir denken in der Eucharistie zurück und bemächtigen uns so des Sakramentes, sondern wir bestürmen Gott, dass er seine Heilszeichen gegenwärtig setzt. Im Eucharistiegebet wird dieser Teil mit dem Fachausdruck Anamnese bezeichnet. Das Glaubensbekenntnis des NC hat seinerzeit den Glauben dadurch gesichert, dass es die Anamnese des christlichen Glaubens zusammengestellt hat. Von der Schöpfung, ja sogar von der Zeit vor der Schöpfung bis zur Auferstehung der Toten und dem Leben der kommenden Welt. Das ist die Anamnese von Vergangenheit, Gegenwart und Zukunft, die mit diesem Glaubensbekenntnis in der Eucharistie gegenwärtig gesetzt wird. Das NC ist nicht nur dogmatische theologisch gedachte und definierte Absicherung oder romantischer individueller oder gemeinschaftlicher Nachvollzug des Glaubens, sondern die Heilsgeschichte, die sich im Gebet des NC in der Feier der Eucharistie ereignet. Die Heilsgeschichte wird zur Wahrheit und die Wahrheit wird zur Wirklichkeit! Mit diesem Gebet manifestiert der Dreieinige Gott im Gottesdienst die Heilsgeschichte, auf deren Hintergrund sich

[7] Louis Bouyer, *Eucharist. Theology and Spirituality of the Eucharistic Prayer,* Notre Dame/Indiana 1968, 91-115.

[8] *Das Neue Testament nach der Übersetzung Martin Luthers*, Revidierter Text von 1984, Berlin und Altenburg 1985, 166.

[9] Max Thurian, *Eucharistie: Einheit am Tisch des Herrn?*, Mainz/Stuttgart 1963, 15-19.

nun das Mahl der Hingabe, des Opfers der Erlösung und Befreiung von Mensch und Kosmos ereignen kann.

Das NC und sein apophatischer und theopoetischer Charakter

Bei ihrer Aufgabe, mit dem NC eine umfassende Anamnese des christlichen Glaubens auszudrücken und damit ein Identität stiftendes Gebet der christlichen Wahrheit zu schaffen, standen die Beteiligten ja eigentlich vor der Aufgabe, etwas auszudrücken oder anzutippen, was eigentlich kaum auszudrücken war. Selbst wenn man davon ausgeht, dass im Vorderen Orient zu dieser Zeit im Zusammenhang mit den verschiedenen religiösen Gruppierungen die religiöse Sprache und ihr Kontext nicht fremd waren, war es eine fast übermächtige Aufgabe, das Neue und Wesentliche des christlichen Glaubens zu benennen. Wie sollte man das zum Ausdruck bringen, was eigentlich und begreiflich und unaussprechlich ist, z.B. Licht vom Licht, wie viele Anklänge werden da wach.

Die ostkirchliche Tradition kennt die apophatische Sprache oder das apophatische Denken, mit dem sie das, was man nicht ausrücken kann, in verneinenden oder in gegensätzlichen Formulierungen zum Ausdruck bringt. Der Grund besteht darin, dass Gott in seinem Geheimnis unaussprechbar bleibt und mit Worten nicht erfasst werden kann. Der Gegenbegriff „kataphatisch" wird dann oft der westlichen scholastischen Theologie zugeschrieben, die versucht, die Glaubenswahrheiten mit Definitionen einzufangen.[10]

Im Hintergrund der Formulierungen des NC stehen Anklänge an apophatische Traditionen oder Denkmuster. Ich möchte ein Beispiel anführen. Über Jesus Christus heißt es: „...er ist Fleisch geworden vom Heiligen Geist und der Jungfrau Maria und ist Mensch geworden." Wie soll man das zum Ausdruck bringen, was kaum zu begreifen und auszudrücken ist. Ein ostkirchlicher Festgesang aus dem Theotokarion formuliert es apophatisch: "„Den ohne Mutter im Himmel Gezeugten hast du jenseits aller Vernunft und alles je Gehörten auf Erden ohne Vater geboren. So bitte ihn, o Gottesgebärerin, dass er uns errette."[11] Jetzt klingt das Unvernünftige fast schon logisch: ohne Mutter im Himmel gezeugt, auf Erden ohne Vater geboren. Ich möchte dafür plädieren, den Charakter des NC im Gebet, in der Doxologie, im Lobgesang anzusetzen und ihm damit einen theopoetischen Charakter zuzuerkennen. Es ist Gebet: Das ist mehr als gesungenes Verstehen. Die Psalmen haben theopoetischen Charakter, erst dieser lässt den Sinn erahnen. Das Credo der Kirche hat auch eine ästhetische Dimension, die Kennzeichen der Wahrheit ist. Ich möchte es in die Nähe der biblischen Lobgesänge stellen, die ja auch in unserer gottesdienstlichen Tradition verankert sind. Ein Gebet ist eine lebendige Kommunikation mit Gott, ein gesungenes Gebet ist mit Liebe und Hingabe geadelt und hat seine eigene Sprache.

---

[10] Justin Lasser, Apophatism, in: John Anthony MC Guckin, *The Encyclopedia of Eastern Orthodox Christianity* I, Oxford 2011, 38-39.

[11] Oleksandr Petrynko, Andreas-Abraham Thiermeyer, *Gepriesen bist Du, Herr!*, Eichstätt 2020, 1085.

Das NC und die Einheit der Kirche

Es gibt nach ostkirchlichem Verständnis einen Weg von drei Schritten, der zur Einheit der Kirche führt. Zuerst muss das geistliche Leben konform mit der Liturgie sein. Zugrunde liegt die Beobachtung, dass die Heilige Kirche mehr betet, als dass sie lehrt oder deklariert. Hoffentlich auch mehr betet, als sie Sitzungen hat. Zu den Mysterien des Lebens Jesu gehört immer wieder, dass bevor er lehrte, er sich zum Gebet zurückzog. Erst die Mitfeier, also die gemeinsame Erfahrung im liturgischen Mitvollzug der Gemeinden kann dann im zweiten Schritt zur „Erkenntnis" der christlichen Wahrheit führen und zur Sicherheit des Glaubens. Diese gesicherte Erkenntnis der Wahrheit kann dann im dritten Schritt zum „Bekenntnis" ausformuliert werden. Die Dogmen und Lehren der Bekenntnisse wurden in den Kategorien des Lobpreises und der Doxologie ausgesprochen.[12] Dieses ist der altkirchliche Ansatz der Dogmenbildung, zu der viele orthodoxe Theologen in der Phase nach der sogenannten patristischen Wende des 20. Jahrhunderts wieder zurückkehren. Diese ostkirchliche doxologische Dogmenbildung unterscheidet sich von dem, wie in der westlichen Entwicklung von Lehrbildung gedacht wurde. Im Westen wurden die Dogmen auch als festlegende Definitionen auf der Glaubensbasis des Christentums angesehen. Diese westlichen Definitionen der Dogmatik müssen dabei auch für den Verstand denkbar und logisch möglich sein.[13] Die ostkirchliche doxologische Dogmatik begegnet der westkirchlichen rationalen Dogmatik. Darüber kann man gern streiten. Aber an den Etappen der Übereinstimmung mit dem liturgischen Leben und dem Vorrang des Gebetes dürfte man nicht rütteln.

Der berühmte Leitsatz des Vincenz von Lerinum, dass zu glauben und daran festzuhalten sei, *„quod ubique, quod semper, quod ab omnibus creditum est"*, ist von diesem Dreischritt her zu verstehen und zu entschlüsseln. Was überall, immer und von allen geglaubt wird, entstammt der überall, immer und von allen genährten liturgischen Erfahrung, führt zur Erkenntnis des überall, immer und von allen ausgesprochenem Glaubens und zum überall, immer und von allen gebeteten doxologischen Bekenntnis.

Ich habe ja Verständnis dafür, dass in den Anfängen der ökumenischen Bewegung der dogmatische Vergleich zwischen den Kirchen oder die historischen Entwicklungen behandelt werden mussten. Aber hat man dabei nicht das Dogma teilweise wie einen Besitz von Kirchen betrachtet und so getan, als ob das Dogma Wahrheiten letztgültig definieren will und kann? Man hat zum Glück das Phänomen einer Dogmenentwicklung, zugegeben. Aber hat man nicht vielfach den eben erwähnten Dreischritt zur Bekenntnisbildung übersprungen oder vergessen? Vielleicht aus Angst, vielleicht aus Scham, vielleicht aus Versagen? Viele ökumenische Konsensdokumente und Regelungen bleiben auf der Ebene der Definition hängen und wirken so seltsam uninteressant und leblos, weil der oben ausgeführte Dreischritt fehlt und die Kirchen mit ihren kirchenpolitischen Bezügen ganz selbstzufrieden sind. Warum wird die Einheit der Kirche nicht in der liturgischen Erfahrung der Eucharistie, der hl. Messe oder der

[12] Michael Schneider, *Theologie des geistlichen Lebens in der Ostkirche I*, Paderborn 2022, 7-9.

[13] Vgl. die Diskussion um die Rede von Benedikt XVI 2006 in Regensburg mit dem Titel „Glaube, Vernunft und Universität", in: Peter Seewald, *Benedikt XVI. Ein Leben*, München 2020, 835-864.

Göttlichen Liturgie, in der Erkenntnis des geistlichen Lebens und im doxologischen Bekenntnis gesucht? Warum gibt es kaum echte Konsensbemühungen über die liturgische Erfahrung? Auch die Bemühungen um die konfessionsübergreifende eucharistische Ekklesiologie und ihre Entwicklungen im 20. Jahrhundert konnten unter dem Stichwort „Koinonia-Konzepte" leicht neutralisiert werden.

Das doxologische Paradox der Einheit

Die gottesdienstliche Erfahrung muss mit einem widersprüchlichen Phänomen umgehen, nämlich dass auf der einen Seite für die Einheit der Kirche gebetet werden muss, auf der anderen Seite die Einheit der Kirche aber gefeiert wird. Es muss für sie gebetet werden, weil aus menschlicher Schwäche die Einheit immer wieder Schaden nimmt und weil die Heilsgeschichte noch nicht vollendet ist, in der alle Gläubigen vor Gottes Thron in der Ewigkeit gemeinsam stehen. Gleichzeitig feiert man aber im Vorgriff auf diese Vollendung diese Einheit. Man empfängt den einen Leib Christi und den einen Kelch des Heils in der noch bestehenden Situation der Trennung von Ewigkeit und Zeit und in der Situation der menschlichen Schwächen.

Dieses entspricht der eschatologischen Erfahrung der ersten Gottesdienste, man kommt aus der Zerstreuung zusammen als Leib Christi und hat Anteil am dargebrachten und dargebotenen Leib Christi. Es ist ein Wechselspiel zwischen Sein und Empfangen, Werden und neuem Leben. Dieses ist ein dynamisches Konzept. In der byzantinischen Tradition wird es in einem Gebet so beschrieben: „Denn du, Christus unser Gott, bist der Darbringende und der Dargebrachte, der Empfangende und der Austeilende."[14]

Die ökumenische Bewegung hat ein ganzes Instrumentarium kirchlicher Regelungen im Umgang der getrennten Kirchen miteinander hervorgebracht. Verbunden mit theologischen Sprachregelungen, Definitionen, nicht selten vorgetragen im Betroffenheitsmodus oder mit Selbstzufriedenheit. Ich bin dann immer sehr skeptisch, weil vergessen und nicht gesagt wird, dass diese ökumenischen Regelungen aus menschlicher Schwäche getroffen werden. Meistens sieht sich jeder selbst im Recht und will den anderen von sich fernhalten. So wird die Schuld der Kirchenspaltung, die wir aus Schwäche auf uns geladen haben, zu einer merkwürdigen notwendigen Tugend. Vielleicht müssen ja alle kirchenpolitischen Aktionen im Paradox zwischen Können und Nichtkönnen bleiben, weil wir sonst Fehler gemacht haben im Dreischritt von liturgischer Erfahrung, dem Vorrang des Gebetes und der Sprachlosigkeit der Doxologie.

Das NC als Entfaltung des Ursprunges

In meinen Ausführungen habe ich einige Beobachtungen zusammengestellt, die versucht haben das NC in seinem eucharistischen Zusammenhang und als Teil des Gebetslebens zu beleuchten. Meine grundlegende These war dabei, dass das NC und die Eucharistiefeier eine Lebenseinheit sind und sich gegenseitig ergänzen und entschlüsseln. Ich möchte dieses abschließend noch einmal bündeln und feststellen.

Die nachösterliche Eucharistie trägt schon alle Elemente des genuinen christlichen Gottesdienstes in sich. Die österliche Emmaus-Perikope[15] benennt die verborgene,

---

[14] Anastasios Kallis, *a.a.O.*, 100.

[15] Lk 24, 13-35.

sich aber enthüllende Gegenwart des Herrn. Christus selbst legt die Schriften aus und er gibt sich im Brechen des Brotes zu erkennen. Die Blickrichtung geht zuerst zurück in der anamnetischen Adaption der bisherigen Heilsgeschichte und erlebt dann die auf die eschatologische Zukunft ausgerichtete geheimnisvolle Gegenwart. Die Eucharistie der ersten christlichen Gemeinden entfaltet sich dann und sichert die Eucharistie in den Zeiten der Verfolgung. In der Feier der Eucharistie wird in den Generationen Schritt für Schritt die Anamnese entfaltet, also das Gedächtnis der Heilsgeschichte, die Darbringung der Gaben in Verbindung mit dem Opfertod Christi und die Epiklese, die Erfahrung der Gegenwart Christi im Heiligen Geiste und die eschatologische Grundhaltung der Gemeinden auf die Wiederkunft des Herrn.

Es ist interessant, dass im gottesdienstlichen Bereich diese Grundelemente sich parallel entwickeln. Denn als sich im 4. Jahrhundert und den folgenden Zeiten bedeutendere Bischofssitze bilden, haben sich rund um diese Bischofssitze sogenannte Liturgietypen entwickelt. Die weisen zwar unterschiedliche Formulierungen und theologische Akzente auf, haben sich aber im Grundsatz parallel entwickelt und die genannten Grundelemente entfaltet und tradiert. Im Osten sind diese der ägyptische, der persische, der syrische und der byzantinische Liturgietyp, im Westen sind diese der Gottesdienst in Rom, Mailand, in Toledo und von Gallien.

Mit den Augen dieses Ansatzes ist auch unser NC eine Entfaltung der Grundelemente der nachösterlichen Eucharistie. Es ist Anamnese, Epiklese, Erwartung der Wiederkunft Christi und wird im Gottesdienst als Gebet dargebracht. Es ist damit Ausdruck der Wahrheit des Glaubens, die von dem Dreieinen Gott empfangen wird.

Ein Gesang aus der byzantinisch-slawischen Eucharistiefeier erinnert an die Teilnahme der Neugetauften an der Liturgie der Gläubigen und der Kommunion und spricht ihren Dank aus an die mystische Einigung mit Christus und ihren Einblick in die himmlische Welt des Lichtes. Ein orthodoxer Kommentator bezeichnet dieses als „eschatologisches Finale“ der Eucharistie. „Gesehen haben wir das wahre Licht, himmlischen Geist empfangen, wahren Glauben gefunden, die unteilbare Dreieinigkeit beten wir an; denn sie hat uns erlöst.“[16]

---

[16] Anastasios Kallis, *a.a.O.*, 176-177.

Eines Wesens mit dem Vater. Zu Genese und Folgen der nizänischen Christologie

Prof. Dr. Dr. h.c. mult. Gunther Wenz, München

„O du Glanz der Herrlichkeit, / Licht vom Licht, aus Gott geboren…“ (Evangelisches Gesangbuch. Ausgabe für die Evangelisch-Lutherischen Kirchen in Bayern und Thüringen, Nr. 161,3)

1. 1700 Jahre Konzil von Nizäa

Anlässlich des 1600jährigen Jubiläums des II. Ökumenischen Konzils von Konstantinopel hat mein theologischer Lehrer und Vorgänger auf dem Lehrstuhl für Systematische Theologie an der Universität München, Wolfhart Pannenberg, anlässlich einer von der Evangelischen Akademie Tutzing in Kooperation mit der Arbeitsgemeinschaft christlicher Kirchen in Deutschland Ende 1981 veranstalteten Gedenktagung einen Vortrag über „Die Bedeutung des Bekenntnisses von Nicaea-Konstantinopel für den ökumenischen Dialog heute“ gehalten, worin er dem Nizäno-Konstantinopolitanum von 381 einen eindeutigen Vorzug vor dem Apostolikum zuerkannt hat, „dessen Autorität als Ausdruck des apostolischen Glaubens der Kirche auf das Gebiet der *westlichen* Christenheit beschränkt blieb, während einzig das Nicaeno-Konstantinopolitanische Symbol mit einem Anspruch auf gesamtkirchliche Geltung verbunden ist und von der Alten Kirche auch als für alle Christen verpflichtend rezipiert wurde“[1].

---

[1] W. Pannenberg, *Die Bedeutung des Bekenntnisses von Nicaea-Konstantinopel für den ökumenischen Dialog heute*, in: ÖR 31 (1982), 129–140, hier: 132. In seinen 1993 vor der Theologischen Kammer der EKD vorgetragenen „Überlegungen zum Problem der Bekenntnishermeneutik in den evangelischen Kirchen“ hat Pannenberg das I. allgemeine Konzil von Nizäa 325 als vorbildlich für die enge Verbindung von Lehre und Bekenntnis gewürdigt und ihren Zusammenhang im Wesentlichen darauf zurückgeführt, „dass alle kirchliche Lehre auf das Christusbekenntnis bezogen ist“ (Ders., *Überlegungen zum Problem der Bekenntnishermeneutik in den evangelischen Kirchen*, in: KuD 41 [1995], 292–302, hier: 292). Die trinitarische Erweiterung des nizänischen Christusbekenntnisses in Konstantinopel sei insofern konsequent, als man „sich nicht zu Jesus bekennen kann, ohne sich zu dem Vater zu bekennen, dessen kommendes Reich Jesus verkündet hat, und zu dem Geist, durch den er selbst als der Auferstandene seiner Kirche gegenwärtig ist“ (ebd.). Die basale Bedeutung des Symbols von Nizäa-Konstantinopel sieht Pannenberg in der Tatsache begründet, dass sich ihm die übrigen altkirchlichen Lehrentscheidungen mit dem Konzil von Chalcedon untergeordnet hätten. Das gelte mutatis mutantis auch für die Bekenntnisbildung und Lehrentwicklung der evangelischen Kirchen. So sei die Confessio Augustana als das Zentralbekenntnis der Reformation entschieden um Übereinstimmung mit der altkirchlichen Lehrtradition bemüht, wie nicht nur die Artikel 1 und 3 belegen. Die Konkordienformel von 1577 versteht sich dann entsprechend als Auslegung des Augsburgischen Bekenntnisses, und das Konkordienbuch von 1580 stellt den reformatorischen

Verwiesen wird in diesem Zusammenhang auf die Ratifikation des Textes durch das siebzig Jahre später tagende Konzil von Chalcedon 451: Damals stellte man ihn „dem Symbol des ersten Konzils von Nicaea 325 zur Seite, bezeichnete es als identisch mit jenem … und als Bekräftigung ‚desselben Glaubens', so wie das Konzil von Konstantinopel von 381 selber in seinem ersten Kanon den ‚Glauben' der dreihundertachtzehn Väter von Nicaea 325 für bleibend maßgeblich erachtet hatte"[2]. Fortan und zwar schon ab dem 5. Jahrhundert betrachtete man „das Symbol von Konstantinopel 381 und die Glaubensaussage von Nicaea als eine sachliche Einheit"[3], obwohl „erst das Symbol von 381 dem Glauben von Nicaea seine vollständige und für die Folgezeit maßgebliche Gestalt gegeben hat"[4].

War 1981 die 1600-Jahr-Feier des Konzils von Konstantinopel zu begehen, so jährt sich heuer zum 1700. Mal das Konzil von Nizäa, was erneuten Anlass gibt, sich des Nizäno-Konstantinopolitanums als des Zentralbekenntnisses der Weltchristenheit zu erinnern, nicht ohne allerdings zuvor aus gegebenem Anlass einige allgemeine Hinweise auf das denkwürdige Konzilsereignis zu geben. Der römische Kaiser Konstantin, den man den Großen nennt und von dessen Schwester die schöne Stadt Konstanza ihren Namen hat, war es, der damals die Bischöfe der christlichen Welt nach Nikaia (heute Iznik) nahe seiner Residenz Nikomedien und nicht allzu weit von Byzanz (dem nachmaligen Konstantinopel und heutigen Istanbul) entfernt zusammengerufen hatte, nachdem als Tagungsort zunächst Ankyra vorgesehen war.

Eröffnet wurde die Synode in einem kaiserlichen Palast vor Ort im Juni 325, abgeschlossen im darauffolgenden Monat. Konstantin stand im Begriff, seine (nach dem Sieg über seinen Rivalen Licinius am 19.09.324) in Ost und West errungene Alleinherrschaft im Imperium Romanum abzusichern, wozu ihm der Erhalt bzw. die Wiederherstellung der kirchlichen Einheit als unverzichtbar erschien. Religiöse Homogenität galt ihm als die Bedingung der Möglichkeit staatlicher Geschlossenheit. Diese Homogenität in Religionsangelegenheiten war durch eine Reihe von Kontroversen gefährdet, besonders durch den sog. arianischen Streit, aber auch durch Streitigkeiten um die Datierung des alljährlichen Osterfestes als der Zentralfeier der Christenheit. Diese Kontroversen war Konstantin, ohne am theologischen Detail allzu sehr interessiert zu sein, zu beheben gewillt, und zu diesem Zweck befahl er eine stattliche Zahl von Bischöfen nach Nikaia.

Die Einberufung der Synode diente der Staatsräson, und ihre Durchführung war ein staatlicher Akt, als dessen Lenker und Leiter Konstantin I. fungierte. Gemäß dem

Bekenntnistexten bewusst die drei altkirchlichen Symbole voran, um die Kontinuität der im wichtigsten Corpus Doctrinae der Wittenberger Reformation gesammelten Schriften mit dem Dogma der Alten Kirche zu verbinden. Nizäno-Konstantinopolitanum und Apostolikum erlangen so im Verein mit dem Symbolum quicunque eine hermeneutische Schlüsselstellung für das evangelische Bekenntnis und zwar nach dessen ureigenem Selbstverständnis.

2 Ders., *Die Bedeutung des Bekenntnisses von Nicaea-Konstantinopel*, 130.

3 Ebd.

4 Ebd. Zur Lehrformel der ökumenischen Synode von Chalcedon und zu ihrer Präambel, „die über die Einberufung des Konzils Rechenschaft gibt und in Übereinstimmung mit demjenigen von Ephesos (431) die beständige verbindliche Geltung der Bekenntnisse von Nicäa (325) und Konstantinopel (381) bekräftigt", vgl. L. R. Wickham, Art. *Chalkedon, ökumenische Synode (451)*, in: TRE 7, 668–675, hier: 671–673; das Zitat findet sich 671.

Verständnis namentlich der römisch-katholischen Kirche widerspricht dies dem theologischen Begriff eines Konzils. Dennoch ging die Versammlung von Nikaia (Nicaea, Nizäa) als das I. Ökumenische Konzil in die Kirchengeschichte ein, als welches es bis heute in der Weltchristenheit anerkannt ist. Die Vorgeschichte der als universal und in ihrem Bekenntnis allgemeinverbindlich geltenden Synode ist komplex.[5] Schwierig zu rekonstruieren sind fernerhin die sich über einen Monat hinziehenden Konzilsverhandlungen, da keine Synodalakten vorliegen. Die getroffenen Beschlüsse beziehen sich auf unterschiedliche Problemfelder, die sachlich disparat, aber allesamt auf die kaiserlich vorgesehene Aufgabe des Konzils bezogen sind, Einheit in der Kirche zu stiften bzw. zu wahren.

Dem Ziel kirchlicher Einheit sollte die Festlegung eines einheitlichen, gesamtkirchlich verbindlichen Ostertermins am ersten Sonntag nach dem Frühlingsäquinoktium[6] ebenso dienen wie die 20 Kanones (vgl. DH 127–129), die Fragen der Klerusdisziplin, Autoritätsfragen etwa bezüglich der Kompetenz, Bischöfe zu versetzen, Probleme der öffentlichen Buße sowie Möglichkeiten betrafen, sich mit ehemals heterodoxen Gruppen auszusöhnen; auch das sog. Translationsverbot, das bischöfliche Ortswechsel regelt, gehört in diesen Zusammenhang. Ohne die Relevanz dieser und einiger anderer Konzilsbeschlüsse in Abrede zu stellen: Unter wirkungsgeschichtlichen Gesichtspunkten überragt sie alle das nizänische Symbol, dessen Bedeutung für die Identität der christlichen Kirche(n) kaum zu überschätzen ist, wenngleich die uns

---

[5] Vgl. im Einzelnen H. Chr. Brennecke, Art. *Nicäa, Ökumenische Synoden I. Ökumenische Synode von 325*, in: TRE 24, 429–441, bes. 429f. Die Angaben über die Zahl der Konzilsteilnehmer (die Festlegung auf 318 ist möglicherweise durch Gen 14,14 motiviert und sekundär) schwankt. „Der Occident war nur durch ein halbes Dutzend von Bischöfen vertreten; der römische Bischof fehlte, hatte aber zwei Presbyter entsandt. Die bedeutendsten Bischöfe des Orients waren anwesend." (A. v. Harnack, *Lehrbuch der Dogmengeschichte. 2. Bd.: Die Entwicklung des kirchlichen Dogmas* I [⁴1909], Darmstadt 1964, 227). Kamen die Arianer „siegesfreudig auf das Concil" (228f.), so musste ihr Anführer und Namensgeber am Ende als „Sündenbock" (235) herhalten, dem die Schuld für die vorangegangenen Streitigkeiten aufgeladen wurde, um ihn aus Alexandria in die Wüste zu jagen. Harnack teilt das zeitgenössische Urteil, dass die Mehrzahl der Bischöfe ungebildet gewesen sei: „die allgemeine Annahme des Synodalbeschlusses ist nur verständlich, wenn man voraussetzt, dass den meisten Bischöfen die Streitfrage zu hoch gewesen ist." (228)

[6] Ursprünglich „kein reines Auferstehungsfest, sondern das Fest des gesamten Heilsgeschehens" (G. Visonà, *Ostern/Osterfest/Osterpredigt I. Geschichte, Theologie und Liturgie*, in: TRE 25, 517–530, hier: 517) hat sich Ostern im Laufe der Zeit als ein von Himmelfahrt und Pfingsten unterschiedenes Fest etabliert, wobei die Datierung strittig war, je nachdem ob man die Feier als christliche Fortführung des jüdischen Passafestes verstand oder mit dem Sonntag als Tag der Auferstehung assoziierte. Daraus ergaben sich die sog. quartodezimanischen Auseinandersetzungen, von denen man annahm, dass sie noch das Konzil von Nizäa beschäftigt haben. Gegen diese Annahme wird angeführt, „dass es die Gemeinden im Blick hatte, die zwar das Sonntagspascha feierten, sich aber nach der jüdischen Kalenderrechnung richteten, die im Verlauf des 3. Jh. Veränderungen erfahren hatte und insbesondere den vierzehnten Tag, den Vollmondstag des Passa, berechnete, ohne dabei noch die Frühlings-Tagundnachtgleiche zu berücksichtigen" (523). Wie auch immer: Konstantin hielt es im Interesse der Einheit seines Reichs für höchst unpassend, dass die Christen in der Datierung ihres zentralen Festes gespalten waren. Dieser Missstand sollte behoben werden.

geläufige Form des Nizänums späteren Datums und daher in der altprotestantischen Orthodoxie seit dem 17. Jahrhundert mit Recht Nizäno-Konstantinopolitanum genannt worden ist.

2. Das Nizänische Glaubensbekenntnis vom 19. Juni 325

Vor der frühen Neuzeit wurde das Nizäno-Konstantinopolitanum auch in der evangelischen Kirche, wo der Begriff aufgekommen sein soll, in der Regel Nizänum genannt, was gelegentlich noch heute geschieht. Zwar ist das konstantinopolitanische Glaubensbekenntnis (DH 150), dessen Text nicht schon durch die Akten des Konzils von 381, sondern erst durch diejenigen des Konzils von Chalcedon 451 bezeugt ist, mit dem nizänischen vom 19. Juni 325 nicht einfachhin gleichzusetzen; als dessen Überarbeitung und ergänzende Fortschreibung kann es dennoch gelten, wie ein synoptischer Vergleich beider Symbole unschwer erkennen lässt.

Die Unterschiede zwischen ihnen betreffen vor allem den dritten Artikel: Während das Nizänum kurz und bündig den Glauben an den Hl. Geist bekennt und dann die arianischen Anathematismen vorträgt, enthält das Nizäno-Konstantinopolitanum in antipneumatomachischer Absicht, doch ohne explizite Verwerfungssätze eine Reihe von speziellen Aussagen zur dritten göttlichen Hypostase: der Geist wird als Herr und Lebensspender bekannt, der aus dem Vater hervorgeht und mit diesem und dem Sohn gleichermaßen anzubeten und zu verherrlichen ist. Zwar wird die Homoousie des Geistes mit Vater und Sohn nicht explizit ausgesprochen, aber die sog. Homotimie läuft faktisch auf die Annahme einer Wesensgleichheit des Hl. Geistes hinaus, von dem fernerhin bekannt wird, dass er durch die Propheten gesprochen hat.

Paraklet, wie sonst üblich, wird der Hl. Geist im Nizäno-Konstantinopolitanum nicht eigens genannt. Vielmehr schließt sich an die pneumatologischen Aussagen unmittelbar das Bekenntnis zur einen, heiligen, allgemeinen und apostolischen Kirche und zur einen Taufe zur Vergebung der Sünden an, bis das Symbol mit den Worten endet: „Wir erwarten die Auferstehung der Toten und das Leben der zukünftigen Welt. Amen." Nur am Rande sei erwähnt, dass die lateinische Kirche unter fränkischem Einfluss das Bekenntnis zum Hervorgang des Geistes aus dem Vater durch das berühmt-berüchtigte „filioque" ergänzt hat; aber diese heikle Thematik will ich heute nicht aufgreifen, zumal ich sie anderwärts bereits sehr ausführlich traktiert habe.[7]

Vergleicht man den ersten und den zweiten Artikel von Nizänum und Nizäno-Konstantinopolitanum, so betreffen die Unterschiede eher Einzelheiten, wohingegen die Grundaussagen gemeinsam sind. Was das Nizänische Symbol betrifft (vgl. DH 125f.), das am besten durch einen zeitnah zur Synode verfassten Brief des Eusebius von Caesarea[8] an seine Diözesanen bezeugt ist, so bekennt es entschieden die Ho-

---

[7] Vgl. G. Wenz, *Filioque. Kontexte einer Kontroverse*, in: ders., *Grundfragen ökumenischer Theologie*. Gesammelte Aufsätze. Bd. 2, Göttingen 2010, 242–309.

[8] Zu Leben und Werk des 313 zum Bischof von Caesarea geweihten Eusebius und zu seiner Rolle im arianischen Streit, in der er eine mittlere, um Vermittlung bemühte Position einnahm, vgl. D. S. Wallace-Hadrill, Art. *Eusebius von Caesarea*, in: TRE 10, 537–543. Euseb befürchtete, dass sich mit dem *homoousios*-Begriff sabellianische Tendenzen verbinden könnten, ließ sich aber eines Besseren belehren und akzeptierte den Terminus, ohne – wie viele andere auch – zu letzter Klarheit über dessen präzisen Sinn zu gelangen. Wirkungsgeschichtlich ist Euseb

moousie des einziggeborenen Sohnes mit dem einen Gott, dem Vater, dem Allmächtigen. Beide haben die gleiche *ousia*, sind mithin wesenseins. Der aus dem Wesen des Vaters gezeugte Sohn ist, um die lateinische Übersetzung dessen, „quod graece dicunt *homousion*", zu zitieren, „unius substantiae cum Patre" (DH 125), von einer Substanz mit dem Vater, durch den alles geworden ist, was im Himmel und auf Erden ist. Der Sohn, der Jesus Christus heißt, ist deshalb „natum, non factum", „geboren, nicht geschaffen", oder, wie es im griechischen Original heißt, *gennethenta ou poiethenta*, gezeugt, nicht geschaffen.

Ich zitiere den umfangreichen Artikel des Nizänum im Zusammenhang auf Deutsch und verweise auf den synoptischen Vergleich zwischen seinem Wortlaut des Nizänums und dem Nizäno-Konstantinopolitanum sowie auf einschlägige Artikel in der Theologischen Realenzyklopädie:

„Wir glauben … an einen Herrn Jesus Christus,
den Sohn Gottes,
geboren aus dem Vater als Eingeborener,
das heißt aus dem Wesen des Vaters,
Gott aus Gott,
Licht aus Licht,
wahren Gott aus wahrem Gott,
gezeugt, nicht geschaffen,
wesenseins mit dem Vater,
durch den alles geworden ist
sowohl das im Himmel als auch das auf der Erde,
der wegen uns Menschen und wegen unserer Erlösung
hinabgekommen ist
und inkarniert worden ist,
Mensch geworden ist,
gelitten hat

---

vor allem durch sein historisches Werk bedeutsam geworden, das als Beginn einer förmlichen Kirchengeschichtsschreibung gilt; auch sieht man in ihm den Initiator der sog. byzantinischen Reichstheologie. – Zum Symbol, das der gelehrte Euseb dem Konzil vorgelegt hatte und zum Vergleich des sog. Caesareense mit dem Nizänum vgl. A. v. Harnack, a. a. O., 229ff.; bemerkenswert ist besonders der Ersatz des Logosbegriffs, der uns im Nizänum nicht mehr begegnet, durch den Sohnestitel, sowie der Einschub der *homoousius*-Formel, über deren genaue Bedeutung die Meinungen schon damals auseinandergingen, was sich bis heute nicht geändert hat. Die Gegner der Formel und der Wendung, dass der einzig geborene Sohn aus dem Wesen des Vaters (*ek tes ousias*) gezeugt sei, machten geltend, dass „die Worte in der h. Schrift nicht vorkämen" (232) und für modalistisch-sabellianische oder emanatistische Mißdeutungen offen seien. Für eine angemessene Interpretation des Nizänum und eine argumentative Auseinandersetzung mit den Antinizäern, die auch nach dem Konzil wirksam blieben (vgl. 237), kommt auch heute alles darauf an, sich über das konziliare Verständnis des *ousia*-Begriffs, sein Verhältnis zu dem lateinischen Terminus substantia und entsprechenden Wortverbindungen (unius substantiae; consubstantivus; ex unitate substantiae) sowie über den Gebrauch von Wörtern wie *hypokeimenon, hypostasis, prosopon* etc. Klarheit zu verschaffen. Entsprechendes gilt für das lateinische Vokabular und seinen kontextuellen Gebrauch: substantia, essentia, persona, species, forma etc.

und auferstanden ist am dritten Tag,
aufgestiegen ist in die Himmel,
der kommt,
zu richten Lebende und Tote."[9]

3. Der arianische Streit und seine Vorgeschichte

Gemäß seiner Struktur, die bei allen Divergenzen im Wortlaut derjenigen des zweiten Artikels des Nizäno-Konstantinopolitanums entspricht, stellt sich der christologische Abschnitt des Nizänischen Glaubensbekenntnisses als zweigeteilt dar. Während der zweite, soteriologische Teil („wegen uns Menschen und wegen unserer Erlösung") eher konventionell und dem Apostolikum vergleichbar heilsgeschichtliche Daten von der Menschwerdung bis zur endzeitlichen Wiederkunft zum Gericht und zur Vollendung seines Reiches aneinanderreiht, konzentriert sich der erste Teil auf die theologische Stellung Jesu als des Christus und menschgewordenen Gottessohns, in dessen Sein die Wirklichkeit des Heils begründet liegt. Dabei kommt alles darauf an, den einziggeborenen, aus dem Vater vor aller Zeit gezeugten Sohn „als ganz und gar göttlich zu erweisen"[10]: „Gott aus Gott, Licht aus Licht, wahren Gott aus wahrem Gott, gezeugt, nicht geschaffen, wesenseins mit dem Vater, durch den alles geworden ist sowohl das im Himmel als auch das auf der Erde." Diese Bekenntnisaussagen sind wie die abschließenden Lehrverwerfungen dezidiert gegen Arius gerichtet, der als einer der wenigen Konzilsteilnehmer seine Unterschrift unter die am 19. Juni 325 angenommene Synodalerklärung verweigerte.

Arius, der als Erzketzer in die Theologiegeschichte der Alten Kirche eingegangen ist, war ein Logoschristologe wie seine Gegner.[11] Zwar begegnet uns der bereits im

[9] W.-D. Hauschild, Art. *Nicäno-Konstantinopolitanisches Glaubensbekenntnis*, in: TRE 24, 444–456, hier: 446f.; die griechischen Originalversionen finden sich 445f.; zum Verhältnis von Nizänum zu Nizäno-Konstantinopolitanum, zur Entstehungsgeschichte des dritten Artikels, zu seiner Pneumatologie und zum filioque finden sich im Artikel die nötigen Informationen. Knapp zusammengefasst und theologisch analysiert sind die Inhalte des Nizänum von V. H. Drecoll, Art. *Nicaenisches Symbol*, in: RGG^4 6, Sp. 280f. – Nach Urteil von H. J. Sieben liegt die „kaum zu überschätzende Bedeutung des Konzils … darin, dass mit ihm 1) gleich zu Beginn des sog. Konstantin. Zeitalters die Symbiose zw. Kirche u. Staat … zu sichtbarstem u. wirksamstem Ausdruck kommt, 2) die Institution der Ökumenischen Konzilien zwar noch nicht geschaffen, aber grundgelegt wurde, 3) der Glaube erstmals kirchenamtlich nicht mehr allein mit Begriffen der Hl. Schrift, sondern mit philos. Termini formuliert wurde, ein für die weitere Entwicklung äußerst folgenreicher Schritt" (Art. *Nizäa 3. Ökumenische Konzilien*, in: LThK 7, 884f., hier: 885).

[10] H. Chr. Brennecke, a. a. O., 434.

[11] Zum Begriff des Arianismus und seinen Voraussetzungen in der vornizänischen Theologie sowie zu Arius selbst und den mit seinem Namen verbundenen Streitigkeiten vgl. A. M. Ritter, Art. *Arianismus*, in: TRE 3, 692–719. Vgl. ders., *Dogma und Lehre in der Alten Kirche*, in: C. Andresen/ders. (Hg.), *Handbuch der Dogmen- und Theologiegeschichte Bd. 1: Die Lehrentwicklung im Rahmen der Katholizität*, Göttingen ^{2}1999, bes. 144–170: *Arius und das Konzil von Nizäa (325); zum Konzilsverlauf und zum nizänischen Dogma*, vgl. a. a. O., 163–170, zur Bedeutung des *homoousios* und zur Frage, ob es „im Sinne des westlichen ‚unius substantiae'" (169) zu verstehen sei, vgl. 169f.

Prolog des Johannesevangeliums zentrale Begriff im Nizänischen Glaubensbekenntnis nicht explizit; aber hintergründig und der Sache nach bestimmt er die Konzilsdebatte und die ihr aufgegebene Frage, wie der Sohn Gottes genannte, in Christus Jesus inkarnierte Logos sich zur Gottheit Gottes verhält. Wie und warum gerade der Logosbegriff unter den Hoheitstiteln, welche im Neuen Testament auf den auferstandenen Gekreuzigten Anwendung fanden, Karriere machte, um die altkirchliche Lehrentwicklung und namentlich die Genese des trinitarischen Dogmas wesentlich zu bestimmen, ist eine lange Geschichte, die hier nicht nachzuerzählen ist.[12] Ein wesentlicher Grund ergab sich sicher aus dem Motiv der christlichen Theologie, ihre Anschlussfähigkeit an das antike Denken argumentativ unter Beweis zu stellen.

Während die vereinzelten christologischen Formulierungen der Apostolischen Väter mit Ausnahme vielleicht des Ignatius von Antiochien noch kein kohärentes Lehrsystem ergaben, versuchten die Apologeten Jesus Christus systematisch als Offenbarungsgestalt des göttlichen Logos zu begreifen. Motiviert war dieser Versuch durch die besagte Absicht, eine Verbindung des christlichen Glaubens mit der damaligen Wissenschaft herzustellen, um in eine vernünftige Auseinandersetzung mit dem Zeitgeist eintreten zu können. Dazu bot der Logosbegriff die beste apologetische Gelegenheit.

Lässt sich, was Logos heißt[13], einerseits mit alttestamentlichen und jüdischen Vorbildern wie etwa der Weisheit in Verbindung bringen, die bei dem jüdisch-hellenistischen Philosophen Philo von Alexandrien, einem Zeitgenossen Jesu, hypostatische Gestalt annimmt, so ist der Begriff andererseits auch der zeitgenössischen Popularphilosophie wohlvertraut, um in der Stoa mit der Vorstellung einer alles hervorbringenden und durchdringenden Kraft assoziiert zu werden. Zu erwähnen sind ferner platonisch-neuplatonische Spekulationen, unter deren Einfluss bereits Philo steht, wenn er die absolute Jenseitigkeit des streng monotheistisch gedachten Gottes durch den göttlichen Logos vermittelt sein lässt mit dem Gegebensein der Welt und ihrer immanenten Vernunftordnung, welche den kosmischen Bestandserhalt gewährleistet.

In der Theologie der Apologeten konnte der Logosbegriff entsprechend vielfältige Verwendung finden mit dem durchgängigen Ziel, Jesus Christus als den inkarnierten Logos, als die Manifestationsgestalt des weltfundierenden und erhaltenden Schöpfungswortes, des Grundes und Inbegriffs der natürlichen und sittlichen Weltordnung, der Urform des Denkens usw. zu erweisen und ihn als Mediator göttlicher Vernunft und göttlichen Willens in Anschlag zu bringen. Dabei kam es, wie nicht anders zu

---

[12] Vgl. G. Wenz, *Gott. Implizite Voraussetzungen christlicher Theologie*, Göttingen 2007 (Studium Systematische Theologie Bd. 4); ders., *Christus. Jesus und die Anfänge der Christologie*, Göttingen 2011 (Studium Systematische Theologie Bd. 5); ders., *Geist. Zum pneumatologischen Prozess altkirchlicher Lehrentwicklung*, Göttingen 2011 (Studium Systematische Theologie Bd. 6).

[13] Das Substantiv zum Verb „*legein*" hat an dessen Bedeutungen „sammeln", „(auf-)zählen", „meinen", „sagen" Anteil, erweitert aber seinen Sinngehalt im Zuge der griechischen Philosophiegeschichte immer mehr, um in platonischen, aristotelischen und stoischen Kontexten zum Inbegriff der Weltvernunft zu werden und Eingang nicht nur in das hellenistische Judentum, sondern auch in den neutestamentlichen Sprachgebrauch und in die christliche Theologie zu finden. (Vgl. im Einzelnen G. Chr. Stead, Art. *Logos*, in: TRE 21, 432–444; zur Logoschristologie seit den Apologeten 441–443, zum Verhältnis des Logosprädikats zum Sohnesbegriff bei Arius und in den arianischen Streitigkeiten vgl. die Schlussbemerkung 443.)

erwarten, auch zu Lehrdifferenzen, die zum kleineren Teil die Logoslehre überhaupt und die Frage ihrer grundsätzlichen Legitimität, zum größeren Teil das Problem des theologischen Status betrafen, welcher dem in Jesus Christus inkarnierten Logos zuzuerkennen ist.

Die verschiedenen Richtungen, die seit etwa 180 n. Chr. gegen die Annahme einer göttlichen Logoshypostase von eigener Subsistenz stritten, werden seit Tertullian häufig unter dem Stichwort Monarchianismus zusammengefasst, das, wie der Terminus besagt, einen Ansatz bezeichnet, demzufolge „nur ein einziges göttliches Prinzip“[14] existiert. Dabei wird dogmengeschichtlich in der Regel zwischen einem dynamischen Monarchianismus oder Adoptianismus und einem sog. Modalismus unterschieden. Ersterer wird nach dem Vorgang kleinasiatischer „Aloger“ durch die römisch-adoptianische Parteiung der Theodotianer und durch den späteren antiochenischen Adoptianismus repräsentiert.

Dem nach zunächst erfolglosen Interventionen im Jahre 268 n. Chr. abgesetzten und anathematisierten Metropoliten von Antiochien, Paul von Samosata, zufolge ist der Logos, der auch Sophia genannt werden kann, keine im eigentlichen Sinne gottunterschiedene Größe, sondern lediglich eine göttliche Eigenschaft bzw. eine an sich selbst unpersönliche göttliche Kraft, welche bereits in Moses und den Propheten gewirkt habe, um sodann den Menschen Jesus in einzigartiger und vollendeter Weise dynamisch zu durchwalten mit der Konsequenz, dass dieser in all seinem Denken und Trachten dem Willen Gottes entsprochen und als dessen in Wohlgefallen angenommener Sohn zu gelten habe. Pauls Vorstellung einer gleichsam dynamisch-ethisch und nicht physisch-naturhaft verfassten Einheit Gottes und des Menschen in Jesus Christus hat nicht nur im Arianismus, sondern auch im Nestorianismus der jüngeren antiochenischen Schule fortgewirkt, die im Zusammenhang der vorchalcedonischen Streitigkeiten um die Verfassung des Personseins Jesu Christi eine wichtige Rolle spielen sollte.

Stellt sich dem dynamischen Monarchianismus Jesus Christus als ein in seinem ganzen Sein von göttlicher Geisteskraft durchwirktes Wesen, nicht hingegen als Inkarnationsgestalt einer proprie subsistierenden Logoshypostase dar, so wird im sog. modalistischen Monarchianismus diese Tendenz dadurch verstärkt, dass der göttliche Logos und analog der göttliche Geist als bloße Modi und Erscheinungsweisen der einen und einzigen Gottheit Gottes in Betracht kommen. Als konsequentester Vertreter des Modalismus hat neben den Kleinasiaten Noet und Praxeas der seit ca. 215 in Rom agierende Sabellius zu gelten, weshalb der Modalismus nicht selten auch Sabellianismus genannt wird. Nach Sabellius fungieren Vater und Sohn (sowie Geist) lediglich als Benennungen ein und derselben göttlichen Substanz, durch welche die heilsgeschichtlichen Offenbarungsweisen Gottes in Schöpfung, Erlösung und Vollendung bezeichnet werden, ohne dass mit dem göttlichen Schöpfer, Erlöser und Vollender die Annahme personaler Subsistenz zu assoziieren wäre.

Primärmotiv der sabellianischen Lehrbildung war zweifellos die Sorge um die Einheit und Einzigkeit Gottes sowie das Interesse, das dezidiert festgehaltene Bekenntnis

---

[14] R. Williams, Art. *Jesus Christus II. Alte Kirche*, in: TRE 16, 726–745, hier: 730. Zu den Varianten des Monarchianismus und zur Entwicklung der Logoschristologie bis zu Athanasius von Alexandrien und der Lehre von der Konsubstantialität des Logos mit dem Vater vgl. 728–734.

zur wahren Gottheit Jesu Christi von allen polytheistischen Missverständnissen freizuhalten. Indes vermag der modalistische Monotheismus die Einheit des göttlichen Wesens nur auf indifferente Weise und in Form abstrakter Selbigkeit zur Geltung zu bringen. Indem er die in der neutestamentlichen Überlieferung stets vorausgesetzte Unterscheidung von Vater und Sohn im Zuge ihrer bloß modalen Differenzierung tendenziell einzieht, um beide zuletzt in eins zu setzen, musste er zwangsläufig u. a. den Vorwurf des Patripassianismus auf sich ziehen. Selbst wenn die Modalisten nicht explizit gelehrt haben, dass Gott der Vater am Kreuz gelitten hat, liegt diese Auffassung doch in der Konsequenz ihres gegenüber jeder wirklichen Interndifferenzierung abgeschotteten Gottesbegriffs.

Die im Modalismus offenkundig gewordene Schwäche des Monarchianismus hat den endgültigen Sieg der Logoschristologie nicht unwesentlich befördert. Erschloss dem lateinischen Westen Tertullian die terminologische Möglichkeit, mit den Begriffen Substanz und Person die essentielle Identität und personale Differenziertheit der Gottheit Gottes auszusagen, so verhalfen im griechischen Osten insbesondere Clemens und Origenes der Lehre von der in Jesus Christus inkarnierten Logoshypostase zum definitiven Durchbruch. Sie setzten im 3. Jahrhundert n. Chr. in ihrer alexandrinischen Katechetenschule das von den Apologeten begonnene Werk auf höherem Niveau und in noch größerer Aufgeschlossenheit für die hellenistische Bildungswelt fort.

Was Origenes[15] betrifft, so hat er mit den 230/231 entstandenen vier Büchern „*Peri archon*“, die in Rufins lateinischer Übersetzung „De principiis“ betitelt sind, die christliche Glaubenslehre auf eine derart konsequente Weise systematisiert, wie dies vorher noch nie geschehen war. In achtfacher Hinsicht wird das apostolische Kerygma thematisch entfaltet: in Bezug auf Gott, Jesus Christus, Hl. Geist, Seele, Freiheit des Willens, Teufel und böse Mächte, Schöpfung und Vollendung der Welt sowie bezüglich Ursprung und geistlichem Sinngehalt der Hl. Schrift. Seiner literarischen Gattung nach ist das Werk, das im Oeuvre des Origenes eine Sonderstellung einnimmt, eine Zwischenform von Lehrbuch und problemorientierter Abhandlung mit dem Zweck, das Christentum apologetisch und polemisch gegen äußere Bestreitungen und innere Anfechtungen zu verteidigen und im Sinne eines philosophisch-theologischen Gedankensystems spekulativ zu erfassen.

Obwohl seine Lehre zu zahlreichen rechtgläubigen Einwänden Anlass gegeben hat, die im 6. Jahrhundert zu förmlichen Anathematisierungen geführt haben, ist der Einfluss des Origenes auf die Doktrin der Alten Kirche und auf die Ausbildung des altkirchlichen Dogmas sehr groß gewesen. Dies gilt in erster Linie für seine Trinitätslehre, wie sie in den ersten vier Kapiteln des ersten Buches von „De principiis“ entfaltet wird, aber auch in anderen Kontexten die Basis der theologischen Argumentation bildet. Mit seinen schrifttheologischen und philosophisch fundierten Bestimmungen

[15] An Origenes, der ungefähr ein dreiviertel Jahrhundert vor dem Konzil von Nizäa starb, scheiden sich die Geister und zwar nicht erst seit seiner Verurteilung als Häretiker im Jahr 553. Den einen galt er „als geistiger Vater des Arianismus“ (R. Williams, Art. *Origenes* [ca. 185/86–ca. 253/55]/*Origenismus*, in: TRE 25, 397–420, hier: 415), den anderen als genialer Theologe, dessen Lehre nicht nur mit der nizänischen Christologie kompatibel, sondern ein wesentlicher Grund ihrer Ausbildung gewesen sei.

zur Gleichewigkeit von Gottvater und Logos, welcher – vor aller Zeit durch ewige Zeugung geworden – aus dem Wollen des Vaters hervorgeht, um diesem an Macht und Herrlichkeit gleich zu sein, und mit seiner trinitarischen Pneumatologie, derzufolge der Hl. Geist gleich dem Sohn nicht geschaffen ist in der Zeit, sondern geworden vor ihr, hat Origenes den Grund gelegt für die spätere Definition des Dogmas.

Indes blieb im origenistischen System fraglich, ob der Logos der Gottheit des Vaters in wesenseiniger Parität zugehört oder im Vergleich zu ihr als eine Größe von subtiler Subordiniertheit zu denken ist. Denn die origenistische Formel einer ewigen Zeugung des Logos macht diesen einerseits als der Gottheit Gottes von Ewigkeit her verbunden, andererseits und in Anknüpfung an neuplatonische Emanationsvorstellungen als erstes Geschöpf vorstellig. Diese Ambivalenz führte in der Folgezeit zu heftigen Streitigkeiten zwischen sog. Rechtsorigenisten, die wie etwa Gregor Thaumaturgos die Einheit von Logos und Gottvater betonten, und sog. Linksorigenisten, die durch Betonung der Geschöpflichkeit des Logos die Differenz und wesenhafte Andersheit beider hervorhoben. Ein Beispiel linksorigenistischer Argumentation bietet etwa Dionysius von Alexandrien, der die Logoschristologie scharf subordinatianisch ausbildete. Entsprechendes trifft bei allen sonstigen Unterschieden auch für Lukian von Antiochien zu, der als Lehrer des Arius zu einem der Hauptinitiatoren des nach seinem Schüler genannten Streites wurde.

Die entscheidende Frage der arianischen Auseinandersetzungen lautete, ob das Göttliche, das auf Erden erschienen ist und die Menschen mit Gott vereinigt hat, der Gottheit Gottes wesentlich zugehört oder ob mit einer Unterordnung und subordinierten „Halbgöttlichkeit" zu rechnen ist. Ersteres behaupteten mit Nachdruck die Gegner des Arius, unter denen die Alexandriner Alexander und Athanasius hervorragten. Beide lehrten übereinstimmend die ewige Koexistenz von Vater und Sohn, derzufolge der Sohn ebenso konstitutiv zur Gottheit des Vaters gehört wie der Vater zur Gottheit des Sohnes. Gegen die arianische Bestreitung der irreduziblen Gleichewigkeit und Wesensgleichheit von Vater und Sohn sowie gegen die Annahme, der Sohn habe seine Göttlichkeit als höchstes – seiner Kreatürlichkeit wegen Gottes Gottheit gleichwohl prinzipiell subordiniertes – Geschöpf erworben, wird geltend gemacht, dass der Sohn aus dem einen Wesen des Vaters und diesem in allem gleichwesentlich sei, ohne deshalb aufzuhören, von ihm als der Sohn des Vaters unterschieden zu sein. Gleichwohl sind Vater und Sohn nicht als je eigene Wesensheiten gleichwesentlich. Ihre Differenz ist vielmehr der Einheit des göttlichen Wesens inbegriffen, welches hinwiederum ohne den Unterschied von Vater und Sohn nicht zu begreifen ist. Auf dem Konzil von Nizäa 325 hat sich die Doktrin von Alexander und Athanasios, der jenem 328 auf den alexandrinischen Bischofsstuhl folgte, einstweilen gegen den Arianismus durchgesetzt.[16] Das Nizänische Symbol bezeugt dies.

---

[16] Athanasius, den Alexander auf dem Sterbebett zu seinem Nachfolger bestimmt haben soll, wird es „weithin als … persönliche Leistung" (M. Tetz, Art. *Athanasius von Alexandrien*, in: TRE 4, 333–349, hier: 346) zugeschrieben, „(d)ie tiefe Krise, in der die Reichskirche durch den ‚Arianismus' geraten war, erkannt und durch entschiedenes Eingreifen überwunden zu haben" (ebd.): „Mit Aufnahme und partieller Durchsetzung … des Nicaenums hat er auf entscheidende Weise zum Entstehen der nizänischen Orthodoxie beigetragen." (ebd.)

4. Das nizäno-konstantinopolitanische Trinitätsdogma

Arius war auf einen strikten Monotheismus bedacht, den er durch die Lehre von der Homoousie des Sohnes Jesus Christus mit Gott dem Vater gefährdet sah. Er und seine Anhänger hatten aus ihrem Begriff der absoluten Transzendenz des einen Gottes die Konsequenz der Subordination des Logossohnes gezogen, der als göttliches Geschöpf im Unterschied zum göttlichen Vater einen Anfang in der Zeit gehabt haben muss. Die wesenseinige Zugehörigkeit des Sohnes zum Vater wurde infolgedessen in Abrede gestellt und seine Unwandelbarkeit und Sündlosigkeit nicht durch sein göttliches Wesen, sondern durch einen entschlossenen Akt seines menschlichen Willens begründet.

Dem hielt das Nizänum entgegen, dass der Sohn aus dem ureigensten Wesen des Vaters gezeugt sei und an der göttlichen Wesenheit vollen Anteil habe. Die antiarianische Klausel „wahrer Gott von wahrem Gott" unterstreicht dies ebenso wie der Satz, dass der Sohn zwar gezeugt bzw. geboren, nicht aber geschaffen sei. Die dem Bekenntnis angefügten Anathematismen schließen fernerhin aus, dass es eine Zeit gegeben habe, in welcher der Logos nicht war, bzw. dass er nicht war, ehe er gezeugt wurde oder dass er aus dem Nichts ins Dasein kam. Verworfen wird ferner, dass der Sohn der Änderung und dem Wechsel unterlegen und von einer anderen Hypostase oder Substanz sei als der Vater. Aus letzterem Anathem geht hervor, dass die Begriffe hypostasis und ousia 325 noch gleichbedeutend verwendet wurden. Erst später wurde zwischen beiden sachlich differenziert. Ousia bezeichnet dann die göttliche Substanz bzw. Essenz selbst, wohingegen mit dem Begriff hypostasis der Gedanke der trinitarischen Personen assoziiert wird.

Vor Probleme der besonderen Art stellte die Interpreten seit alters her der nizänische homoousios-Begriff[17], der im Lateinischen mit consubstantialis oder consubstantivus (unius substantiae cum Patre) übersetzt zu werden pflegte. Er wurde selbst von Befürwortern des Nizänums gelegentlich als störend und dem biblischen Sprachgebrauch fremd empfunden. Auch in philologisch-philosophischer Hinsicht ist der Begriff nicht unproblematisch, da der Sinn von ousia nicht ein-, sondern vieldeutig ist. Das Wort kann zum einen das Wesen der Gattung und dasjenige bedeuten, was Aristoteles sekundäre Substanz genannt hat. Als Primärsubstanz meint ousia im aristotelischen Sinn hingegen eine besondere Entität als Trägergröße von Qualitäten. Daneben kann das Wort auch Materie, Stoff oder Ähnliches bedeuten wie im stoischen Sprachgebrauch. Die Interpretationsmöglichkeiten der Wendung homoousios sind entsprechend vielfältig. Es ist nicht auszuschließen, dass man in Nizäa diese mögliche Bedeutungsvielfalt nicht nur billigend in Kauf genommen, sondern in der Absicht umfänglicher Integration als Vorteil erachtet hat.

Die homoousianische Formel war in gewissem Rahmen deutungsoffen und nicht auf eine exklusive Verwendungsweise fixiert. Dies belegen die Debatten im Anschluss

---

[17] Ob Konstantin die auf sein Verlangen eingefügte *homoousios*-Formel durch Hossius von Cordoba vorgeschlagen wurde, ist strittig. Unstrittig hingegen ist, dass die Bedeutung der Unionsformel nicht genau bestimmt war, was die Ursache für nachmalige Interpretationsdifferenzen wurde und erneute Auseinandersetzungen in Bezug auf Fragen zur Folge hatte, die man bereits entschieden glaubte. Hossius alias Ossius war Berater des Kaisers und seiner Nachfolger; mit Constantius II. geriet er in Konflikt, weil er 356 die von diesem geforderte Verurteilung des Athanasius verweigerte (vgl. St. Keil, Art. *Ossius*, in: LThK 7, 1169).

an Nizäa, in der alte Konflikte durchaus im Rahmen der Bekenntnisformel ausgetragen werden konnten. Selbst ein Mann wie Athanasios hat von der homoousios-Formel – wenn er sie denn überhaupt verwendete – keinen spannungsfreien Gebrauch gemacht. Im Zeitalter der sog. Synodalbekenntnisse wird das Nizänum dann ohnehin noch einmal insgesamt auf den Prüfstand gestellt, bis sich nach einem kurzfristigen Triumph wenn nicht der radikalarianischen Anhomöer, so doch der Homöer, die den Sohn dem Vater nur ähnlich sein ließen, die Homoousianer in Form des neunizänischen Homoiousianismus durchsetzten, der die Konzilsentscheidung von Konstantinopel bestimmen sollte.

Die sog. Anhomöer bestritten im Zuge einer radikalen arianischen Renaissance jede Ähnlichkeit des Sohnes mit dem Vater; die sog. Homöer gestanden zwar eine gegebenenfalls bis zur Vollständigkeit reichende Ähnlichkeit zu, ohne diese als Ähnlichkeit dem Wesen nach anzuerkennen. Letzteres war erst bei den sog. Homoiousianern[18] und der Partei der sog. Jungnizäer der Fall, zu denen u. a. die drei großen Kappadozier Gregor von Nyssa, Gregor von Nazianz und Basilius von Caesarea zu rechnen sind. Ihr Zusammenschluss mit den Homoousianern sollte die endgültige Durchsetzung der nizänischen Tradition erbringen. Voraussetzung dafür war die – bei Athanasius trotz seiner Betonung unaufhebbarer Unterschiedenheit von Vater und Sohn so noch nicht gegebene – Differenzierung von ousia und hypostasis. Homoousios musste nun nicht länger als Wesenseinheit im Sinne einer Hypostase gedeutet werden.

Die Bestimmung, dass der Sohn eines Wesens mit dem göttlichen Vater sei, schloss deren hypostatische Differenz nicht mehr aus. Analoges sollte für den Hl. Geist als dritte Hypostase der Gottheit gelten. Ohne seine Homoousie förmlich zu benennen, wird sie im Konzil von Konstantinopel 381 gegen die (auch als Makedonianer bekannten) Pneumatomachen faktisch gelehrt. Trotz des vergleichsweise milden Tons des pneumatologischen Artikels des Nizäno-Konstantinopolitanums vertrat das Konzil eindeutig die volle Wesenseinheit bzw. -gleichheit des Hl. Geistes als der dritten göttlichen Hypostase mit der Gottheit Gottes. Damit war das trinitarische Dogma beschlossen: mia ousia, treis hypostaseis; una substantia, tres personae; ein Wesen, drei Personen.

Die Lehrentscheidungen von Nizäa und Konstantinopel haben klargestellt, dass der christliche Monotheismus, der an den jüdischen anschließt und dabei das Erbe griechischer Ontotheologie zu integrieren sucht, seine Wahrheit nur erschließt, wenn er nicht abstrakt, sondern konkret erfasst wird. Christlicher Monotheismus ist trini-

[18] Der Begriff wurde Ende des 19. Jahrhunderts im Anschluss an eine Wortbildung geprägt, mit der Auseinandersetzungen um die nizänische *homoousios*-Formel befriedet werden sollten. *Homoiousios* bedeutet wörtlich übersetzt „wesensgleich", wohingegen mit *homoousios* Wesensidentität bezeichnet wird. Dass ein sachlicher Unterschied zwischen beiden Termini besteht, wurde von den Jungnizäern um die drei großen Kappadozier verneint. Die vom Begriff der Wesensgleichheit eher als von demjenigen der Wesensidentität erschlossenen Differenzierungsmöglichkeiten sind in die Unterscheidung der vormals sinnidentisch gebrauchten Termini von *ousia* und *hypostasis* eingegangen. Die Wesenseinheit ist offen für hypostatische Differenz, welche die wesentliche Gleichheit der Hypostasen nicht aufhebt, sondern bestätigt; die Differenz der wesensgleichen Hypostasen wiederum untergräbt nicht die Identität Gottes bzw. des göttlichen Wesens, sondern ratifiziert sie.

tarischer Monotheismus. Der trinitarische Gott entzieht sich der binären Logik von Identität und Alterität. Denn Identität und Differenz haben nach Maßgabe des trinitarischen Gottesgedankens als gleichursprünglich zu gelten. Zwar lässt sich für diesen Gedanken nach christlichem Urteil nicht ohne weiteres philosophische Allgemeinheit beanspruchen, weil er sich nicht unmittelbarer Vernunfterkenntnis, sondern einer religiösen Vermittlung verdankt, die im Geistmittler Jesus Christus ihren Ursprung und dauerhaften Grund hat. Dies muss indes nicht gegen die Vernünftigkeit dieses Gedankens und seine rationalitätsförderlichen Folgen sprechen.

Das formale Strukturproblem trinitarischer Theologie, eine Einheit von Identität und Differenz zu denken, war auch der Philosophie gewissermaßen von ihrem Beginn an aufgegeben. Ansätze, sich ihm zu stellen, lassen sich bereits in der Vorsokratik entdecken. Nachdem die ionischen Naturphilosophen Thales, Anaximander und Anaximenes den Urgrund der Dinge auf einen Urstoff des Wassers, auf das apeiron bzw. auf das Substrat der Luft zurückgeführt hatten, suchten die Phythagoreer eine arithmetische Letztbegründung durch Rückführung aller Entitäten auf Zahlen zu erreichen, bis schließlich die Eleaten um Parmenides und Zeno den Scheincharakter von Vielheit und Veränderung behaupteten und alles Seiende in jenem Einen gründen ließen, das sie das Sein selbst und als solches nannten. Alles, was außer dem einen Sein zu sein scheint, ist in Wahrheit nichts. Der eleatischen Neigung, Differenz auf einen defizitären Modus von Identität herabzusetzen, begegnete Heraklit mit der These, dass das einzig Beständige die laufende Veränderung sei. Alles befindet sich in unaufhörlichem Fluss, und das Fließen allein ist es, was immer währt. Das Urfeuer, das als kosmisches Prinzip waltet, bewirkt nach Heraklit eine unablässige Transformation, die nichts sich selbst gleich sein lässt, sondern alles permanent verändert. Differenz ist irreduzibel und gerade in seiner Irreduzibilität Prinzip aller Dinge.

Die Antithetik von eleatisch-parmenideischem und heraklitischem Denken drängte darauf, behoben zu werden. Erste Ansätze hierzu finden sich bei Empedokles, der die differenzierte Einheit von unveränderlichem Sein und ewigem Werden durch einen Prozess der Mischung und Entmischung der Grundelemente von Feuer und Luft, Wasser und Erde zu erklären suchte. Daran schlossen die Atomisten Leukipp und Demokrit an, indem sie die Binnenverfassung kosmischer Entitäten und ihr Verhältnis zueinander durch den Zusammenhang konstituiert sein ließen, der zwischen den Atomen und der sie umgebenden und sie von einander scheidenden Leere besteht. So wie Seiendes von Andersseiendem durch das Nichts unterschieden ist, welches zwischen ihnen liegt, so enthält auch jede Einzelentität leere Zwischenräume, was ihre Veränderung plausibel machen soll.

Man kann in der naturphilosophischen Theorie der Atomisten die Erkenntnis vorbereitet finden, dass alles, was ist, durch die Negation dessen bestimmt ist, was es nicht unmittelbar selbst ist. Positivität und Negativität lassen sich kosmologisch offenbar ebenso wenig trennen wie Identität und Differenz. Der Grund aller Dinge kann entsprechend weder nur als Identität noch als bloße Differenz gedacht werden, wenn er sowohl Einheit als auch Unterschiedenheit fundieren soll. Begrifflich entwickelt ist diese Einsicht allerdings noch nicht bei den Atomisten, sondern erst in der nachsokratischen Philosophie, in der das antike Denken zu einem entwickelten Bewusstsein seiner selbst gelangte, um schließlich in Gestalt vor allem des Mittel- und

Neuplatonismus zu einem entscheidenden Bezugspunkt altkirchlicher Theologie zu werden, und zwar insbesondere in trinitätstheologischer Hinsicht.

Die christliche Lehre von der Dreieinigkeit ist kein Dogma, das auf bloße Autorität hin für wahr zu halten ist, sondern das von Anbeginn mit dem Anspruch auf Vernünftigkeit verbunden und philosophisch anschlussfähig war. Darauf sollten die wenigen Bemerkungen zu den Anfängen antiker Philosophie hinweisen, die mit der Forderung zu verbinden sind, dass die christliche Theologie auch heutzutage ihre Bezüge zur Philosophie nach Kräften pflegen soll. Eine Theologie, die den Anspruch auf Wissenschaftlichkeit erhebt, kann nur argumentativ verfahren. Damit ist nicht gesagt, dass der Glaube durch philosophische Spekulation zu substituieren sei. Auch die wissenschaftliche Theologie darf, gerade wenn sie sola ratione verfährt, nicht den Anspruch erheben, das religiöse Verhältnis ersetzen zu wollen.

Es kommt, um es am trinitarischen Dogma von Nizäa-Konstantinopel zu exemplifizieren, alles darauf an, die Lehre von der Homoousie des Logossohnes mit dem Vater und der Dreieinigkeit Gottes des Vaters, des Sohnes und des Hl. Geistes rückzubinden an das österliche Urdatum, in dem der christliche Glaube gründet. Ohne Bezug auf den auferweckten und auferstandenen Gekreuzigten und die Selbstoffenbarung Gottes in ihm, die den in sich verkehrten, seine geschöpfliche Bestimmung verfehlenden und darin vernunftwidrigen Menschen zur Vernunft zu bringen verheißt, lässt sich das trinitarische Dogma nicht sinnvoll vertreten und lehren. Daraus erwächst die hermeneutische Aufgabe, die Dreieinigkeitslehre und zuvor schon die Lehre vom Logossohn, dessen einiges Wesen mit dem Vater das Konzil von Nizäa bekennt, als das Ergebnis eines traditionsgeschichtlichen Prozesses zu begreifen, der beim Passions- und Ostergeschehen seinen Ausgang nahm und ohne ständigen Bezug auf den auferstandenen Gekreuzigten, Jesus von Nazareth, nicht zu verstehen ist.

Jesus Christus und die in der Kraft des Geistes statthabende Selbstoffenbarung Gottes in ihm sind Gegenstand des Glaubens, nicht die Lehre von der Homoiousie des Logos oder die Trinitätslehre. Bei ihnen handelt es sich um lehrmäßige Reflexionsgestalten des Glaubens, nicht um den Glaubensgrund. Wir glauben nicht an eine dogmatische Doktrin, sondern an Gott, der sich in Jesus Christus in der Kraft seines Hl. Geistes als unser und aller Menschengeschöpfe Vater erschlossen hat, welche göttliche Selbstoffenbarung durch Dogma und theologische Lehre argumentativ verständlich zu machen ist.

Ein Letztes: Das trinitarische Dogma von Nizäa-Konstantinopel 325/381 und der chalcedonische Lehrentscheid 451 gehören zusammen, weil der göttliche Logos vom Menschsein Jesu Christi nicht abgelöst werden darf, sondern in der Einheit seiner Person und aus dieser personalen Einheit heraus zu verstehen ist. Beim Nizänum kann man bei oberflächlicher Betrachtung den Eindruck gewinnen, beim Sohn Gottes handle es sich um ein a-sarkisches Wesen, dem Menschwerdung und menschliches Sein sekundär und eher äußerlich sind. Dieser Eindruck ist als abwegig zu qualifizieren und zwar mit dem Hinweis, dass es sich bei dem göttlichen Sohn, der mit dem Vater eines Wesens ist, um den einen Herrn handelt, der Jesus Christus heißt. Mein eingangs erwähnter Lehrer und Vorgänger im Amt hat deshalb zurecht gefordert, als Ausgangspunkt der Christologie an die Stelle des Logosbegriffs den Offenbarungsgedanken treten zu lassen: „Die Einsicht in die Einheit Jesu mit Gottes Wesen und in die Verschiedenheit, die trotz dieser Einheit bleibt, und zwar als eine im Wesen Gottes selbst stattfindende Verschiedenheit zwischen Vater und Sohn – diese Einsicht lässt sich nur begründen durch die Erkenntnis Jesu als Offenbarung Gottes."[19]

Im Namen Jesu Christi, des Offenbarers der Väterlichkeit Gottes, ist das Heil von Menschheit und Welt beschlossen. Als der gottmenschliche Versöhner ist er als die Inkarnationsgestalt des Logos als der zweiten göttlichen Hypostase zu bekennen, der als Sohn des Vaters mit der Gottheit Gottes wesenseins ist. Was aber den dritten im göttlichen Bunde angeht, so setzt er alles daran, uns und alle Welt durch Wort und Sakrament Anteil zu geben am gottmenschlichen Heilsgeschehen, damit wir als endliche Wesen verewigt werden im dreieinigen Gott, wenn wir dereinst das Zeitliche segnen. In der gottesdienstlichen Liturgie und im Glauben der communio fidelium kommt schon jetzt zum Vorschein, was dann sein wird: eine Freude, die kein Aug je gespürt, kein Ohr mehr gehört hat! (Vgl. *Evangelisches Gesangbuch*. Ausgabe für die Evangelisch-Lutherischen Kirchen in Bayern und Thüringen Nr. 147,3 und 535)

[19] W. Pannenberg, *Grundzüge der Christologie*, Gütersloh (1964) ^{2}1966, 168. Der Preis der Logoschristologie darf nicht „die Ablösung des Sohnesbegriffs von seiner ursprünglichen Verbindung mit der geschichtlichen Person Jesu Christi (sein)" (ders., *Systematische Theologie. Bd. 2*, Göttingen 1991, 316, Anm. 4). Wird sie vermieden, eröffnet die Logoschristologie gerade in anthropologischer Hinsicht aufschlussreiche Bezüge.

Vortrag an der Ovidius-Universität Konstanza/Rumänien am 19. Juni 2025. – Die Universität im rumänischen Konstanza (Constanţa) ist nach dem römischen Dichter Publius Ovidius Naso (ca. 43 v. Chr. – ca. 17 n. Chr.), kurz: Ovid, benannt, der von Kaiser Augustus im Herbst des Jahres 8 v. Chr. in die Stadt an der Ostküste des Schwarzen Meers verbannt wurde. Sie hieß damals Tomis alias Tomoi. Ihren heutigen Namen erhielt sie unter Konstantin I. zu Ehren von Constantia, der Schwester des Kaisers. Römisch war Tomis erstmals 72 v. Chr. infolge eines Feldzugs des Konsuls Lucius Licinus Lucullus geworden, der wegen seiner Eroberung im Umland des Schwarzen Meers den Beinamen Ponticus erhielt. Nach einem kurzen Zwischenspiel dakischer Herrschaft wurde Tomis durch Marcus Licinius Crassus etwa 29 v. Chr. zurückerobert und erneut römisch, wobei es bis auf Weiteres blieb. – Die über Ovid verhängte Verbannung, die ihn vom geliebten heimischen Rom in die ihm barbarisch anmutende Ferne führte, war keine strenge Ächtung (aquae et ignis interdictio), sondern eine mildere Strafform (relectio), die weder mit dem Entzug des Bürgerrechts noch mit einer Vermögenskonfiszierung verbunden war. Dennoch kam den Dichter die Exilierung hart an. Als Ursache für sie werden von ihm rückblickend „duo crimina, carmen et error", „zwei Frevel, Gedicht und Verirrung" (Publius Ovidius Naso, *Briefe aus der Verbannung. Tristia. Epistulae ex Ponto*. Lateinisch und deutsch. Übertragen von W. Willige. Eingeleitet und erläutert von N. Holzberg, Düsseldorf/ Zürich [4]2001, 78f. [Tristium II, 207]) angeführt. Über die Aberration sind viele Mutmaßungen angestellt worden; doch bleibt unklar, worin sie genau bestanden haben soll. Anders verhält es sich beim Poem, bei dem wahrscheinlich an das erotische Lehrgedicht ars amatoria bzw. ars amandi zu denken ist. Es besteht aus drei Büchern, von denen die ersten beiden den Männern und das dritte den Frauen in teils deftiger Form literarische Ratschläge in der Liebeskunst erteilen; der freien Liebe wird dabei gegenüber der ehelichen ein offenkundiger Vorzug zuerkannt: „(N)on legis iussu lectum venistis in unum: / fungitur in vobis munere legis Amor." „Nicht auf Gesetzes Befehl seid im Bett ihr zusammengekommen; / Amor verrichtet bei euch, was durch Gesetz sonst erfolgt." (Ders., *Liebeskunst. Ars amatoria.* Lateinisch/Deutsch. Hg. und übers. v. N. Holzberg, Düsseldorf 2009, 72f. [II, 157f.]) Es mag sein, dass der auf Wiederherstellung altrömischer Zucht und Sitte bedachte Augustus die unverhohlene Polemik gegen seine Ehegesetzgebung sowie mannigfache Frivolitäten und Obszönitäten im poetischen Liebesreigen zum Anlass nahm, Ovid zu verbannen. Aber auch dies ist nur eine Vermutung, da die relegatio erst einige Jahre nach Veröffentlichung der ars amatoria verhängt wurde, was nicht für einen unmittelbaren Zusammenhang spricht. Vielleicht bietet das libertinistische Lied tatsächlich nur in Verbindung mit dem obskuren error den Grund dafür, den praeceptor amoris von Rom an die fernen Gestade der Schwarzmeerküste zu relegieren, wo er für den Rest seiner Zeit vergangenen Tagen hinterhertrauern und nachweinen wird, wovon die „Tristia" genannten Lieder der Trauer und die „Epistulae ex ponto" künden. Wie die „Epistulae" sind auch die „Tristia" in Briefform verfasst, um Sendboten der Trauer und der Hoffnung auf Rückkehr zu sein: „Parve – nec invideo – sine me, liber, ibis in urbem: / ei mihi, quod domino non licet ire tuo!" „Ohne mich gehst du, mein Büchlein, zur Stadt, und ich will es dir gönnen. / Weh mir! Ist deinem Herrn doch die Reise versagt." (Ders., *Briefe aus der Verbannung*, 2f. [Tristium I, 1f.])

Die Ökumenischen Konzile – ein kollektives Zeugnis für die Wahrheit des Glaubens.

Zur Aktualität des Konzils von Nizäa (325)[1]

† S. E. Erzbischof Ioachim von Roman und Bacău
(Rumänische Orthodoxe Metropolie
der Moldau und Bukowina), Roman

Die Reihe der Sonntage der Osterzeit und der Feiertag Christi Himmelfahrt schließen mit dem siebten Sonntag nach Ostern, dem Sonntag der Heiligen Väter des Ersten Ökumenischen Konzils.[2] Beim Hochfest der Himmelfahrt Christi haben wir den Weggang Jesu aus der Mitte seiner Jünger erlebt in Form seiner Auffahrt auf den Wolken des Himmels, was in Wirklichkeit seine Trennung von der gefallenen Welt und die Rückkehr in die göttliche Herrlichkeit bedeutet.

Die Perikope des Evangeliums der Himmelfahrt zeigt uns die Apostel sehr überrascht, mit den Augen zum Himmel gerichtet, zuerst noch unfähig das zu verstehen, was hier geschehen ist. Doch dann hören sie zwei Männer in weißen Gewändern, die ihnen sagen: *„Ihr Männer von Galiläa, was steht ihr da und seht gen Himmel? Dieser Jesus, der von euch weg gen Himmel aufgenommen wurde, wird so wiederkommen, wie ihr ihn habt gen Himmel fahren sehen.“* (Apg 1,11) Und so kehrten die Apostel nach Jerusalem zurück, wo sie mehrere Tage im Gebet verbrachten. Wir dürfen wohl davon ausgehen, dass es ein Gebet war, das um ihre jüngsten Erinnerungen an die gemeinsame Zeit mit Jesus kreiste. Noch hatten sie alles in ihrer Erinnerung vor ihren geistigen Augen: sie sahen Jesus beim Predigen, beim Heilen Kranker, wie Er zu ihnen sprach, wie Er sich im Garten Gethsemane auf dem Ölberg ergreifen ließ, wie Er gekreuzigt und beerdigt wurde, wie sie Ihm nach der Auferstehung begegnet sind, bis Er schließlich zum Himmel aufgefahren ist. Mit Sicherheit erinnerten sie sich sehr gut an die Worte ihres Lehrers, vor allem an die letzten aus den Abschiedsreden (vgl. Joh 13,31-16,33) und dem Hohenpriesterlichen Gebet (Joh 17), wie Johannes sie überliefert; dazu zählen auch die Worte Jesu, die wir im Evangelium des heutigen Sonntags hören, an dem wir der Heiligen Väter des Ersten Ökumenischen Konzils gedenken.

Diese Worte Jesu gelten zuerst den Aposteln, dann den Heiligen Vätern des Konzils, schließlich aber gleichermaßen auch uns Christen von heute: *„Ich bin nicht mehr in der Welt; sie aber sind in der Welt, und Ich komme zu Dir. Heiliger Vater, erhalte sie*

---

[1] Homilie zum Siebten Sonntag nach Ostern, dem Gedenktag der Heiligen Väter des Ersten Ökumenischen Konzils (Johannes 17,1–13 vom 12. Juni 2021; für die Veröffentlichung geringfügig überarbeitet. (orig.: *„Sinoadele Ecumenice – o mărturie colectivă făcută adevărului de credință“*; Quelle: https://doxologia.ro/sinoadele-ecumenice-o-marturie-colectiva-facuta-adevarului-de-credinta; abger. 07.05.2025).

[2] Im rumänischen Original „Sinod/Sinoade“ – „Synode/Synoden“; wir verwenden in der Übersetzung den in der deutschsprachigen Theologie gebräuchlichen Begriff „Konzil/Konzile“ (Anmerkung des Übersetzers; *J.H.*).

in Deinem Namen, den Du Mir gegeben hast, dass sie eins seien wie Wir." (Joh 17,11); *„Denn die Worte, die Du Mir gegeben hast, habe Ich ihnen gegeben, und sie haben sie angenommen und wahrhaftig erkannt, dass Ich von Dir ausgegangen bin, und sie glauben, dass Du Mich gesandt hast."* (Joh 17,8); *„Ich habe ihnen Dein Wort gegeben, und die Welt hasst sie; denn sie sind nicht von der Welt (...)"* (Joh 17,14); *„Ich bitte nicht, dass Du sie aus der Welt nimmst, sondern dass Du sie bewahrst vor dem Bösen."* (Joh 17,15) Und: *„Wie Du Mich gesandt hast in die Welt, so habe auch Ich sie in die Welt gesandt."* (Joh 17,18)

Diese Worte bilden ein spirituelles Testament, das die letzten Wünsche Jesu umfasst. Und nichts ist wichtiger für uns als die letzten Wünsche des für uns gekreuzigten und auferstandenen Herrn, den wir lieben, anbeten, preisen und verehren. Doch worin besteht deren Bedeutung für uns?

Wir sollen immerwährend Zeugen und Bekenner des Auferstandenen sein

Diese Worte Jesu aus dem Hohepriesterlichen Gebet beziehen sich in erster Linie auf die uns bestimmende irdische *conditio humana*. Wir gehören noch zu dieser Welt. Allein Christus hat diese *conditio humana* durch seine Himmelfahrt überschritten und hinter sich gelassen, nachdem Er seine Mission in dieser Welt erfüllt hatte. Unsere Mission jedoch setzt sich im Hier und Jetzt, in diesem Leben und in diesem Moment fort, haben wir doch immer Zeugen und Bekenner des Auferstandenen zu sein, der zum Himmel aufgefahren ist, um dort zur Rechten des Vaters zu sitzen.

Wenn Jesus sagt: *„Ich habe ihnen Dein Wort gegeben"* (Joh 17,14), dann denken wir an sein spezifisches Wirken auf Erden und die doppelte Bestimmung seiner Menschwerdung: seinen Dienst als Lehrer und sein Heilswerk zu unserer Erlösung. Nun ist das Bild des gekreuzigten Christus (und damit Sein Heilswerk) den meisten unter uns wohl sehr vertraut; doch das gilt weniger für Seine Lehren, die doch für jeden von uns eine Lebensaufgabe, eine Leitregel und eine Perspektive zum Verstehen von Leben und Tod, richtiger und falscher Werte, des Guten und der wahren Ehre, Schönheit und Güte bieten. Wenn der Erlöser sagt: *„Ich habe ihnen Dein Wort gegeben"*, dann bleibt uns die Frage: Was haben wir damit gemacht? Welche Rolle spielt es in unserem Leben?

„Ich bitte nicht, dass Du sie aus der Welt nimmst" (Joh 17, 15), sagt der Erlöser, denn die Apostel müssen in der Welt bleiben, um die Botschaft weiterzugeben, die sie empfangen haben, die Frohe Botschaft, das Wort des Evangeliums. Der Begriff „Welt" hat zwei Bedeutungen: Manchmal wird er in Bezug auf die Kräfte verwendet, die die Gottheit ablehnen, aber auch in Bezug auf die gesamte Menschheit, der das Wort des Herrn verkündigt werden muss. Aus dieser Perspektive können wir die besondere Situation des Christen verstehen, der als Mensch unter Menschen verpflichtet ist, zur Humanisierung der Welt beizutragen. Christus fordert die Kräfte heraus, die sich dem Reich Gottes widersetzen, und fordert die Menschen auf, sich nicht auf das irdische Leben zu beschränken, womit sie freilich den Hass der Welt auf sich ziehen, wie es allem widerfährt, was von Gott kommt und sich den Leidenschaften des rein irdischen Lebens widersetzt.

Eine weitere Frage stellt sich an dieser Stelle: Sind wir Christen in der Lage, im Namen des Evangeliums eine Herausforderung für die Welt darzustellen? Christus möchte uns durch seine Himmelfahrt nicht ohne Halt lassen, denn nur er kann uns vor dem Bösen beschützen und bewahren und deshalb sagt Er: *„Ich bete, dass Du (...) sie vor dem Bösen bewahrst.“* (Joh 17, 15)

Wir haben also gesehen, in welchem Ausmaß und aus welcher Perspektive sich die Worte des Gebets Jesu, die wir im Evangelium dieses Sonntags hören, auf uns beziehen. Sie sind von Nutzen für uns und wir können sie uns durch eine minimale Umformulierung zu eigen machen, indem wir sagen: „Heiliger Gott, wir sind von dieser Welt, beschütze uns und mache uns eins, damit wir das Wort Deines Sohnes und unseres Gottes bewahren, damit wir, solange wir in dieser Welt bleiben, vor dem Bösen geschützt sind.“

Das Nizänische Glaubensbekenntnis

Der Sonntag nach Christi Himmelfahrt ist den Heiligen Vätern gewidmet, die sich im Jahr 325 in Nicäa zum ersten Ökumenischen Konzil trafen, einem Konzil, das die göttliche Natur Christi bekräftigte und in gewissem Maße die Grundlagen aller nachfolgenden theologischen Definitionen legte. Wir wissen, dass das Nicänische Glaubensbekenntnis, das Jesus Christus als „wahren Gott vom wahren Gott“ verkündet, die vollständige Botschaft und die Gnade des Heiligen Geistes bewahrt. Aber warum ist dieses Konzil für unseren Glauben und unser Seelenheil so wichtig?

Für die Orthodoxe Kirche ist jedes Ökumenische Konzil von großer Bedeutung, da an einem solchen Konzil orthodoxe Bischöfe aus der ganzen Welt teilnehmen mussten. Das Erste Ökumenische Konzil wurde einberufen, weil eine große Häresie die wahre christliche Lehre, den orthodoxen Glauben, wie er uns von den Aposteln hinterlassen wurde, beeinträchtigte und gefährdete.

Die Orthodoxe Kirche erkennt Sieben Ökumenische Konzile an, die jeweils aufgrund ihrer spezifischen Motivation wichtig sind. Dies bedeutet nicht, dass die Kirche jeden der Bischöfe, die an diesen Konzilen teilgenommen haben, zum Heiligen erklärt. Vielmehr ehren wir durch die Gedenktage an sie das kollektive Zeugnis, das die ökumenischen Konzile für die Wahrheit des christlichen Glaubens abgelegt haben. Doch verdient das Erste Ökumenische Konzil von Nicäa besondere Aufmerksamkeit, denn dort bekräftigten die Heiligen Väter die Gottheit – d. h. die göttliche Natur – des Erlösers und legten damit den Grundstein für alle nachfolgenden Dogmen.

Der Anlass für dieses Konzil war bekanntlich die Irrlehre des Arius, der aus der Perspektive eines strengen Monotheismus die göttliche Transzendenz betonen wollte. Arius behauptete, dass Jesus nicht von Ewigkeit her existierte, sondern es eine Zeit gab, in der er nicht existiert habe. Doch der Sohn ist gewiss wahrhaftig gezeugt. Arius ist jedoch nicht in der Lage, diese freiwillige Geburt und Selbstentäußerung Gottes (vgl. Phil 2,6-11) zu verstehen und betonte entsprechend nicht sein göttliches Wesen. Er sagt weiter, dass der Sohn als erstes aller Geschöpfe erschaffen wurde. Nach dieser Auffassung könnten wir im Fall der zweiten Person der Heiligen Dreifaltigkeit also nicht vom „Sohn Gottes“ sprechen, sondern nur vom „Menschensohn“, denn dieser wurde vor allen anderen erschaffen. Folglich könne die Jungfrau Maria auch nicht als Gottesmutter bezeichnet werden, sondern als Mutter eines Demiurgen.

Alexander, der Bischof von Alexandria, sandte als für Arius zuständiger Bischof einen Brief an alle Bischöfe, in dem er sie über die Häresie des Arius informierte. Der

Arianismus wurde für die Kirche bald zu einem Grund zur Sorge. Glücklicherweise stimmte Kaiser Konstantin der Große († 337), der den Christen durch das Edikt von Mailand Religionsfreiheit gewährte, der Einberufung des Ersten Ökumenischen Konzils zu, damit die Bischöfe *„ex toto orbe christiana"* diesen großen Irrtum des Arius diskutieren und verurteilen konnten. Den Vorsitz des Konzils übernahm der Kaiser selbst.

Der heilige Athanasius von Alexandrien, damals Diakon des Bischofs von Alexandria, formulierte das orthodoxe Glaubensbekenntnis, das dann von allen beteiligten Bischöfen einstimmig angenommen wurde. Kurz gesagt war die Hauptidee des Konzils die Bestätigung der Wesensgleichheit des Sohnes mit dem Vater. Daher ist der Sohn Gottes kein Geschöpf, sondern Er ist „wahrer Gott vom wahren Gott". Zu diesem Schluss gelangten die Bischöfe auf dem Konzil und formulierten den ersten Artikel des Glaubensbekenntnisses, den wir heute in jeder Liturgie rezitieren und den wir jedes Mal rezitieren müssen, wenn unser Glaube schwächer wird.

Wer sagen wir heute, dass Jesus ist?

Meine Absicht besteht nicht darin, hier eine Geschichte des Konzils von Nicäa zu unterbreiten, denn dies würde den Rahmen sprengen. Ich möchte zu einer anderen Fragestellung überleiten. Wir wissen, dass Arius die Göttlichkeit Christi leugnete und dafür verurteilt wurde. Doch auch heute noch kommt es zu Debatten zu diesem Thema. „Was sagen Sie über Jesus Christus?" Sogar in den Evangelien taucht die Frage auf, als Christus selbst die Apostel befragte: *„Was sagt ihr, wer Ich bin?"* Zur Zeit der Heiligen Väter war die Antwort wohlbekannt: *„Du bist der Messias, der Sohn des lebendigen Gottes."* (Vgl. Mt 16,16) In Nicäa erkannten die 318 heiligen Väter einstimmig an, dass Jesus *„der Sohn Gottes (ist), der als Einziggeborener aus dem Vater gezeugt ist"*. Für diejenigen, die jeden Sonntag in die Kirche gehen, ist dies kein Problem, denn wir glauben und bekennen, was die Apostel predigten und die Heiligen Väter bestätigten.

Andererseits wissen wir aus den Evangelien aber auch, dass Jesus von sich selbst als dem *Menschensohn* sprach. Ausgehend von seiner menschlichen Natur fragt Jesus die Apostel: *„Was sagt ihr, wer Ich bin?"* Und für uns, die wir heute in einer Welt der Kritik und der historischen Analyse der Menschlichkeit Jesu bzw. des „irdischen Jesus" leben, bleibt dies eine wichtige Frage. Heute bestreitet fast niemand die historische Existenz Jesu oder Seine Verbindung zur Institution der Kirche. Im Vergleich zu anderen historischen Epochen können wir sagen, dass dies ein Segen ist. Diese Aspekte des Mysteriums der Menschwerdung Christi stellen daher derzeit kein theologisches Problem dar. Heute verfügen wir über glaubwürdige Zeugnisse über Jesu Leben und Leiden sowie Seinen Tod. Wir erkennen den Wert Seiner Worte und die Bedeutung Seiner Lehren in allem, was die Beziehung zu seiner Göttlichkeit und die Beziehung der Menschen zu Gott betrifft.

Nun gilt aber auch uns als Christen heute die Frage: Was glauben wir, wer Jesus ist? Wir glauben, dass der Mensch Jesus auch wahrer Gott ist; aber es gibt sogenannte Christen, die bei der Menschlichkeit Jesu stehen bleiben und Ihn nicht als Sohn Gottes betrachten. Lassen Sie uns einen klaren Blick auf das Antlitz der Welt werfen, wie sie heute ist. Das Hemd Christi ist in tausend Stücke gerissen! Wo also ist die Wahrheit? Ich wage zu behaupten: Die Wahrheit liegt bei uns!

Ich glaube nicht, dass die Orthodoxie die Wahrheit der Apostel und der Heiligen Väter verfälscht hat. In der Orthodoxie haben wir die Wahrheit intakt bewahrt, wie sie uns vom Heiligen Geist eingegeben wurde. Aus diesem Grund ehren wir heute die Heiligen Väter des Ersten Konzils von Nicäa. Und deshalb wiederholen wir heute hier die schöne und prägnante Formel des Nicänischen Glaubensbekenntnisses des Konzils von 325:

Ich glaube an den einen Gott,
den Vater, den Allmächtigen,
den Schöpfer alles Sichtbaren und Unsichtbaren.

Und an den einen Herrn Jesus Christus,
den Sohn Gottes,
der als Einziggeborener aus dem Vater gezeugt ist,
das heißt: aus dem Wesen des Vaters,
Gott aus Gott, Licht aus Licht,
wahrer Gott aus wahrem Gott,
gezeugt, nicht geschaffen,
eines Wesens mit dem Vater;
durch den alles geworden ist, was im Himmel und was auf Erden ist;
der für uns Menschen und wegen unseres Heils herabgestiegen
und Fleisch geworden ist,
Mensch geworden ist,
gelitten hat und am dritten Tage auferstanden ist,
aufgestiegen ist zum Himmel,
kommen wird um die Lebenden und die Toten zu richten;

Und an den Heiligen Geist.

Später wurde dieses Glaubensbekenntnis auf dem Konzil von Konstantinopel (381) noch ergänzt, vor allem um Aussagen zum Heiligen Geist:

Wir glauben an den einen Gott,
den Vater,
den Allmächtigen,
der alles geschaffen hat,
Himmel und Erde,
die sichtbare und die unsichtbare Welt.

Und an den einen Herrn Jesus Christus,
Gottes eingeborenen Sohn,
aus dem Vater geboren vor aller Zeit:
Gott von Gott,
Licht vom Licht,
wahrer Gott vom wahren Gott,
gezeugt, nicht geschaffen,
eines Wesens mit dem Vater;

durch ihn ist alles geschaffen.
Für uns Menschen und zu unserm Heil ist er vom Himmel gekommen,
hat Fleisch angenommen durch den Heiligen Geist
von der Jungfrau Maria und ist Mensch geworden.
Er wurde für uns gekreuzigt unter Pontius Pilatus,
hat gelitten und ist begraben worden,
ist am dritten Tage auferstanden nach der Schrift
und aufgefahren in den Himmel.
Er sitzt zur Rechten des Vaters
und wird wiederkommen in Herrlichkeit,
zu richten die Lebenden und die Toten;
seiner Herrschaft wird kein Ende sein.

Wir glauben an den Heiligen Geist,
der Herr ist und lebendig macht,
der aus dem Vater hervorgeht,
der mit dem Vater und dem Sohn angebetet und verherrlicht wird,
der gesprochen hat durch die Propheten,
und die eine, heilige, christliche und apostolische Kirche.
Wir bekennen die eine Taufe zur Vergebung der Sünden.
Wir erwarten die Auferstehung der Toten
und das Leben der kommenden Welt. Amen.

Ausblick

Die große Versuchung der „modernen“ Theologie im 19. Jahrhundert bestand, wenn nicht in einer Rückkehr zum Arianismus, so doch zumindest in einem Abgleiten in eine „humanistische“ Sichtweise auf die Person Jesu Christi, in der die Anhänger dieser Theologie ein Geschöpf mehr oder weniger göttlichen Ursprungs betrachten. Das ist verblüffend und erschreckend zugleich!

Das auf dem Konzil von Nicäa formulierte Glaubensbekenntnis bekräftigt klar, eindeutig und unmissverständlich für alle Ewigkeit und für alle Menschen, dass unser Herr Jesus Christus *wahrer Gott* ist, *eines Wesens* bzw. *wesensgleich* mit dem Vater und dem Heiligen Geist. Das Ändern auch nur eines einzigen Buchstabens im Nicänischen Glaubensbekenntnis bedeutet, die Größe und Großzügigkeit der Gaben Gottes zu schmälern und die orthodoxe Glaubenslehre zu verändern und zu verderben.

Bleiben wir bei der Wahrheit, die uns die auf dem Konzil von Nicäa versammelten Heiligen Väter hinterlassen haben: nämlich im Vater, im Sohn und im Heiligen Geist die *Heilige* Dreifaltigkeit *eines Wesens* zu sehen. Bleiben wir in der Einheit des Glaubens, die die Lehre der Kirche bekennt, die ihren Ursprung in der Heiligen Schrift hat und bei den Ökumenischen Konzilen formuliert wurde, und werden wir zu lebendigen Bausteinen des mystischen Leibes Christi. Nur das Bekenntnis zur Wahrheit, dass Christus der in der Inkarnation fleischgewordene Sohn Gottes ist, bringt uns in Gemeinschaft und Einheit des Glaubens mit den Heiligen der Kirche und mit der Quelle der Existenz zusammen, die im Garten Gethsemane nicht nur für die Apostel, sondern für jeden von uns niederkniete. Die ganze Welt ist ein Garten, in dem Christus für die Einheit aller kniet und sich in einem ständigen Stand des Opfers befindet, während Er auf unsere Rückkehr und Begegnung mit Ihm in der Liturgie um den Kelch versammelt wartet.

Machen wir unser Herz zu einem Garten der Gegenwart Gottes und die Kirche zu einem Ort spiritueller Erbauung und Erhöhung. Beides bringt uns Gott näher.

(Aus dem Rumänischen übersetzt von Dr. Jürgen Henkel, Selb)

DIE KANZEL – HOMILETICA

Predigthilfen und Predigtentwürfe

15. Juni 2025

Katholisch: Dreifaltigkeitssonntag
Sprüche 8,22-31; Römer 5,1-5; Johannes 16,12-15: Alles, was hervorgeht, offenbart das Leben des göttlichen Wortes

Es ist unsere Aufgabe, die der Prediger und die der Zuhörer, von dem einigen und dreieinigen Gott so zu sprechen, dass wir weder denen, die Gott nicht kennen, noch denen, die sich zum Glauben an den einen Gott bekennen, Anlass zu Missverständnissen geben. Muslime hatten den Eindruck, wir würden sagen: „Gott ist der Dritte von dreien" (Sure 5,73), oder würden Gott einen Sohn „beigesellen". Der Glaube an den einen Gott ist das Urbekenntnis Israels: „*Höre Israel, der* HERR*, Dein Gott, ist Einer*" (Dtn 6,4), und wurde von Jesus Christus selbstverständlich bestätigt (Mk 12,29). Dass es in diesem einen Gott ein innergöttliches Leben personaler Beziehungen gibt, erschließt sich uns nicht aus irgendwelchen Spekulationen, sondern aus der heilsgeschichtlichen Offenbarung, die freilich an die ursprüngliche Berufung des Menschen anknüpft. In diesem Sinn sollen uns die biblischen Texte des Sonntags Trinitatis anleiten, verantwortungsvoll und verständlich von unserem Glauben zu sprechen, den wir im Anschluss an die Predigt mit den Konzilien von Nizäa und Konstantinopel bekennen.

1. Sprüche 8,22-31: Die Offenbarung Gottes in seiner Schöpfung

Die Erkenntnis Gottes ist für die weisheitliche Literatur nicht nur ein Rückschluss. Es geht nicht nur darum, dass es ein Sein geben muss, damit es ein Seiendes geben kann. Für Arius und die mittelplatonische Schule musste es dann auch noch einen Demiurgen geben, der zwischen dem absoluten Sein und dem kontingenten Seienden vermittelt. Nein, es ist Gott selbst, der sich in seiner Schöpfung ausspricht und offenbart. Seine Herrlichkeit leuchtet auf, von ihr ist die ganze Erde erfüllt (Jes 6,3). Dieses ergreifende und zugleich verhaltene Aufleuchten wird in Spr 8,22-31 als freudiges Spiel der Frau Weisheit vor Gott und den Menschen erklärt (Verse 30-31). Zu Beginn des Abschnitts, der dem Thema der Schöpfung gewidmet ist, steht mit deutlichem Rückbezug auf Gen 1,1 das Wort „Anfang". Sowohl das hebräische wie auch das griechische Wort meint nicht nur einen zeitlichen Anfang, sondern den Ursprung. Dieser Ursprung wird nun in Spr 8,22 als die Weisheit bezeichnet. Sie ist vom HERRN „erworben". Da Gott keine Dinge erwerben muss und die Weisheit als Person dargestellt ist, geht es um ein Werben. Gott lädt ein und wartet auf die entsprechende Antwort. Die Weisheit steht an seiner Seite als verlobende Braut. So wird das einmalige hebräische Wort *ʾâmôn* in 8,30 in das Griechische übersetzt. Die *harmózousa* stiftet *harmonía* und das bedeutet auch „Verlobung“. Nach Ps 104,24 sind alle Werke des HERRN in Weisheit gemacht und die Erde ist erfüllt von seiner Erwerbung. *Spr 8,23* fährt fort, dass die Weisheit *„von urher belehnt“* ist (Übersetzung nach *Martin Buber*). Die Schöpfung ist nicht hingesetzt, sondern anvertraut (vgl. Gen 1,27-31; Ps 8,6-9). Die Weisheit entspringt wie in Geburtswehen (Vers 24f), wobei mit demselben Verb auch das tanzende Springen bezeichnet wird (vgl. Ps 87,7). Der Himmel wird bereitet wie ein Traubaldachin, unter dem sich ein Raum des Lebens durch göttliche Anordnung entfalten kann (Verse 27-29). Die abschließenden Verse betonen wiederholt das freudige Spiel, Tag für Tag, wobei der tanzende Rhythmus im hebräischen Wort *šâʿâšûʿîm* lautmalerisch zum Ausdruck kommt. Dieses Wort bezeichnet auch die hochzeitliche Freude im Weinberg (Jes 5,7). Die Hochzeit von Himmel und Erde offenbart die Herrlichkeit Gottes wie ein Lichtkleid (Ps 104,1-2). Dazu schreibt der Mystiker *Jan van Ruusbroec*: „Der himmlische Vater will, dass wir sehend seien, denn er ist ein Vater des Lichtes“[1]. Dagegen steht die nominalistische Auffassung, die sich auch in einem Teil der islamischen Tradition findet, dass sich Gott hinter seinen willkürlichen Entscheidungen verbirgt. Er könnte auch ein ganz Anderer sein. Demgegenüber betont die Weisheitsliteratur die aufleuchtende Schönheit der Schöpfung als Theophanie (mit der hebräischen Wurzel *jpj, jpʿ, jph*, z. B. Ps 50,2). Gott teilt sich in seinem Wort mit und lässt den Menschen seine Weisheit offenbar werden (vgl. Weish 9,1-2).

2. Röm 5,1-5: Der personale Zugang

Der hl. Paulus erklärt im Römerbrief, dass die Menschen die sich durch die Geschöpfe hindurch offenbarende göttliche Herrlichkeit und seine ewig wirkende Macht nicht anerkannt haben, Dank sagend und Gott verherrlichend, sondern sich eigene Götter machten nach ihren Gelüsten. Aus eigener Schuld haben sie sich entfremdet und den Zugang zu Gott verloren (Röm 1,18-32). Damit haben sie auch die ganze Schöpfung in eine *„Knechtschaft des Verderbens“* hineingezogen (8,21). Nur eine neue Geburt, ein neues Offenbarwerden der Kinder Gottes, kann Erlösung schenken. Dies geschieht durch den Glauben an Jesus Christus, *„der wegen unserer Verfehlungen ausgeliefert wurde und auferweckt um unserer Rechtfertigung willen“* (4,25). Daran schließt sich die heutige Lesung aus Röm 5,1-5 an. Es geht um den Zugang zu Gott (5,2 *pros-agôgê*). Der Entfremdung steht *„der Friede auf Gott hin“* gegenüber (5,1). *„Gott“* steht hier mit dem Artikel *pròs tòn theón*. Ohne Artikel kann es auch das göttliche Wesen sein und von Christus ausgesagt werden, wie in Joh 1,1 (*theòs ên ho lógos*) oder in Röm 9,5. Mit Artikel meint es im Neuen Testament immer Gott-Vater (in Joh 20,28 bezeichnet der Artikel *ho theós mou* den Vokativ). Wir haben also Frieden auf Gott-Vater hin durch unseren Herrn Jesus Christus. Er ist der Sohn, den der Vater in die Welt sandte, und zusammen mit ihm den Geist seines Sohnes (Gal 4,4-6). In diesem Geist können auch wir *„schreien: Abba! Vater!“* (Gal 4,6). Das ist ein Geburtsschrei, in dem sich die Lungen erstmals mit dem *„Geist der Sohnschaft“* füllen (Röm 8,15). Wenn der alte, Gott entfremdete Mensch mit Christus sterbend in den Gehorsam des Sohnes eingeht, kann er auch mit ihm zu einem neuen Leben auferstehen (Röm 5,6 – 6,11). Dazu ist Röm 5,1-5 das Präludium.

---

[1] Jan van Ruusbroec: *Die Zierde der geistlichen Hochzeit*. Einsiedeln 1987, 153.

Der Zugang zu Gott-Vater ereignet sich durch die Teilnahme an den innergöttlichen Beziehungen zwischen Vater, Sohn und Heiligem Geist. Dabei sollte man auf die jeweiligen Präpositionen achten. So wie das göttliche Wort zu Gott hin ist (Joh 1,1 *prós tón theón*), haben auch wir Zugang zu Gott (Röm 5,1 *pròs tòn theón*), und zwar durch unseren Herrn Jesus Christus. „*Durch Ihn geht alles hervor*" (Joh 1,3) und durch Ihn finden wir Zugang zur Quelle, aus der die Liebe Gottes ausgegossen wird (Röm 5,5 *ek-kéchytai*). So wie der Sohn in das Geheimnis des Vaters hineinbezogen ist (Joh 1,18 *eis tòn kólpon*), so werden wir hineingenommen in die Gnade (Röm 5,2 *eis tên chárin*). Die Liebe Gottes ist ausgegossen in unseren Herzen (5,5), „*so dass wir... Zugang haben zum Vater in dem einen Geist*" (Eph 2,18). Es ist der Geist, der den Vater und den Sohn verbindet und auch uns in diese Verbindung einbezieht (Eph 2,22). Diesen Geist lässt Gott in uns wohnen (Jak 4,5). „*Denn aus Ihm und durch Ihn und in Ihn hinein ist das All*" (Röm 11,36) – und so können wir durch Christus hineinbezogen werden in den, aus dem alles hervorgeht: „*Einer ist uns Gott, der Vater, aus dem das All ist und wir in ihn hinein, und Einer ist der Herr Jesus Christus, durch den das All ist und wir durch ihn.*" (1 Kor 8,6) Es gibt also eine ursprüngliche Bewegung aus dem Vater durch den Sohn im Heiligen Geist und die rückläufige Bewegung durch den Sohn im Heiligen Geist zum Vater. So sind wir einbezogen in das personale „Ineinanderwohnen" (die sogenannte Perichorese) der innergöttlichen Beziehungen.

3. Joh 16,12-15: Selbstlose Hingabe

Dieses Ineinanderwohnen bedeutet vollkommene Selbstlosigkeit. Der übliche Begriff der Person ist durch ihre Selbständigkeit definiert: „Die Person ist eine individuelle Substanz einer vernunftbegabten Natur" (Boethius). Die drei göttlichen Personen sind aber keine drei Individuen und eigene Substanzen, sondern finden sich in ihrer gegenseitigen Hingabe. *Guardini* bemerkt dazu, dass auch wir erst dann wirklich zu uns selbst finden, wenn wir uns dem anheimgeben, dem wir uns verdanken: „*Immerfort empfange mich aus Deiner Hand. Das ist meine Wahrheit und meine Freude. Immerfort blickt mich voll Liebe Dein Auge an, und ich lebe aus Deinem Bick, mein Schöpfer und mein Heil. Lehre mich, in der Stille Deiner Gegenwart das Geheimnis verstehen, dass ich bin, und dass ich bin durch Dich und vor Dir und für Dich.*"[2] Die sich-anheimgebende Hingabe ist vollendet im innergöttlichen Leben. „*Der Sohn vermag nichts aus sich selbst zu tun, nur was er den Vater tun sieht; denn was jener tut, das tut in gleicher Weise der Sohn.*" (Joh 5,19) „*Meine Lehre ist nicht meine Lehre, sondern die Lehre dessen, der mich gesandt hat.*" (7,17) Der Geist „*wird nicht aus sich selbst reden, sondern was er hört, wird er reden*" (16,13). „*Alles, was der Vater hat, ist mein.*" (16,15)

Der Gott-suchende Mensch sollte bedenken, dass sich das Person-Sein einer personalen Beziehung verdankt und sich nicht durch Abkapselung, sondern durch Hingabe vollendet. Im interreligiösen Gespräch mit Judentum und Islam kann man daran anknüpfen, dass der Mensch in eine Beziehung der Gotteskindschaft und -freundschaft gerufen ist: „*Lasset uns das Menschenwesen machen als unser Bild, uns ähnlich.*" (Gen 1,26; auch die Vater-Sohn-Beziehung Adams zu Seth wird in Gen 5,1-3 mit Ähnlich-

[2] Gebet von Romano Guardini, in: *Geheimnisvolle Gegenwart. Eucharistische Gebete*. St. Ottilien [2]2015, 79. Vgl. auch: „Wohin ich gehe – DU!" in: Martin Buber, *Die Erzählungen der Chassidim*. Zürich 1984, 342.

keit und Bild ausgedrückt) Die Menschwerdung des göttlichen Wortes in Joh 1,14 ist nicht der Einbruch einer ganz anderen Welt. Schon alles, was hervorgeht, offenbart das Leben eben dieses göttlichen Wortes und dieses Leben will im Menschen licht werden. So soll der Mensch teilnehmen an jenem Wort, das von Anfang an auf Gott-Vater hin bezogen ist.

Pfarrer Franz Prosinger, Ruprechtshofen (Österreich)

Evangelisch: Trinitatisfest
2. Korinther 13,11-13: Gott ermöglicht Frieden und Liebe in der Gemeinde

a) Vorbemerkungen

Das Trinitatisfest fristet zwischen all den doch profilierteren Festen und pointierten Feiertagen wie Christfest, Ostern und Pfingsten ein gewisses Nischendasein. Die anderen großen Feste sind wohl leichter „greifbar“ als das Trinitatis-Fest, das sich nicht mit konkreten Christus-Geschehnissen in Verbindung bringen lässt.

Der vorliegende Predigttext ist nun kein im strengen Sinne thematischer Abschnitt, sondern der Briefschluss des 2. Korintherbriefs. Dies besagt jedoch nicht, dass diese wenigen Verse theologisch und geistlich nicht höchst inhaltsreich wären, bündeln sie doch wie ein Fokus die Inhalte des christlichen Glaubens bzw. des Briefes. Auf die besondere Bedeutung der Briefschlüsse in den Paulus-Briefen hat schon Markus Müller in seiner Arbeit *„Vom Schluß zum Ganzen. Zur Bedeutung des paulinischen Briefkorpusabschlusses“* hingewiesen (1997). Mit der gebotenen Ernsthaftigkeit und Ausführlichkeit widmen sich daher auch die Kommentatoren diesen drei Versen, die in beiden Kirchen zum Proprium des Dreifaltigkeitssonntags gehören. In der früheren evangelisch-lutherischen Perikopenordnung war 2. Kor 13,11-13 Predigttext der Reihe VI (V. 12 war als fakultativ gekennzeichnet), in der neuen Ordnung ist der Abschnitt (einschließlich V. 12) Predigttext der Reihe I. In der katholischen Leseordnung ist der Text die zweite Lesung des Tages, woraufhin auch Hans Urs von Balthasar die Verse aufgreift (von Balthasar: 78).

Christian Wolff betont vor allem die Bedeutung der Worte für die Gemeinde, wenn er festhält: „Paulus fasst seine vorausgegangenen Mahnungen zusammen, stellt ihnen aber den Aufruf zur Freude voran. Damit ist die geistliche Freude ‚im Herrn‘ gemeint (Phil 3,1; 4,4.10) bzw. die eschatologische Heilsfreude in der Gemeinde der Erlösten.“ (Wolff: 267) Nachdem der Kampf des Paulus um die Gemeinde in Korinth und auch die Rechtfertigung des Apostelamtes in diesem Brief so wichtig ist, betont Paulus die besondere Beziehung zwischen Apostel und Gemeinde auch im Briefschluss. Wolff fasst dies mit den Worten zusammen: „Die Gemeinde soll sich von Gott durch den Apostel in den Zustand bringen lassen, der ihrem Wesen als Gemeinde Gottes entspricht.“ Die Gemeinde solle sich um Frieden bemühen, wobei das hier durchaus als innerer Gemeindefriede zu verstehen ist, nicht als politische Friedensbotschaft für die Welt. Wolff meint dazu: „Darauf sollen die Bemühungen der Korinther gerichtet sein. Dann dürfen sie auch die Gegenwart Gottes, von dem die Liebe und der Friede in der Gemeinde letztlich herkommen, erfahren." Er zitiert R. P. Martin: „To live in peace is to experience God." (ebda) Nach Wolff „unterstreicht (Paulus) mit dieser Zuordnung von Liebe und Frieden, dass der Frieden in der Gemeinde durch die Liebe hergestellt wird (vgl. 1 Kor 13,4 f.; Phil 2,2) und dass beides in Gott begründet ist." (Wolff: 268) Wolff leuchtet in seinem Kommentar zur Stelle also vor allem die Beziehung zwischen Gott und Gemeinde in ihrer Wechselwirkung aus.

Klaus Berger hinwiederum kommt in seinem Kommentar zu 2 Kor 13,13 unmittelbar auf die trinitarische Theologie zu sprechen, die hier von Paulus zum Ausdruck gebracht wird (Berger: 663 f.) und die auch die Einordnung dieses Abschnitts als Predigttext für das Trinitatisfest rechtfertigt. Er hält zu diesem Briefschluss treffend fest:

> *„Der Schlussgruß gehört zu den wichtigsten Stützen ‚trinitarischer' Theologie im Urchristentum. (...) Nur die Rede von den drei ‚Personen' ist der Fülle Gottes angemessen. (...) Die Reihenfolge der Instanzen hat selbst eine eindeutige Logik und Folgerichtigkeit. Die Gesegneten treffen zuerst auf Jesus Christus. Er ist ja auch die prinzipiell sichtbare Instanz, der Herr der Gemeinde. In der Gemeinde trifft man auf ihn (9,6). Der Herr ist wie ein Wegweiser zur nächsten Instanz. ‚Gott' ist das unsichtbare heilige Geheimnis. Seine Wirkung ist die Liebe. (...) Die dritte Instanz ist der Heilige Geist. (...) Der Heilige Geist bedeutet bleibende Gemeinschaft mit Gott und der Menschen untereinander."* (Berger: 663f.)

Auch Hans Urs von Balthasar fokussiert in seinen *„Skizzen zu allen Sonntagslesungen"* (von Balthasar: 78) im Blick auf die zweite Lesung der katholischen Leseordnung direkt auf die Heilige Trinität und überschreibt seine Ausführungen dazu mit dem Titel: „Dreieinigkeit als Gruß." Er stellt fest: „Von den vielen neutestamentlichen Formeln, die Gottes dreifaltiges Leben preisen, ist in der 2. Lesung eine sehr deutliche angeführt, die von der ‚Gnade Jesu Christi, des Herrn' ausgeht, denn die ganze Offenbarung der Dreieinigkeit beginnt mit seiner Gnade." (ebda)

b) Predigtvorschlag

Hinweis: Die Predigt zielt darauf ab, die Identität und das vom Heiligen Geist geschenkte (Selbst)Verständnis der christlichen Gemeinde als Kern der Botschaft dieses Sonntags unmittelbar auf die Heilige Dreifaltigkeit zu beziehen. Zu diesem Zweck wird am Anfang die Gemeinde durch Fragen einbezogen.

Liebe Gemeinde,

I.

lassen Sie mich diese Predigt mit einer Frage an Sie beginnen, die mit unserem Thema direkt zusammenhängt *(hier direkt Gemeinde ansprechen bzw. befragen)*: Was haben Dampf, Schnee und Eis gemeinsam? *(Ideale Antwort der Gemeinde, sonst selbst beantworten):* All das sind Formen, in denen uns Wasser begegnen kann. Dampf, Schnee und Eis nehmen wir sehr unterschiedlich wahr, aber es ist immer Wasser!

Heute am Dreifaltigkeitssonntag – dem Fest der Allerheiligsten Trinität – dürfen wir gerne auf dieses einfache, aber wunderbare Bild des heiligen Kirchenvaters Augustinus für die Heilige Dreifaltigkeit zurückgreifen. Und ich kann aus dem Religionsunterricht berichten: mit diesem Bild begreifen schon Grundschulkinder, worum es bei der Heiligen Dreifaltigkeit geht. Wir haben *einen* Gott, der uns auf eine *dreifache Weise, in dreifacher Form* – oder ganz genau theologisch gesagt: *in drei Personen* – begegnet. Wie das Wasser uns als Dampf, Schnee und Eis begegnen kann, so begegnet uns *Gott der Herr als Vater, Sohn und Heiliger Geist.*

Man kann es auch noch einfacher sagen: Wasser können wir nutzen zum Trinken, um uns zu waschen oder auch um im heißen Sommer darin zu baden, am Meer oder in einem See. Aber es bleibt immer Wasser! Schon die Kinder haben ein feines Gespür dafür, dass es hier natürlich bei Gott um mehr geht als um Wasser.

Es ist wichtig, dass wir uns dem Geheimnis der Allerheiligsten Dreifaltigkeit auf eine Weise nähern, die die Menschen auch verstehen. Nun feiern wir in diesem Jahr das große Jubiläum des Konzils von Nizäa und des Glaubensbekenntnisses, das damals beschlossen wurde. Es geht bei der Heiligen Dreifaltigkeit wirklich um die so grundlegende Frage: an wen oder was glauben wir eigentlich? Zu wem beten wir? Und um das auch einmal zu betonen: es geht hier in allererster Linie wirklich um unseren Glauben! Nicht um das soziale Handeln der Kirche oder von uns als Christen und als Gemeinde, und schon gar nicht um politische Postulate. Sondern es geht um unser Verhältnis zu Gott, um unseren eigenen Glauben als Christen, als Gemeinde und als Kirche, um unsere persönliche Beziehung zu Gott, zum Vater, zum Sohn Jesus Christus und zum Heiligen Geist.

II.

Nun öffnet uns der heilige Apostel hier in seinem zweiten Brief an die Korinther die Augen dafür, was uns als Christen und als Gemeinde mit der Heiligen Dreifaltigkeit verbindet. Und entsprechend wichtig ist auch dieser Sonn- und Feiertag zur Dreifaltigkeit. Denn dieser Tag zeigt uns genau auf, dass es bei dieser Frage der Heiligen Dreifaltigkeit eben nicht um eine abstrakte Philosophie oder Spekulation von Theologen geht, sondern um das Leben der christlichen Gemeinde selbst im Angesicht Gottes, der uns im Vater, im Sohn und im Heiligen Geist begegnet. Alles, was Paulus hier am Ende seines zweiten Briefes an die Korinther schreibt, fasst zentrale Erkenntnisse unseres Glaubens zusammen.

Da ist zum einen der Aufruf zur Freude: „*Freut euch!*" Das ist die Grundhaltung von uns Christen: die Freude. Wir freuen uns über die Geburt Jesu Christi an Weihnachten. Wir freuen uns über Seine Zeichen und Wunder und über Seine Predigten vom Reich Gottes und von der Gerechtigkeit Gottes. Wir freuen uns, dass Er Menschen zu Jüngern macht und diese aussendet, um der ganzen Welt bis heute das Evangelium zu verkündigen. Wir freuen uns über Seine Heilstat am Kreuz für uns und über Seine Auferstehung. Er besiegt durch Seinen Tod Sünde, Tod und Teufel und schenkt uns in Seiner Auferstehung die Aussicht auf unsere Auferstehung und das ewige Leben. Und nach Seiner Himmelfahrt schenkt Er uns den Heiligen Geist als Tröster und Begleiter. Er führt uns zum Reich Gottes. Wir freuen uns über unsere Taufe und wir freuen uns, dass wir zu Seiner Gemeinde und zu Seiner Kirche auf Erden gehören.

Wenn das alles kein Grund zur Freude ist!!!

Dann sind da vier ganz konkrete Forderungen des Paulus für das Zusammenleben und den Zusammenhalt in der Gemeinde. Zunächst heißt es da: *„Lasst euch zurechtbringen, lasst euch mahnen!* Das ist auch heute ein wichtiger Punkt. Denn manche Gemeinden entwickeln eine Art Eigenleben, bilden einen geschlossenen Kreis, in dem Gott gar nicht mehr vorkommt. Manche richten sich so wohlig ein in ihren Gruppen und Kreisen, Aktionen und Schwerpunkten – und sind gar nicht mehr offen für den Heiligen Geist. Das sei ferne! Wir alle müssen uns immer wieder neu am Wort und Willen Gottes orientieren, also an der Heiligen Schrift und Seinen Geboten. Die Kirche, die Gemeinde und jeder Christ – jeder hat sein Leben an Schrift und Bekenntnis auszurichten und nicht nur an den eigenen Meinungen und Vorlieben oder dem eigenen Lieblingsbild von Jesus. Es geht in unserem Glauben immer um Wahrheit, nicht um Mehrheit. Deswegen sollen wir uns auch immer wieder selbst zurechtbringen und ermahnen lassen, auch wenn das unbequem ist.

Dann aber geht es um Liebe und Frieden. *„Habt einerlei Sinn, haltet Frieden!"* Wir müssen nicht immer alle in allen Fragen einer Meinung sein in der Gemeinde und in der Kirche, aber *„eines Sinnes"*. Das ist natürlich stets eine Gratwanderung. Damit dies gelingt, brauchen wir immer wieder den Heiligen Geist.

Wenn wir uns aber darum bemühen und uns das auch gelingt, dann gibt es von Paulus eine große Verheißung, wenn er schreibt: *„So wird der Gott der Liebe und des Friedens mit euch sein."* Also das richtige Miteinander in der Gemeinde, der richtige Umgang miteinander – heute würde man vielleicht auch sagen: eine gelingende Kommunikation in der Gemeinde – bleiben nicht ohne Konsequenzen. Denn der Gott der Liebe und des Friedens wird dann mit uns sein. Das alles bedingt sich gegenseitig. Wenn wir in Liebe und Frieden in der Gemeinde miteinander leben und umgehen, dann wird der Gott der Liebe und des Friedens mit uns sein. So kommen hier Anspruch und Verheißung Gottes an uns als Christen und als Gemeinde zusammen.

III.

Der letzte Vers unseres Predigttextes aber, der zugleich der letzte Vers des gesamten Briefes ist, macht noch einmal abschließend deutlich, dass das alles keine eigene Leistung von uns ist und dass alles auf Gottes Gnade zurückgeht. Wir alle kennen diesen Vers als Gnadenzusage im Gottesdienst. So heißt es hier: *Die Gnade unseres Herrn Jesus Christus und die Liebe Gottes und die Gemeinschaft des Heiligen Geistes sei mit euch allen!* Dieser Vers gilt als ein Kronzeuge für die biblische Botschaft und die Theologie der Heiligen Dreifaltigkeit im Neuen Testament. Jesus Christus schenkt uns die Gnade der Auferstehung, die Liebe Gottes gilt uns allen – und sie ist der Schlüssel zu allem. Die Gemeinschaft des Heiligen Geistes wiederum ist die Voraussetzung für unsere Verbindung zu Gott dem Vater und dem Sohn Jesus Christus. Der Heilige Geist ist unsere Hotline zu Gott. Der Heilige Geist wird uns bei der Taufe geschenkt. Bei unserer Taufe nimmt die Taufgnade Wohnung in unserem Herzen. Da gilt, was Paulus im Römerbrief schreibt: *„Die Liebe Gottes ist ausgegossen in unsere Herzen durch den Heiligen Geist, der uns gegeben ist."* (Röm 5,5)

So freuen wir uns an unserem Gott, der sich als Heilige Dreifaltigkeit, als Vater, Sohn und Heiliger Geist offenbart hat. Wir freuen uns an dem Gott, der uns als Vater und Schöpfer erschaffen hat, der in Jesus Christus zu uns gekommen ist und der uns als Heiliger Geist erleuchtet, begleitet und geleitet, der uns zu Gott führen und ziehen will. Ein guter Grund zur Freude, ein guter Grund, heute das Fest der Heiligen Dreifaltigkeit zu feiern. Und so gilt auch uns allen heute, was Paulus an die Gemeinde in Korinth schreibt: Die Gnade unseres Herrn Jesus Christus und die Liebe Gottes und die Gemeinschaft des Heiligen Geistes sei mit uns allen! Amen.

Pfarrer Dr. Jürgen Henkel, Selb

Literatur:

- Hans Urs von Balthasar: *Licht des Wortes. Skizzen zu allen Sonntagslesungen.* (Trier 1987) Freiburg ⁴2012;
- Klaus Berger: *Kommentar zum Neuen Testament.* Gütersloh ⁴2012;
- Markus Müller: *Vom Schluß zum Ganzen. Zur Bedeutung des paulinischen Briefkorpusabschlusses.* Göttingen 1997;
- Christian Wolff: *Der zweite Brief des Paulus an die Korinther* (ThHK.NT 8). Berlin 1989.

19. Juni 2025
Fronleichnam

Katholisch: Genesis 14,18-20; 1 Korinther 11,23-26; Lukas 9,11b-17
Die Eucharistie ist die allerwirklichste Wirklichkeit

Wenn ich mich an meine frühe Kindheit erinnere und an die Feier des Fronleichnamsfestes, dann geht mir das Herz auf. Tage vorher wurden Blüten gesammelt, die Blumenkästen auf Vordermann gebracht und die Straßen gekehrt. Mit meinem Opa ging es dann einen Tag vorher in den Wald, und gemeinsam schnitten wir bündelweise Farn. Am Abend vorher wurden dann die Pflöcke für die Fahnen in die Erde gerammt, damit sie am anderen Morgen in Windeseile aufgestellt werden konnten. Am Fronleichnamstag selbst ging es dann früh raus. Die Blumenkübel wurden mit der Sackkarre oder einem kleinen Wägelchen an die Straßenränder gefahren. Die Blumenblüten und der geschnittene Farn wurden sorgsam an die Straßenränder gelegt, sodass eine Art Teppichband entstand. Dann ging es schnell wieder nach Hause, die Arbeitsklamotten wurden gegen die Sonntagskleider getauscht, und auf ging es in die Kirche. Die Prozession mit der Bläserbegleitung und den Sakramentsliedern war immer ein Höhepunkt im Verlauf eines Kirchenjahres.

Bestimmt hat jeder von Ihnen seine eigenen Erinnerungen an die Feier des Fronleichnamsfestes – Erinnerungen, die wohltun. Wenn ich heute auf meine Erinnerungen der Kindheit mit dem Fronleichnamsfest zurückblicke, dann geht es mir nicht um Nostalgie, sondern um die Frage, warum ein solcher Aufwand betrieben wurde und in einigen Gemeinden noch betrieben wird. Warum schmückt man ein ganzes Dorf?

Warum schmückt man ganze Straßenzüge mit Fahnen und Blumen? Hinter diesem Verhalten muss doch etwas Großes stecken!

Da wird ein goldenes Gefäß – Monstranz genannt – mit einem Stück Brot durch die Straßen getragen – und dafür werden die Straßen geschmückt? Für ein Stück Brot? Nein! Ganz entschieden: Nein! Wenn nur ein Stück Brot durch die Straßen getragen würde, dann wäre der ganze Aufwand albern. Nicht Brot wird durch die Straßen getragen – wer macht schon vor seinem Brot am Frühstückstisch Kniebeugen? –, sondern Jesus in der Gestalt des Brotes!

In diesem Brot ist Jesus wahrhaft, wirklich und wesentlich mitten unter uns. Die Eucharistie ist die allerwirklichste Wirklichkeit Jesu. In der Eucharistie ist die bleibende Anwesenheit Jesu mitten unter uns Menschen verwirklicht! Deshalb konnte Thomas von Aquin auch sagen, dass die Eucharistie das größte Zeichen der Liebe sei. In der Eucharistie verdichtet sich die Liebe Jesu zu uns. Und Papst Urban IV., der das Fronleichnamsfest eingesetzt hat, spricht davon, dass in der Eucharistie die Gabe, die wir empfangen, völlig gleich mit dem Geber ist!

Dass die Eucharistie die allerwirklichste Wirklichkeit Jesu mitten unter uns ist, sagt Jesus selbst: *„Das ist mein Leib!"* Über dieses Wort ist viel diskutiert und gestritten worden, ganz besonders in der Reformationszeit. Die katholische Glaubensüberzeugung, die sich an die Worte des Herrn gebunden weiß, sieht in der Eucharistie eine bleibende und nicht nur eine zeitweise Gegenwart Jesu!

Wenn Jesus unter uns ist, durch sein Wort *„Das ist mein Leib"*, und die Gabe gleich dem Geber ist, dann ist die Eucharistie keine *zeitweise* Gegenwart Jesu, sondern seine *wahrhaftige, wirkliche und wesentliche* Gegenwart – und damit bleibende Gegenwart. Aus diesem Grund bewahren wir die Eucharistie auch im Tabernakel auf und entzünden ein rotes Licht – das ewige Licht –, um deutlich zu machen, dass hier und jetzt Jesus mitten unter uns anwesend ist.

Wenn unser Glaube – auf den Worten Jesu beruhend – das annimmt, dann können wir gar nicht anders, als die Straßen zu schmücken. Dann können wir gar nicht anders, als unsere Knie zu beugen – ist es doch Jesus selbst, Jesus selbst, der durch unsere Straßen zieht; ist es doch Jesus selbst, Jesus selbst, der im Tabernakel anwesend ist.

Ich selbst ertappe mich manchmal dabei, dass ich ganz unbewusst und oberflächlich die Kniebeuge mache. Dabei muss ich dann oft an eine Begebenheit aus dem Leben des hl. Josefmaria Escrivá denken. Wenn er an einem Tabernakel vorbeiging und oberflächlich seine Kniebeuge machte, dann drehte er sich um, bat Jesus für seine Unzulänglichkeit und Lieblosigkeit um Vergebung und machte nochmals die Kniebeuge – dieses Mal aber mit mehr Liebe und Ehrfurcht.

Wenn Jesus wirklich, wahrhaft und wesentlich in der Eucharistie unter uns ist, dann können wir gar nicht anders, als in Liebe und Ehrfurcht unsere Knie zu beugen. Wenn Jesus wirklich, wahrhaft und wesentlich in der Eucharistie unter uns ist, dann ist das ein Ausdruck seiner Freude – seiner Freude, bei den Menschen, für die er alles gegeben hat, zu sein und zu bleiben.

Kardinal Meisner stellt daher zu Recht die Frage: „Ist es auch unsere Freude, bei ihm zu sein – vor dem Tabernakel, in Anbetung und Ehrfurcht?" So viele Kirchen mit gefüllten Tabernakeln gibt es – und doch ist Jesus wohl der Einsamste und am wenigsten Besuchte.

Von meinem Opa ist mir ein Satz im Kopf geblieben, der sich bewusst macht, dass Jesus anwesend ist. Wenn er an einer Kirche vorüberging, dann sagte er immer: „Jesus, ich grüße Dich – Du aber segne mich!" Der hl. Josefmaria Escrivá hatte es sich zur Angewohnheit werden lassen, beim Anblick eines Kirchturms Jesus in einem kurzen Stoßgebet zu begrüßen.

Wir feiern Fronleichnam – das Fest, das uns daran erinnert, dass Jesus wirklich, wahrhaft und wesentlich unter uns ist. Möge uns diese Feier anspornen, Jesus nicht alleine zu lassen, ihn oft zu besuchen und zu begrüßen – ist er doch die allerwirklichste Wirklichkeit!

Pastor Dr. Jürgen Kämpf, Schleid

22. Juni 2025

Katholisch: 12. Sonntag im Jahreskreis
Sacharja 12,10-11;13,1; Galater 3,26-29; Lukas 9,18-24: Hingabe an Gott fordert alles ein

„Das einzige Mittel, zu erkennen, was Gott von uns will, ist, dessen Willen zu tun." So notiert der französische Philosoph und Theologe Yves de Montcheuil (* 1900 in Paimpol; †1944 in Grenoble). Jeder einzelne von uns müsse eine persönliche Antwort auf Gottes Ruf geben. Dabei fühle man sich gedrängt, dem göttlichen Willen zuzustimmen – jenem Willen, der für jeden von uns anders laute. Montcheuils Gedanke gleicht einer Blaupause jener unerhört herausfordernden Worte, die Jesus Christus im heutigen Evangelium spricht. Er fordert eindringlich dazu auf, das Kreuz auf sich zu nehmen, das Leben um seinetwillen einzusetzen und unter Umständen in den Augen dieser Welt auch zu verlieren. Er lädt ein, Ihm mutig nachzufolgen, ohne das Wohin des Weges im Voraus zu kennen. Hingebungsvoll geht er selbst diesen Weg der aufopfernden Liebe voran. Frei nach dem französischen Philosophen Montcheuil bedeutet dies: *Du kannst Gott erst wirklich erkennen, wenn du dessen Willen tust und selbstlos liebst!*

Kein Symbol des Glaubens drückt so aussagekräftig die bedingungslose Liebe Gottes zu uns aus wie das Kreuz von Golgota. Von Gott her wird am Kreuzesholz Grundlegendes am Menschsein verändert. Am Karfreitag zieht uns der sterbende Jesus ein für alle Mal zum himmlischen Vater empor.

„Und sie werden auf mich blicken, auf ihn, den sie durchbohrt haben. … An jenem Tag wird für das Haus David und für die Einwohner Jerusalems eine Quelle entspringen gegen Sünde und Unreinheit." (Sach 12,10;13,1) Das durch den Lanzenstoß geöffnete Herz Jesu wird zur nie versiegenden Quelle gegen Sünde und Unreinheit, gegen jeglichen menschlichen Willen, der letztlich von Gott wegführt. Der Evangelist Johannes selbst deutet die „Quelle" wie auch den „Durchbohrten" aus Sach 12f. auf Christi Leib und Blut hin.

Wer zum Kreuz emporblickt, erkennt: Gott liebt uns weit über die Schmerzgrenze hinaus. Sein Opfer durchdringt Raum und Zeit und wirkt hinein in unsere Gegenwart. Das am Kreuz geöffnete Herz offenbart den Jüngern, wer Jesus Christus im Vollsinn ist.

Die wahre Aufgabe des Messias (*„Christus Gottes“* – Lk 9,20) erschließt sich nicht in der alttestamentlichen Vorstellung eines souveränen Befreiers Israels, auch wenn dies im Bekenntnis des Petrus unmittelbar nach der Speisung der 5000 verständlicherweise anklingt. Jesus befiehlt wohl auch deshalb den Jüngern diesen missverständlichen Titel nicht zu verbreiten. Als Erklärung erweitert er die unvollkommene Vorstellung vom Messias durch eine klare Leidensankündigung. Es sei in seinem Verständnis geradezu die Aufgabe des wahren Befreiers Israels, verworfen zu werden, zu sterben und am dritten Tag auferweckt zu werden.

Wer nun Christus nachfolgen will, wer an ihn glaubt, wird denselben Weg der Selbstverleugnung und damit der Kreuzesannahme beschreiten. Hingabe an Gott fordert alles ein, bis zum letzten Blutstropfen. Indem Jesus diese Hingabe auch von seinen Jüngern einfordert, berührt er damit den Kern unseres Seins. Zu Christus zu gehören, auf seinen Namen getauft zu sein, bedeutet nicht nur ein äußeres Gewand zu tragen, sondern die Bereitschaft, *„täglich sein Kreuz auf sich zu nehmen“* (Lk 9,23). Wer Jesus nachfolgt, bleibt nicht beim Blick auf diesen „Durchbohrten“ teilnahmslos stehen, sondern wird eins mit ihm.

Es klingt paradox, beschreibt aber treffend die Wirklichkeit der Kreuzesnachfolge: Der wahre Jünger Jesu gewinnt im Verlust des Lebens zugleich das ewige Heil. Dieses „Eins Werden“ mit dem Christus bedeutet, dem Willen Gottes zu folgen: an ihn zu glauben und deshalb täglich das Kreuz auf sich zu nehmen! Und dieses „Eins Werden“ mit Christus beginnt in dieser Hl. Messe: Jesus Christus zieht uns am Altar in seinen hl. Leib und damit in die Kreuzesnachfolge hinein. In diesem Moment geschieht unendlich Heiliges, unvorstellbar Kostbares mit uns. Wir werden eins mit dem Herrn, unserem Gott!

„Wer in der Liebe wachsen will, geht zur Hl. Messe“, hat die hl. Mutter Teresa von Kalkutta (1910-1997) immer gesagt. Bevor sie zu den Sterbenden in den Straßen von Kalkutta eilte, hatte sie in der Früh eine Stunde vor dem Allerheiligsten verbracht. *„Jesus, ich sehne mich nach dir“*, liest man heute noch in ihren Ordenshäusern an der Tabernakelwand! Dieses Hingabegebet trug Mutter Teresa täglich vom Altar zu den Ärmsten der Armen. Ihr selbstloser Dienststieg zum schönsten Liebesbekenntnis an Gott auf. Sie war bereit, alles zu geben, um letztlich sogar im von Geschwüren zerfressenen Leprakranken Christus zu erkennen. *„Das einzige Mittel, zu erkennen, was Gott von uns will, ist, dessen Willen zu tun.“*

Möge Jesus uns in dieser Hl. Messe erneut in die große Schule der Liebe, in seine Kreuzesnachfolge nehmen. Möge er uns wandeln, uns stärken, dass wir in der Welt draußen das Kreuz hingebungsvoll auf uns nehmen und dadurch zu wahren Jüngern reifen. *„Jesus, wir sehnen uns nach dir…!“* Amen.

Empfehlungen für Lieder aus dem Gotteslob:

GL 275,1+2 (Einzug); Gl 163,1 (Kyrie); GL 166 (Gloria); GL 420 + Kantorale Nr. 477 (Antwortgesang); GL 181,3 (Fürbittruf); GL 460 (Gabenbereitung); GL 138 (Sanctus); GL 139 (Agnus Dei); GL 209 (Dank); GL 461,1+3+4 (Schluss);

Pfarrer DDr. Johannes Laichner, Roppen (Österreich)

Verwendete Literatur:

- Hans Urs von Balthasar: *Licht des Wortes. Skizzen zu allen Sonntagslesungen.* Freiburg 2001, 291-293;
- Johannes Thomas Laichner: *Wie ein roter Faden. Von der Schönheit und Wahrheit des christlichen Glaubens.* Brixen 2024, 66-68.[1]

Evangelisch: 1. Sonntag nach Trinitatis, Johannes 5, 39-47: Die Wahrheit ist nicht Stückwerk

Die heutige Perikope ist ein Fragment einer längeren Belehrung, die Jesus an die Juden, wie Johannes die Vertreter des Alten Bundes undifferenziert nennt, richtet. Es ist das Evangelium des Neuen Bundes, das der Sohn Gottes seinem Volk darlegt, aber sie glauben ihm nicht; im Gegenteil geraten sie darüber so sehr in Wut, dass sie ihn töten wollen. So ist das angesichts der Wahrheit: man kann sich ihr nur demütig anschließen oder sie bekämpfen; für Verhandlungen und Kompromisse gibt es keinen Raum. In den Vorfeldern ja, da prallen verschiedene Meinungen und Argumente aufeinander, da ringt die Wahrheit mit den Lügen, Engel und Dämonen stehen sich gegenüber in einem Kampf, dessen Ausgang unsicher scheint.

Jesus redet zu den Juden in Sentenzen, die keinen Widerspruch erwarten oder dulden, weil sie eben wahr sind – und unumstößlich. An ihnen scheiden sich die Geister: den einen sind sie Ärgernis und Torheit, den anderen aber Gottes Kraft und Gottes Weisheit. Wir wollen nun die Lehrsätze Christi aus unserem Text einzeln betrachten in der Art einer Homilie als eine Predigt, die kein Gesamtthema erarbeitet, sondern sich der Betrachtung der einzelnen Aussagen des Textes widmet.

V. 39f: Am Leben vorbei! Diesen Vorwurf macht Jesus jenen Bibelforschern, die im Voraus die Schlussfolgerungen kennen und in der Bibel nur noch nach Belegen dafür suchen. Diese Art lässt sich durch nichts von ihrer Meinung abbringen, selbst wenn Christus, der Urquell des Lebens, persönlich vor ihnen steht. Das ist heute nicht anders bei vielen Theologen, und noch mehr verbreitet unter dem Kirchenvolk: der vielgelobte Hausverstand, der sonst oft vermisst wird, ist in der Kirche eifrig am Werk bei der Neugestaltung der rechten Lehre, so dass diese auch für Kleingläubige und Ungläubige barrierefrei zugänglich wird. Aber wo bleibt dabei der menschgewordene

[1] Vgl. hierzu auch die Rezension in dieser Ausgabe S. 595–598.

Gott mit seinen Leiden, seinem Kreuz, seinem Sieg über den Tod und mit seiner Aufforderung, ihm nachzufolgen, ihn nachzuahmen? Ihn will die Schrift uns doch vor Augen malen, zu ihm will die rechte Lehre unsere Schritte lenken, aber für viele unserer Zeitgenossen ist und bleibt Jesus Christus das Zeichen, dem widersprochen werden muss.

V. 41f: Auf den ersten Blick scheint die Verknüpfung von Ehre mit Liebe sonderbar, denn das sind doch zwei verschiedene Kategorien, sollte man meinen. Aber wir denken an Luthers Kleinen Katechismus, wo er zum sechsten Gebot auffordert, ein jeglicher solle sein Gemahl lieben und ehren. Die Liebe ganz allgemein als Band der Vollkommenheit und ein Gebot für Christen, umfasst eine ganze Reihe von Beziehungskanälen, wie der Apostel Paulus das in Kolosser 3,12-14 sehr anschaulich darlegt. Die Liebe zu Gott aber ist die Liebe schlechthin und um Einiges anspruchsvoller: In ihr sollen Furcht und Ehre zu Hause sein und nicht bloß die etwas unscharf konturierte Ehrfurcht, denn seinem Erbarmen und seiner Freundlichkeit sind wir auf Gedeih und Verderb ausgeliefert. Ohne Liebe ist Ehrerbietung Gott und den Menschen gegenüber schwer vorstellbar, aber auch die Liebe, wenn die Ehrerbietung fehlt, bleibt nicht das, was sie einmal war. Und wenn wir dann etwas Gottesfurcht nehmen und sie der Menschenliebe beimengen, weil wir ja Christus vor uns haben könnten, dann werden wir sofort merken, wie auch diese Liebe gleich in leuchtenderen Farben glänzt. Jesus sagt, dass er keine Ehre von Menschen nimmt, weil er sie nicht braucht; doch wenn wir ihn lieben und ihm aus freien Stücken und dankbar Lob und Ehre erweisen, dann ist Freude im Himmel.

V. 43: Der Sohn ist gesandt vom Vater, und in des Vaters Namen tritt er vor die Menschen. Unter dem Vorzeichen dieser Sendung ist alles zu verstehen, was er tut und sagt, alle seine Bekundungen, die mit „Ich bin“ oder mit „Ich aber sage euch“ beginnen. Aus der gestuften Einheit von Vater und Sohn erwächst durch Liebe das Neue aus dem Alten, die Gnade aus dem Gesetz. Aber damals die Juden und heute die Menschheit nehmen den Gesandten und sein Evangelium nicht an, weil ein verborgener Gott und ein geschriebenes Gesetz für sie erträglicher sind. Viel lieber hat man jene Ratgeber, die in ihrem eigenen Namen oder im Namen des Gesetzes reden. Seit Längerem trachten die Menschen ja danach, mündig zu werden, sich nicht mehr alles vorschreiben zu lassen, nicht ewig als Vertreter von höher Gestellten zu agieren, sondern den Mund aufzutun und im eigenen Namen zu reden. Was dabei oft herauskommt, bezeichnen wir in den diakonischen Einrichtungen als kreatives Produkt und lagern es auf Halde. Gerade im religiösen und im spirituellen Bereich ist zur Zeit viel Selbstgemachtes im Umlauf und die Leute nehmen es tatsächlich an. Manche private Bibliothek ist im Grunde eine Deponie von Prophezeiungen in eigenem Namen.

V. 44: Jesus sagt es klar: Ehrung von menschlicher Seite kann uns zum Hindernis werden für den Glauben an Gott. Warum? Weil wir vor allem auf Wertschätzung unserer Person vonseiten unseres Gegenübers aus sind. Damit werben doch heutzutage die Prediger für Gott: Mit der Würde, die er uns zuspricht und der Mühe, die er sich um uns gibt; er liebt uns, will uns bei sich haben, hat Geduld mit uns, vergibt uns, opfert für uns seinen Sohn, und Vieles andere noch. Wir werden von ihm richtig verwöhnt. Dafür aber erwartet er von uns Glauben und gehorsame Erfüllung seines Willens. Gehaltene Gebote geben dem Menschen Sicherheit im Auftreten, sie erleuchten die Augen und machen froh. So offenbart sich die Ehre von Gott an uns. Ein Übertreter der Gebote aber wird niedergedrückt durch Schuldgefühle und Missgeschick. Er muss sich durch den schweren Prozess der Reue und Buße zurechtbringen lassen. Einfacher ist es für ihn, auf die gesellschaftlichen Angebote der Menschenwürde und -rechte zurückzugreifen, denn die sind nicht abhängig von den ethischen Ansprüchen Gottes. So kommt es, dass, wer die Umkehr scheut, Ehre und Beifall bei Menschen sucht und sie in der Regel auch findet. Dabei aber verliert er Gott als Gegenüber.

V. 45ff: Auf die Gesetzestreuen wartet Mose, um sie anzuklagen. Das ist ein wichtiger Aspekt der Tatsache, dass Jesus das Gesetz nicht auflöst. Wer nämlich den Glauben an ihn und sein Evangelium ablehnt, der fällt zurück in die Sphäre des Gesetzes und der Gesetzlichkeit im Allgemeinen. Aber auch dort besteht noch Hoffnung, durch Einsicht in die Geheimnisse der Gerechtigkeit zur Gnade zu gelangen, denn Mose weiß um das Ungenügen des Gesetzes und weist wiederholt hin auf das damals zukünftige Erscheinen des Vollkommenen. Dieses durch die Zeiten lang Ersehnte ist für uns gegenwärtig in Jesus Christus, der der Weg, die Wahrheit und das Leben ist. Zu ihm haben sowohl Juden als auch Heiden Zugang durch den Glauben, das heißt durch feste Zuversicht auf das, was wir hoffen und ohne zu zweifeln an dem, was wir nicht sehen. Amen.

Pfarrer Gerhard Wagner, Karlsburg/Alba Iulia (Rumänien)

24. Juni 2025
Hl. Johannes der Täufer („Johannis")

Katholisch
Jesaja 49,1-6; Apostelgeschichte 13,22-26; Lukas 1,57-66.80: Die Verborgenheit einer bedeutenden Stimme

Ein Heiliger mit zwei Festtagen

Die Besonderheit von Johannes dem Täufer wird in der katholischen Liturgie dadurch unterstrichen, dass ein Gedächtnis sowohl seiner Geburt (24. Juni) als auch seines Todes (29. August) im römischen Kalender vorgesehen ist, wie es im Falle Jesu selbst auch geschieht. Tatsächlich wurde das Geburtsdatum des Johannes sogar liturgisch in Bezug zu Weihnachten gesetzt: Es sind genau sechs Monate davor, also die Zeitspanne, von der der Erzengel bei der Verkündigung Mariens berichtet (vgl. Lk 1,36a). Der Unterschied: 24. Juni/25. Dezember ergibt sich wohl aus der unterschiedlichen Monatslänge. Neben dem Gottessohn und seinem Vorboten besitzt nur noch Maria das „Privileg", ein Fest zum Tag der eigenen Geburt zu haben. Die Orthodoxe Kirche feiert außerdem sogar die Empfängnis des Johannes des Täufers. An erster Stelle steht jedoch das Fest seiner Geburt – vor allem auch wegen der Sommersonnwende am 24. Juni, die der Wintersonnwende am 25. Dezember entspricht.

So kann man diese Naturphänomene leicht mit dem Wort des Johannes in Bezug auf sein Verhältnis mit Jesus setzen: *„Er muss wachsen, ich aber muss abnehmen."* (Joh 3,30) Da die Tage ab dem 24. Juni kürzer werden, lässt sich sagen, dass der Tod im Leben sichtbar wird. Auch Johannes verweist auf das Ende seiner Mission, wenn er auf Christus verweist, aber gerade darin verkündet er das endgültige Heil. Mit einem Wort: Der Täufer ist der Meister des „Von-sich-selbst-Wegweisens".

Exegetische Dynamiken der heilsgeschichtlichen Rolle des Johannes

Der Rahmen der in der heutigen Perikope beschriebenen Szene entspricht den jüdischen Gepflogenheiten: Das Gesetz verlangte, die Beschneidung am 8. Tag nach der Geburt vorzunehmen. Es war auch gewöhnlich der Tag der Namensgebung (vielleicht unter dem damaligen griechisch-römischen Einfluss). Die Geburt des Kindes war tatsächlich ein Grund zur Freude – nicht nur für die Eltern, sondern auch für die Nachbarschaft und die Verwandtschaft, was hier durch das Staunen über die Befreiung Elisabeths vom Fluch der Kinderlosigkeit im hohen Alter zusätzlich betont wird. Die Einzigartigkeit der Geburt des Jungen impliziert jedoch eine von der Tradition abweichende Namensgebung: Trotz des Widerstands traditionsbewusster Familienangehöriger wählen Elisabeth und Zacharias den Namen Johannes, um den vom Engel offenbarten Willen Gottes zu respektieren. „Johannes" steht also für das Heil, das Gott den Eltern, aber über sie und im Hinblick auf die Mission des Täufers auch anderen Menschen erwiesen hat bzw. erweisen wird. Nicht verwunderlich, dass man „von all diesen Dingen im ganzen Bergland von Judäa" spricht, was ein beliebtes Motiv bei Lukas ausmacht: die Kunde von Wundern verbreitet sich sehr schnell (vgl. 2,17-18.38; 4,37; 5,15; 7,17; 8,36.39; 24,18).

Die unerwartete Namensgebung hat auch eine besondere Bedeutung für Zacharias: παραχρῆμα („sofort") löst sich seine Zunge (Lk 1,64), sobald er den Willen Gottes bekundet. Dieser erfüllt sich trotz menschlicher Widerstände – auch deswegen, weil Elisabeth und ihr Mann dem sozialen Druck widerstehen. Und nach dieser Beendigung der durch den Engel auferlegten Stummheitsstrafe sind die ersten Worte Zacharias ein Lob Gottes, um zu zeigen, dass in Wirklichkeit dies der wahre Grund ist, den Mund überhaupt zu öffnen. Die Perikope lässt den Lobgesang des Zacharias jedoch weg, um zu einer typisch lukanischen zusammenfassenden Notiz über das Leben des Johannes überzugehen. In diesem Bericht findet man keine hagiographischen Details, die für andere jüdische Viten aus dieser Zeit charakteristisch sind, wie etwa über Noah und Mose. Die Beschreibung des Werdegangs des Johannes in den kanonischen Evangelien ist äußerst nüchtern und knapp. Lukas begrenzt sich auf die Feststellung: ηὔξανεν καὶ ἐκραταιοῦτο πνεύματι *(„[er] wuchs heran und wurde stark im Geist")* und verweist auf den Verbleib von Johannes bis zum Beginn seines öffentlichen Wirkens in der Wüste. Diese Hinweise erinnern an 1 Sam 2,26 und 3,19, wo das Heranwachsen von Samuel beschrieben wird. Die Wüste war wiederum der erwartete Ort des Erscheinens des Messias und des Beginns eines neuen Exodus. Man hat deshalb darüber spekuliert, inwiefern Johannes in Kontakt zu der streng glaubensorthodoxen Qumran-Gruppe gekommen sein kann, da sich „seine" Wüste in der Nähe ihrer Siedlung befand. Wegen der Besonderheit seiner späteren Lehre, die von dieser Gruppe abweicht, ist es eher unwahrscheinlich.

Brisant ist das Wort ἀνάδειξις (Lk 1,80), das die EÜ 2016 kontextuell wiedergibt als: „bis er den Auftrag erhielt, in Israel aufzutreten". Derselbe Terminus, allerdings in Verb-Form ἀναδείκνυμι à ἀνέδειξεν begegnet uns später bei Lk 10,1, als Jesus 72 Jünger in die Mission aussendet. Das besagte Nomen stammt aus der antiken Beamtensprache und bezeichnet dort die öffentliche Ernennung bzw. Einsetzung in ein Amt. Es kann aber auch die Aufnahme in eine Gesellschaft bedeuten. In den griechischen Stadtstaaten waren solche Ernennungen bedeutende Ereignisse, oft durch Zeremonien begleitet. Abgesehen von der verwaltungstechnischen Bedeutung hatten sie auch soziale und religiöse Konnotationen. Auf jeden Fall geht es hier also um eine offizielle und autoritative Beauftragung des Johannes für eine göttlich verordnete Mission. Johannes ist insofern kein Freigeist, der die Menschen aus eigener Initiative um sich schart, sondern er fügt sich ganz genau der öffentlichen, von Gott bestimmten Heilsordnung. Sein Dienst gilt dem gemeinschaftlichen Glauben des Volkes Gottes. Er hat einen „amtlichen" Auftrag zu erfüllen, den ein anderer ihm auferlegt hat. Konkret gesagt, er bestimmt den Raum, in dem die Menschen den Messias erfahren können. Seine Rolle ist die des „Katechumenats" – die Vorbereitung anderer auf die Aufnahme dessen, „der kommen soll" (vgl. Mt 11,3). Deshalb kann in seinem Auftreten bereits Offenbarung geschehen.

Johannes als unabdingbare Stimme bei Augustinus

In seiner berühmten Predigt über den hl. Johannes den Täufer geht Augustinus auf eindrucksvolle Weise auf dessen Beziehung zu Jesus ein. Alles kreist darin um „die Stimme". Zacharias verliert seine Stimme und bekommt sie wieder, wenn *die* Stimme, nämlich Johannes, geboren wird. „Verkündete Johannes sich selbst, könnte er den Mund des Zacharias nicht öffnen. Die Zunge wird gelöst, weil die Stimme geboren ist. Denn als Johannes den Herrn vorausverkündigte, wurde er gefragt: ‚Wer bist du?' Er antwortete: ‚Ich bin die Stimme eines Rufers in der Wüste.' Johannes ist die Stimme, der Herr aber ist ‚im Anfang das Wort'. Johannes ist Stimme auf Zeit, Christus im Anfang das ewige Wort."[1] Wie Joseph Ratzinger mit Bezug auf diese Passage des Augustinus nahelegte, wird die Stimme dem Wort selbstverständlich nachgeordnet, denn das Wort ist die Voraussetzung der Stimme – nur das Wort bleibt, während die Stimme vorübergeht. Aber die Stimme ist sozusagen das Fahrzeug des Wortes. Das Wort bedarf der Stimme, um sein Ziel zu erreichen, um in dieser Welt zu den Menschen hin unterwegs zu sein. Ratzinger schließt seine Betrachtung mit der Feststellung: „Dies ist unser Ruf: Stimme zu sein für das Wort."[2]

---

[1] Zitiert nach: 24. Juni. Geburt des hl. Johannes des Täufers. Zweite Lesung (Lesehore), in: *Lektionar für die katholischen Bistümer des deutschen Sprachgebietes. Authentische Ausgabe für den liturgischen Gebrauch.* Heft 5: 6.–13. Woche im Jahreskreis. Zweite Jahresreihe, 308–310, hier: 309.

[2] Ratzinger, Josef, Johannes der Täufer. Predigt anlässlich der Aussendung von Pastoralassistenten in der Pfarrei Heilige Familie in München-Harlaching am 24. Juni 1978, in: JRGS 8/1 (2010), 472–476, hier: 476.

Sich das Wort zu Herzen nehmen

Die Gesamtszene aus dem Evangelium lädt (wie Ratzinger wieder anmerkt) zu einem abrahamitischen Glauben ein: Ausziehen aus der eigenen Vertrautheit, Bequemlichkeit, Normalitätsauffassung. Wo Gott in das Leben der Menschen eingreift, wird plötzlich alles *wirklich* anders, die Maßstäbe dessen, was machbar ist, verschieben sich. Die Stummheit des Zacharias steht für Gefangenschaft in den eigenen Horizonten: Es gilt, was ich für richtig halte. Es kann nichts passieren, was ich nicht begreifen kann. Wunder geschehen nicht. Man muss das Leben in die eigenen Hände nehmen. Millionenfach werden solche Gedanken täglich durch Menschen geäußert, bestätigt oder einfach gelebt! Erst wenn wir riskieren, in die Heilsgeschichte bewusst hineinzuspringen, können echte Wunder passieren – nicht unbedingt physische Wunder, denn sie stehen immer in Funktion der Beziehung zu Gott. Viel schwieriger sind die moralischen Wunder, wo sich das Herz des Menschen freiwillig seinem Gott zuwendet. Dafür sind Gesandte wie Johannes nötig, die auf ihren eigenen Willen verzichten und ihr ganzes Leben aus der offiziellen göttlichen Sendung heraus gestalten. Nur wer sich das Wort Gottes ganz zu Herzen nimmt und sich nicht nur mit seinem Verstand damit befasst (vgl. Lk 1,66) sowie dazu bereit ist, manchem sozialen Druck zu widerstehen, steckt auch andere mit der Andersheit dieses Wortes an.

Pfarrer Dr. Andrzej Dominik Kuciński, Bonn

Literaturhinweise:

- 24. Juni. Geburt des hl. Johannes des Täufers. Zweite Lesung (Lesehore), in: *Lektionar für die katholischen Bistümer des deutschen Sprachgebietes. Authentische Ausgabe für den liturgischen Gebrauch.* Heft 5: 6.-13. Woche im Jahreskreis. Zweite Jahresreihe, 308–310;
- Becker-Huberti, Manfred, Art. Johannes der Täufer, in: Ders., *Lexikon der Bräuche und Feste.* Freiburg i. Br./ Basel/ Wien [4]2007, 174–176;
- Bible Hub, in: https://biblehub.com/ (Zugriff: 20.03.2025);
- *Biblia Tysiąclecia z komentarzami.* Poznań [5]2006;
- Johnson, Luke Timothy, Profecy fulfilled: John's Birth (1:57-80), in: Ders., *The Gospel of Luke (Sacra Pagina Series 3).* Collegeville 1998, 62–78;
- Ratzinger, Joseph, Johannes der Täufer. Predigt anlässlich der Aussendung von Pastoralassistenten in der Pfarrei Heilige Familie in München-Harlaching am 24. Juni 1978, in: JRGS 8/1 (2010), 472–476.

Evangelisch
Matthäus 3,1-12: Das prophetische Amt annehmen!

Gemeinde des Herrn Jesus Christus, Schwestern und Brüder,

Am 24. Juni erinnern wir uns an den Täufer Johannes. Eine eindrucksvolle Figur muss er gewesen sein: Der Mann mit den glühenden Augen und dem langen, ungepflegten Bart, mit der sonnenverbrannten Haut und dem vom Fasten dürren, sehnigen Körper. Sein Kleidungsstil war ungewöhnlich: ein Kamelfell bedeckte seinen sonst nackten Leib, es wurde von einem Lederstrick zusammengehalten. Auch seine Diät hatte es in sich: Heuschrecken aß er – und den Honig wilder Bienen. Ich kann mir Johannes nicht anders vorstellen als mit verschwollenem Gesicht und Händen; rot und blau von den Stichen verfärbt, mit denen die Bienen den Raub ihres Honigs abwehren wollten.

Sein Vater Zacharias hat schon vor seiner Geburt vorausgesagt, was die Aufgabe des Johannes im Plan Gottes sein würde: *„Du wirst dem Herrn vorangehen, dass du seinen Weg bereitest, und Erkenntnis des Heils gebest seinem Volk in der Vergebung ihrer Sünden."*

Johannes erfüllt diese Aufgabe – aber wie?!

Er geht nicht zu den Leuten hin – sondern von den Leuten weg. Zieht sich in die menschenleere Wüste zurück. Beginnt hier ein Leben, das radikal anders ist, als alle sonst es führen. Ein Leben der Buße, des Verzichts, des Gebets. Während die Menschen nach Spaß suchen, an Genuss und Selbstverwirklichung glauben – lässt Johannes selbst das letzte kleine Stückchen Bequemlichkeit zurück.

Viele – wir lesen das in der Bibel, könnten es uns aber auch so denken – halten den langhaarigen Hippie für irre. Aber andere sind fasziniert von den Geschichten, die sie über ihn hören: „Da ist einer, der macht ganz ernst mit Gott!"

Ich stelle mir die Wirkung des Johannes auf seine Zeitgenossen so vor:

Eines Morgens wacht Mosche in seinem Bett mit einem mächtigen Kater auf – vor seinen Augen tanzen Punkte, es hämmert in seinem Kopf, der Magen fühlt sich flau an. Er erinnert sich an die vergangene Nacht und all die vielen Nächte davor – und denkt: „So kann es nicht weitergehen!" Als sein Kopf langsam zu arbeiten beginnt, erinnert er sich: „Da ist doch dieser Freak in der Wüste. Vielleicht kann der mir zeigen, wie ein neues, ein besseres Leben aussieht?" Und er macht sich auf den Weg in die Wüste.

Miriam von nebenan hat andere Sorgen. Sie ist verwitwet, ihre Kinder sind längst aus dem Haus – trotzdem schafft sie, als müsse sie zwanzig Mäuler stopfen. Von morgens früh bis abends spät ist sie im Garten am Werkeln – hackt, jätet, verzieht, gießt. Was sie erntet, schleppt sie auf ihrem Rücken zum Markt. Dann setzt sie sich auf's Pflaster und bietet Obst und Gemüse an: alles eigene Ernte. Heute aber sagt sie sich: „Wofür das alles? Das kann doch nicht das ganze Leben sein?" Die Gedanken bedrängen sie schon länger, aber sie hat sie immer auf Abstand gehalten. Jetzt geht das nicht länger – so macht auch sie sich auf den Weg in die Wüste.

Quintus, Centurio der römischen Garnison die Straße runter, wälzt sich unruhig im Bett herum. Nachts ist es immer schlimm, da kommen die Bilder, da hört er die Schreie, da spürt er die Hände, die seine Fußgelenke umklammern. Er war mit seiner Kohorte gegen Aufständische eingesetzt. Ein Spion hatte ihnen einen „ganz heißen Tipp" gegeben. Sie stürmten das einsam stehende Bauernhaus und machten alle nieder, die sie trafen: Trotz ihrer Beteuerungen „Wir sind unschuldig!", trotz des Flehens der Frauen, des Weinens der Kinder. Eine junge schöne Frau hatte sich vor ihm auf die Knie geworfen, sie umklammerte seine Knöchel, er sah noch ihre großen, entsetzten Augen, dann hob er seinen kurzen Dolch... Hinterher erfuhren sie: Der Spion hatte sich getäuscht, die Leute hatten mit den Zeloten nichts zu schaffen... Der Centurio kann sowieso nicht mehr schlafen – es zieht ihn in die Einsamkeit, er braucht Zeit und Ruhe zum Nachdenken, er braucht einen, der ihm hilft, die Last der Schuld, die an der Seele nagt, abzuwerfen... Und er macht sich ebenfalls auf den Weg in die Wüste.

Ja, sie und noch viele andere machen sich auf den Weg in die Wüste: Sie suchen Johannes. Er ist das Zeichen – es geht ANDERS. Und genau dieses ANDERE zieht sie an, denn sie spüren: Sie müssen aus ihrem alten Leben ausbrechen. Aus der Sinnleere der Dauerparty; aus dem zermürbenden Arbeitstrott, der keine Erfüllung bringt; aus den Gewissensqualen, die jede einzelne Nacht zur Plage machen...

Johannes schenkt ihnen – und allen anderen, die kommen – gar nichts! Klapperschlangen, Puffottern, Vipern – sind sie in seinen Augen, die ihr Gift verspritzen! Er droht ihnen mit der Hölle, mit der ewigen Strafe im ewigen Feuer!

Und die Menschen merken – er hat Recht: Mosche steckt ja schon heute in der Hölle der Sinnlosigkeit, Miriam in der Hölle der totalen Überarbeitung und Quintus in der Hölle der Gewissensqualen ...

Sie wollen da raus – und sie sind dankbar, dass endlich einer Klartext mit ihnen redet, nicht nur freundlich herumpalavert. Sie brauchen diesen kompromisslos-klaren Blick auf ihr Leben. Genauso wie sie es brauchen, dass der Täufer die Tränen der bitteren Reue sieht, die ihnen über das Gesicht laufen: Über das vertane, das ungelebte, das vernichtete Leben...

Und dann tauft Johannes sie im Jordan. Er wäscht das alte Leben mit seinem Schmutz von ihnen ab, er lässt die Leute ein neues Leben beginnen und weist ihnen den Weg. Er zeigt ihnen den Weg zu einem Leben mit Gott; zu einem Leben in Erwartung des Heilands und Retters – Jesus; zu einem Leben, geleitet durch Gottes Gebot.

Er weist sie auf Jesus hin, den Sonnenaufgang aus der Höhe, der die überstrahlt, die in Finsternis und Todesschatten kauern – und die Menschen begreifen: Das anbrechende Licht soll auch mein Leben hell machen.

Schwestern und Brüder, es ist leicht, die Geschichte von Johannes als eine Heiligenlegende aus alter Zeit mit einer Mischung von Faszination und Gruseln zu hören – aber das bedeutet – ihr den Zahn zu ziehen! Denn die Geschichte stellt Fragen an uns als Kirche heute!

Wir verstehen uns als „Volkskirche", möglichst nah dran an den Menschen und der Zeit. Christen sind wie alle anderen, der Pfarrer ein netter Nachbar, der Glaube eine Hilfe für schwere Zeiten, die am besten gar nicht erst kommen und wenn doch, dann hoffentlich schnell vorübergehen! Vom Gericht Gottes und der Möglichkeit, das Heil zu verfehlen, ist kaum oder gar nicht mehr die Rede! Buße, Umkehr, neues

Leben sind überflüssig! „Wenn es dir gut tut, komm! – Und wenn nicht, dann geh deinen eigenen Weg weiter!“ Ja, selbst Kirchenleute erwecken den Eindruck, dass alle Religionen „irgendwie das Gleiche wollen“! Außerdem: Wir „kommen alle, alle in den Himmel!“

Aber, Schwestern und Brüder, wohin hat uns als Kirche dieser Weg geführt – etwa in den Himmel? Oder nicht vielmehr in die Bedeutungslosigkeit? Wenn wir nicht anders sind als alle anderen – warum sollte dann jemand zu uns gehören wollen? Reicht es, wenn der Pfarrer ein lieber Kerl ist – soll er nicht ein Bote des allmächtigen Gottes sein, der sein Wort bezeugt, mit aller seiner Härte? Ist der Glaube nur eine „Notration Lebensmut“ – soll er nicht vielmehr die alles bestimmende Wirklichkeit für uns Christen sein? Wir müssen alle offenbar werden vor dem Richterstuhl Gottes! Das bedeutet: Unsere Lebensführung, unsere Entscheidungen, unser Vertrauen auf Gott – das wir haben oder das uns fehlt – haben Auswirkungen für die Ewigkeit! Es ist nicht alles gleich – der wahre Gott macht den wahren Unterschied! Jesus Christus ist der Weg heraus aus der Finsternis in das Licht der Ewigkeit!

Wir müssen als Kirche das prophetische Amt annehmen, das Gott seiner Kirche gegeben hat! Es reicht nicht, die Großen der Vergangenheit zu feiern – wir müssen HEUTE Gottes Zeugen sein! Das verlangt den Mut, unbequem zu sein! Wir müssen damit rechnen, manche abzuschrecken – auch der Täufer hat Menschen vor den Kopf gestoßen! Aber nur wenn wir anders sind, werden wir die erreichen, die wirklich fragen, suchen, ringen. Die heraus wollen aus der Sackgasse, in der sie stecken! Die die Hölle hinter sich lassen wollen – und in den Himmel streben! Und die heute eher in einem Zen-Kloster in Japan nach Antworten zu suchen, als in die Kirche an der nächsten Straßenecke zu gehen. Die Mosches, Miriams, Quintus‘ von heute – es gibt sie massenhaft! – erwarten von uns viel zu selten Antworten – und das ist das wahre Armutszeugnis für uns Christen! Dabei haben wir nicht nur Antworten auf alle zentralen Lebensfragen – wir haben die EINE Antwort auf die Frage nach dem ewigen Heil: JESUS, den Sohn Gottes!

Johannes der Täufer folgte keiner selbstgemachten Strategie, als er Israel auf die Ankunft Jesu vorbereitete – er folgte einer göttlichen Berufung. Wir müssen Gott bitten, uns auch heute solche Boten zu schicken – und wir müssen selbst anfangen, mit unserem Auftrag ernst zu machen! Die Menschen sollen merken: Christen sind anders, denn sie folgen Jesus nach!

Wenn sie das merken, werden sie kommen – nicht alle, aber die, die kommen, werden echte Fragen haben und nach echten Antworten verlangen! Und diese von Gott angezogenen Menschen werden der Kern für die Erneuerung der Kirche sein!

Gemeinde des Herrn Jesus Christus, Schwestern und Brüder, die Sehnsucht nach Sinn, nach Erfüllung, nach Vergebung, nach einem tiefen, echten, anderen Leben, einem getrosten Sterben und der Ewigkeit in der Herrlichkeit Gottes wird Menschen zur Kirche treiben: Wenn Kirche sich wieder um diese, ihre eigentlichen Themen kümmert, glaubwürdig und ehrlich Antworten gibt und Christen so leben, dass man spürt: Gott ist in ihrer Mitte! Menschen werden kommen, um gemeinsam mit uns IHM zu folgen: Jesus, dem Herrn. Amen.

Pfarrer Martin Fromm, Rüdenhausen

27. Juni 2025
Hochfest Heiligstes Herz Jesu

Katholisch
Ezechiel 34,11-16; Römer 5,5b-11; Lukas 15,3-7: Das verlorene Schaf

In diesem Gleichnis gewährt uns der Herr tiefen Einblick in die Gesinnung seines Herzens. Diese Gesinnung ist ganz und gar Liebe: Liebe, die dem Sünder nachgeht und nur im Sinne hat, ihn zu retten. Sie ist bedingungslos. Die Sünde hält Gott nicht davon ab, dem Sünder nachzugehen, sondern vergrößert gewissermaßen seine Heilssorge. In die Suche nach dem verlorenen Schaf scheint Er mehr Liebe zu investieren als in die Sorge um die 99 anderen Schafe. Ist solche bedingungslose Liebe gerecht?

Um das zu verstehen, müssen wir zwei Vollzüge der Liebe unterscheiden: Wohlwollen und Wohlgefallen. Das Wohlgefallen ist nicht bedingungslos. Gott kann an der Sünde kein Wohlgefallen haben. Deshalb schreibt Paulus über die Israeliten in der Wüste: *„Gott aber hatte an den meisten von ihnen kein Wohlgefallen"* (1 Kor 10,5), und zwar wegen ihres Götzendienstes und der Unzucht. Das moralische Verhalten entscheidet über die Schönheit des Charakters, über den moralischen Wert der Person. Deshalb schreibt Kant, dass der Mensch ohne guten Willen „ein verachtungswürdiges Objekt" sei.

Doch Gott antwortet auf diese Verachtungswürdigkeit nicht mit Verachtung, sondern mit Liebe, die das Heil des Sünders sucht. Das ist die Liebe als Wohlwollen. Sie lässt sich von der Sünde nicht abschrecken. Im Gegenteil: *„Wo jedoch die Sünde mächtig wurde, da ist die Gnade übergroß geworden."* (Röm 5,20) Diese göttliche Liebe ist unfassbar und übersteigt jedes menschliche Maß. Es ist eine Art göttlicher Selbstverleugnung, denn Gott achtet nicht auf die Schmach, die wir ihm antun. Die Liebe überwindet ihr eigenes Missfallen, das sie notwendigerweise an der Sünde hat, und setzt ihr ein heiliges „Trotzdem" entgegen. Bei uns Menschen ist es anders: Wir würden uns wiederholten Treuebruch nicht lange gefallen lassen. Gott dagegen antwortet mit Liebe. Paulus schreibt, dass Gott uns seine Liebe erwies, als wir noch seine Feinde waren. Er erwies sie auf höchste Weise, indem Christus für uns starb (Röm 5,8.10).

Die Sünde hat einen doppelten Aspekt: einerseits die Schmach, die wir Gott antun, andererseits der Schaden, den wir uns selbst zufügen. Gott als unser Hirte und Erlöser achtet nicht auf den ersten Aspekt, er blendet die ihm zugefügte Schmach aus, er verzichtet auf die Empörung über unsere aufrührerische Undankbarkeit. Stattdessen schaut er auf das Elend, in das wir uns selbst durch die Sünde hineinmanövrieren. Dieser zweite Aspekt ist es, der unser Gleichnis beherrscht. Wenn wir an ein verlorenes Schaf denken, dann regt sich in uns eher Mitleid als Verachtung. Das liegt daran, dass ein Tier kein moralfähiges Wesen ist und deshalb auch nicht sündigen kann. Wenn der Herr trotzdem dieses Gleichnis wählt, dann um uns klarzumachen, dass er im Handeln seiner Liebe vom Schuldaspekt so weit wie möglich absieht und nur auf unsere Not achtet, in die wir durch unsere Sünde geraten sind. Er nimmt nicht unsere

Schuld in den Blick, um uns zu strafen, sondern unser Unheil, um uns zu helfen. Liebe bedeutet: Gott will unser Heil. Er ist ganz von der Sehnsucht erfüllt, uns aus unserer Not zu erretten, und zwar deshalb, weil er im tiefsten Herzen mit unserer Not mitfühlt. Er hat mehr Mitgefühl mit uns als wir selbst.

So groß seine Liebe ist, so groß ist seine Freude, wenn er das verlorene Schaf findet. In unserem Gleichnis fällt dem Schaf eine völlig passive Rolle zu: Es wird gefunden, auf die Schulter gehoben und nach Hause gebracht. Im Gleichnis vom verlorenen Sohn dagegen steht die aktive Rolle des Sünders im Vordergrund: Er macht sich selbst auf den Weg zurück zum Vater, der von ferne auf ihn wartet. Beide Aspekte gehören zusammen. Denn das Heimweh des verlorenen Sohnes ist bereits das Werk der göttlichen Gnade in seinem Herzen, durch das der Vater ihn zieht. Und umgekehrt gehört zur Heimholung des Schafes dessen Bereitschaft, sich finden und tragen zu lassen. Diese Bereitschaft impliziert den Verzicht auf eine Autonomie, die darauf beharrt, eigene Wege zu gehen. Gegenüber Gott gibt es legitimerweise keine eigenmächtige Selbstbestimmung, sondern nur vertrauensvolle Hingabe, so wie es das „Vater Unser" lehrt: *„Dein Wille geschehe, wie im Himmel so auf Erden."* Oder marianisch: *„Mir geschehe nach deinem Wort!"*

Der moderne Mensch will weder Schaf noch Sünder sein. Er will keinen Hirten haben, der ihm die Wege weist. Die einzige Autorität, die er anerkennt, ist entweder im Sinne der Aufklärung seine eigene Vernunft oder im Sinne der Postmoderne sein eigenes Begehren. Im ersten Fall glaubt er, von selbst den richtigen Weg zu kennen, im zweiten Fall fragt er erst gar nicht nach „richtig" und „falsch". Gemeinsam ist beiden Fällen die Verkennung der metaphysischen Situation des Menschen vor Gott: Wir brauchen Gott in jeder Hinsicht.

Im Gleichnis ist das verlorene Schaf die Ausnahme. Ihm stehen 99 Schafe gegenüber, die nicht verloren sind. Aber es ist klar, dass es diese Schafe nicht gibt. Alle Menschen bedürfen der Rettung. *„Es gibt keinen, der gerecht ist, auch nicht einen."* (Röm 3,12) Jesus *„ist gekommen, zu suchen und zu retten, was verloren ist"* (Lk 19,10). Das betrifft alle. Die Menschen unterscheiden sich bloß darin, ob sie erkennen, dass sie rettungsbedürftig sind. Die Trennlinie verläuft nicht zwischen den Verlorenen und den Gerechten, sondern zwischen den Verlorenen und jenen, die sich für gerecht halten. Für diese letztere Gruppe stehen im Evangelium die Pharisäer. Im Gleichnis vom betenden Pharisäer und Zöllner im Tempel werden sie beschrieben mit den Worten: *„Einigen, die von ihrer eigenen Gerechtigkeit überzeugt waren und die anderen verachteten, erzählte Jesus dieses Beispiel."* (Lk 18,9) Im Gleichnis vom verlorenen Sohn sehen wir als Alternative zum Bekenntnis der eigenen Erbarmungswürdigkeit die Anspruchshaltung des älteren Sohnes, der seinem Vater Vorwürfe macht.

Gottes Wohlwollen ist also bedingungslos. Aber der Erfolg dieses Wohlwollens ist es nicht, sondern an die Bedingung geknüpft, dass wir uns von der Gnade anrühren und bekehren lassen. Der verlorene Sohn muss sich auf den Heimweg machen, das verlorene Schaf muss seinen Widerstand aufgeben und sich tragen lassen. Ist dies nicht der Fall, gilt das Wort: *„Gott lässt seiner nicht spotten."* (Gal 6,7) Das ist das Richtige an Kants Warnung vor einer Übertreibung von Gottes Güte. Diese muss, so meint er, eingeschränkt werden „auf die Bedingung der Übereinstimmung der Menschen mit dem heiligen Gesetz". Gottes Güte darf die Heiligkeit des Sittengesetzes nicht außer

Kraft setzen. Das Sittengesetz ist nach Kant unverletzlich, seine Forderungen unnachlasslich. Gottes Güte besteht also nicht darin, das moralische Gesetz aufzuweichen und an seinen Forderungen Abstriche zu machen. Sie bietet keine Moralität zu verbilligten Preisen feil. Das sehen wir klar an dem erhabenen Heiligkeitsideal, das Jesus in der Bergpredigt verkündigt: Wir sollen vollkommen sein wie unser himmlischer Vater. Unsere Gerechtigkeit muss größer sein als die der Pharisäer. Und tatsächlich sehen wir im Schicksal vieler Menschen, wie die Barmherzigkeit Gottes gerade darin besteht, Sünder machtvoll in große Heilige zu verwandeln – denken wir nur an Maria Magdalena, Paulus oder Augustinus. Gottes Barmherzigkeit besteht nicht in einem Freibrief zur Sünde, sondern im Erweis seiner Gnade, die unsere Sünden vernichtet und uns ein neues Herz schenkt. Die Drohung, dass Gott seiner nicht spotten lässt, gilt nur für jene, die seiner Gnade widerstehen und so seine Barmherzigkeit zum Gespötte machen.

Kant legt Wert darauf, die Güte Gottes nicht so zu denken, dass sie seine Gerechtigkeit außer Kraft setzt. Er hält den Begriff eines „gütigen Richters" für einen Widerspruch. Ein Richter muss gerecht sein, nicht gütig. Hat er recht? Tatsächlich: Die richterliche Tätigkeit ist streng an die Maßstäbe der Gerechtigkeit gebunden. Nachsicht, die nicht etwa in mildernden Umständen auf Seiten des Angeklagten, sondern allein im Mitgefühl des Richters ihren Grund hätte, könnte nur auf Kosten der Gerechtigkeit praktiziert werden. Die Strenge der Gerechtigkeit korrespondiert mit der bereits erwähnten Unverletzlichkeit des moralischen Gesetzes, das gerechte Zuweisung von Lohn und Strafe verlangt. Im Evangelium finden wir sie ausgedrückt in der Rede vom Richter, der dich ins Gefängnis wirft: *„Amen, ich sage dir: du kommst von dort nicht heraus, bis du auch den letzten Heller bezahlt hast."* (Mt 5,26) Dementsprechend schreibt die hl. Katharina von Genua in ihrem „Traktat über das Fegfeuer": „Von der Abzahlung der Schuld wird jenen Seelen [im Fegfeuer] auch nicht die kleinste Kleinigkeit erlassen, da es so von der göttlichen Gerechtigkeit verfügt worden ist." Tatsächlich dürfen wir nicht erwarten, dass Gott beim persönlichen Gericht nochmals ein Auge zudrückt, es mit dem Richten nicht so genau nimmt und im Nachhinein die Bilanz unseres Lebens zu unseren Gunsten verfälscht. Die Zeit der Barmherzigkeit ist unser irdisches Leben. Bis zum letzten Atemzug steht Gottes Barmherzigkeit für uns bereit, um unsere Bilanz zu verbessern, wenn wir uns wie der verlorene Sohn reumütig zu ihr flüchten. Gott will unser Heil. Barmherzigkeit zu erweisen entspricht dem innersten Zug seines Herzens, während er die strafende Gerechtigkeit nur gezwungenermaßen walten lässt: gezwungen durch unsere Unbußfertigkeit.

Wir müssen Gottes Barmherzigkeit und Gerechtigkeit immer zusammendenken – aber nicht so, als ob sie sich gegenseitig begrenzten. Beide Eigenschaften sind unendlich. Sie wirken im Werk unserer Bekehrung und Heiligung zusammen, ohne sich gegenseitig zu stören. Es sind nämlich verschiedene Rollen, in denen sie jeweils zum Zuge kommen: Barmherzigkeit in Gottes Vaterrolle, Gerechtigkeit in seiner Richterrolle; jene die ganze Zeit unseres Lebens, diese im Augenblick des Gerichts. Jetzt ist Gott für uns Hirte und Vater, und zwar ganz und gar. Seine Vaterliebe ist grenzenlos. Sie wird nicht begrenzt durch Gerechtigkeitserwägungen, so wie im Augenblick des Gerichts die Gerechtigkeit nicht durch Weichherzigkeit begrenzt wird. Wer zeit seines Lebens Gottes Barmherzigkeit verachtet hat, darf nach seinem Tod nicht mehr mit ihr rechnen. Für den aber, der sich vor seinem Tod mit reuevollem Herzen der Barmherzigkeit anvertraut wie der rechte Schächer am Kreuz, ist Gott nur Liebe. „Und schließlich sah und begriff die Seele auf das Allergewisseste, dass er nichts als Liebe war", schreibt die hl. Angela von Foligno. Mit der Seele meint sie sich selbst, und mit „er" Gott, der seine Liebe durch die Menschwerdung und das Kreuz zeigte und zu ihr sprach: „Sieh zu, ob es in mir etwas anderes gibt als Liebe!"

Es liegt also an uns, wie sehr wir Gott als lautere Liebe erfahren. Es hängt davon ab, ob und inwieweit wir aus ganzem Herzen beten: *„Ich bin verirrt wie ein verlorenes Schaf. Suche deinen Knecht! Denn deine Gebote habe ich nicht vergessen."* (Ps 119,176) Das heutige Gleichnis lehrt uns, dass wir dann in unserem Guten Hirten nichts als Liebe finden werden, und zwar nicht nur die Liebe des Wohlwollens, sondern auch die des Wohlgefallens: Er wird sich an uns freuen – mehr als über 99 Gerechte.

P. Engelbert Recktenwald FSSP, Hannover

29. Juni 2025
Tag der Hl. Apostel Petrus und Paulus

Katholisch
Apostelgeschichte 12,1-11; Psalm 34,2-9; 2 Timotheus 4,8-8.17-18; Matthäus 16,13-19: Feuerköpfe im Dienst des Herrn

In unserer Gesellschaft wird heute viel von Diversität gesprochen. Menschen unterschiedlicher Sprachen, Rassen, Schichten und Gruppen in ihrem ganz eigenen Sein wahrzunehmen und ihnen einen entsprechenden Platz im großen Ganzen zu geben, jener Wirklichkeit, die wir im teleologischen Sinne als neue Welt des immerwährenden Friedens erhoffen, ist ein unerlässlicher Auftrag nicht nur für die Gesellschaft im Allgemeinen, sondern auch für die Christen in ihr. Denn wenn wir es genau betrachten und die Unterschiede zwischen schwarz und weiß, klein und groß, rechts und links einmal bei Seite lassen, wird deutlich, dass jeder einzelne Mensch sich nach Liebe sehnt und ein glückliches Leben führen möchte. Dieses Licht des Lebens, diese Flamme der Hoffnung in jedem Menschen wahrzunehmen, zu hüten und zu nähren kann das Miteinander grundsätzlich verändern. Dabei kommt es nicht darauf an, alle gleichzumachen, sondern allen mit demselben Mitgefühl, mit demselben offenen Herzen, mit derselben Liebe zu begegnen.

Genau aus diesem Grund stellt Jesus im heutigen Evangelium Petrus dreimal die Frage, ob er ihn liebt. Dabei geht es ihm nicht darum, Petrus traurig zu machen, indem er ihn an seinen Verrat erinnert. Er möchte ihm vielmehr einprägen, worauf es entscheidend ankommt. Ohne die Liebe ist, wie Paulus den Korinthern schreibt, alles nichts. Auch und vor allem wir selbst. Deshalb erhält unser Leben einen entscheidenden Mehrwert, wenn alles, was wir tun, vom ersten bewussten Atemzug am Morgen bis zur Reflexion des Tages am Abend von der Liebe durchdrungen ist. Wir können uns als Christen in vielem unterscheiden. Wir können alte oder neue Lieder singen, Gott in liturgischen Gewändern oder Alltagskleidern loben, konservativ oder progressiv sein. Eine wegweisende Wirkung entfalten wird alles, was wir in seinem Namen tun, aber nur durch die Liebe.

In den beiden großen Aposteln Petrus und Paulus, deren Hochfest wir heute feiern, sind uns zwei ganz und gar unterschiedliche Beispiele gegeben, wie man diese geistliche Grundhaltung verwirklichen kann. Verschiedenere Menschen als diese beiden Männer kann man sich schwerlich vorstellen. Der eine ist ein einfacher Fischer ohne schulische oder gar akademische Bildung, der andere ein exzellenter Theologe, der das jüdische Gesetz aus dem ff kannte und in jeder Debatte das letzte Wort haben konnte, wenn er wollte. Beide Männer berief Jesus auf unterschiedlichen Wegen in seine Nachfolge. Simon ging seinem Beruf nach, als Jesus am See Genezareth vorbeikam und zu ihm und seinem Bruder Andreas sagte: *„Kommt, folgt mir nach! Ich werde euch zu Menschenfischern machen."* Sofort ließen sie ihre Netze liegen und folgten ihm. Eine bemerkenswerte Reaktion. Denn wer von Ihnen würde wohl, wenn ein Fremder – und sei er noch so charismatisch – eines Tages an ihrem Arbeitsplatz vorbeikäme und Sie aufforderte, alles stehen und liegen zu lassen, genau so handeln wie Petrus und Andreas? Paulus hingegen ist mit Jesus schon eng verbunden, als er von ihm berufen wird. Allerdings ist es bis zu jener überwältigenden Lichterscheinung auf der Straße nach Damaskus ein negatives Band, durch das Saulus, der erst durch die überwältigende Erkenntnis der Wirklichkeit zum Paulus wird, an Jesus festgezurrt ist. Er agiert nicht frei, sondern ist getrieben von Hass, den er über dessen Jünger ergießt.

Die Berufungsgeschichten von Petrus und Paulus zeigen: die Begegnung mit Jesus Christus geschieht auf ganz unterschiedliche Weise. Man muss nicht schon jemand oder etwas sein, um ihm nachzufolgen. Es ist vielmehr so, dass die Verbundenheit mit ihm das je eigene Leben vollkommen prägt und wandelt. Zugleich machen die Evangelien und die Apostelgeschichte deutlich: Menschliche Schwächen bleiben dabei erhalten. Petrus ist temperamentvoll, will sich von Jesus nicht nur die Füße, sondern auch den Kopf waschen lassen und erhebt sein Schwert, um dem Diener des Hohepriesters das Ohr abzuhauen. Aber er ist auch feige. Das zeigt sich nicht nur und besonders drastisch, als er Jesus verleugnet, sondern auch später, als er in Antiochia zunächst die alten Speisegesetze hinter sich lässt, um gemeinsam mit den Heidenchristen Mahl zu halten, nur um sich dann wieder von ihnen zurückzuziehen, sondern auch kurz vor seinem Martyrium, vor dem er davonläuft und erst umkehrt, als er Jesus auf dem Weg begegnet.

Paulus ist ein begeisternder Briefeschreiber, aber seine Performance als Redner ist von geradezu peinlicher Schwäche. Und auch durch die Erkrankung, unter der er sehr leidet, ist er in seinem Verkündigungsdienst beeinträchtigt und lernt, dass ihm die Gnade Gottes als tragender Grund genügen muss.

Dass Paulus und Petrus so unterschiedliche Beispiele für Menschen sind, die sich in die Nachfolge Jesu begeben, ist wirklich eine gute Nachricht. Sie zeigt, dass, wie Hildegard von Bingen es einmal in einer Schau sieht, aus jedem Menschen ein leuchtender Kristall im Herzen Gottes werden kann. Diesen wunderbaren Wandlungsweg beginnen wir alle gleich: als schmutziger Klumpen Lehm. Am Ende des Weges sind wir alle von Grund auf gewandelt. Jeder ist auf seine Weise einzigartig schön. Denn er hat das, was in ihm steckt, so zum Leuchten gebracht, dass er in seiner Verschiedenheit gemeinsam mit allen anderen die vielen Farben des einen Lichtes ausstrahlen kann.

Die Schriftlesungen des heutigen Hochfestes gleichen wie so oft einer Landkarte, mit deren Hilfe jeder einzelne von uns einen zielführenden Weg ins Licht finden kann.

Am Vorabend zu diesem Hochfest erzählt uns die Lesung aus der Apostelgeschichte (3,1-10) davon, dass Petrus dem von Geburt an gelähmten Mann aus reinem und offenem Herzen genau das und damit alles schenkt, was er hat: Jesus Christus, und ihm so einen neuen, festen Stand im Leben gibt. Paulus verweist die Gemeinde in Galatien darauf, dass seine Verkündigung nicht eigene Weisheit, nicht Menschenwort, sondern vielmehr zum wahren Leben verlockender Lichtglanz aus der Höhe ist.

In der Messfeier am Tage erinnert die Lesung aus der Apostelgeschichte an das Geheimnis der Freiheit inmitten der Bedrängnisse der Zeit. Es ist ein lohnenswertes Wagnis, zu glauben, dass Gott nicht nur dem Petrus, sondern auch uns seine Engel sendet, um unsere Fesseln zu lösen und uns aus dem Gefängnis unserer Selbstbezogenheit in die Freiheit des ewigen Lichtes zu führen. Paulus zieht an diesem hochfestlichen Tag in seinem zweiten Brief an Timotheus Bilanz – eine starke Rückschau auf ein im Vertrauen auf Gott gelebtes Leben.

Dass seine Kraft in den Schwachen mächtig ist, davon spricht nicht nur das Evangelium vom Vorabend, in dem Jesus dreimal auf das eine notwendige, die Liebe, verweist, sondern auch die Beauftragung des Petrus als Fels der Kirche, der in all seiner Unzulänglichkeit zu einem Menschen herangereift ist, dem Jesus die Schlüssel des Himmelreiches in die immer wieder neu von Ihm gehaltenen Hände legt.

Das Hochfest der Apostel Petrus und Paulus kann uns lehren, tolerant zu sein, verschiedenen Menschen mit ihren Stärken und Schwächen Raum in der Kirche zu geben und dabei gemeinsam auf das lebendige, alles wandelnde Licht zu schauen.

Dr. Ludger Stühlmeyer, Hof

Ein Haus voll Glorie schauet

Text: Joseph Mohr, Hans W. Marx; Melodie: Joseph Mohr 1875; Satz: Ludger Stühlmeyer 2025

8
Got - tes Mei - ster - hand. Gott, wir lo - ben dich, Gott, wir prei - sen
Gott ver - spro - chen hat. Herr, wir rüh - men dich, wir be - ken - nen
sie in Frie - den sein. Herr, dich prei - sen wir, auf dich bau - en
hand. Gott, wir lo - ben dich, Gott, wir prei - sen dich. O
hat. Herr, wir rüh - men dich, wir be - ken - nen dich, denn
sein. Herr, dich prei - sen wir, auf dich bau - en wir; lass
13
dich. im Hau - se dein ge - bor - gen sein.
dich, uns be - stellt Zeu - gen in der Welt.
wir; die - sem Grund zu al - ler Stund.
lass im Hau - se dein uns all ge - bor - gen sein.
du hast uns be - stellt zu Zeu - gen in der Welt.
fest auf die - sem Grund uns stehn zu al - ler Stund.
2

Evangelisch
Jeremia 16,16-21: Gott ist Vater und Herr

Von Fischern und Jägern prophezeit hier Jeremia, deren Handwerk, oberflächlich betrachtet, das Einsammeln von verschiedenen Lebewesen ist. Und weil sie das mit Erfolg tun, wurde die Perikope dem Feiertag der Apostel Petrus und Paulus zugeordnet, wohl auch eingedenk der Tatsache, dass Jesus dem Petrus und seinem Bruder Andreas angekündigt hatte, er werde sie zu Menschenfischern machen. Viele Fischer und viele Jäger will Gott aussenden, damit sie die verstreuten Glieder seines geliebten Volkes in ihren Verstecken aufstöbern und fangen.

Das klingt schon weniger rücksichtsvoll als die Aktionen von Predigern und Hirten, die uns zwecks Sammlung der Gotteskinder vertraut sind. Und in der Tat kann man bei näherer Betrachtung der Praxis von Fischern und Jägern feststellen, dass sie äußerst brutal vorgehen und das Einfangen von Fischen und Tieren diese in der Regel ihr Leben kostet. Sollten einige nur verwundet sein, gibt's einen Todesstoß oder einen Fangschuss.

Unser Gott ist eben ein eifernder Gott, der nicht zulässt, dass die Seinen ihm entkommen, dass sie sich bei irgendwelchen Götzen oder falschen Lehren vor seinem Zugriff verstecken. Neben Propheten, Aposteln, Predigern und Hirten, die seine Friedensboten sind, welche die Schar der Gläubigen weiden und pflegen und gegebenenfalls von Irrwegen zurückholen, gibt es nach Gottes Willen auch die gnadenlosen Fischer und Jäger in Form von Katastrophen, Krankheiten, Unfällen und Verbrechen, die in seinem Auftrag Seelen einsammeln, die reif sind zur Ernte.

Geisterfüllten Menschen wurde schon in frühchristlicher Zeit offenbart, dass Gott durch die oben genannten Unglücksboten Menschen zu sich nimmt, wenn sie in ihrem Werdegang der Erlösung am nächsten sind. Uns scheint das ungerecht und willkürlich, wir jammern oder werden zornig über Gott, der nicht so handelt, wie es uns passt, aber seine Gedanken sind eben nicht unsere Gedanken, und unsere Rettung liegt allein in seiner Macht. In Jesus Christus hat Gott seine Liebe vom auserwählten Volk der Juden auf alle Völker und Nationen ausgeweitet, so dass heute kein Mensch mehr sich seinen Ansprüchen entziehen kann. Kirchenaustritt oder Abfall vom Glauben bewirken nicht Zuflucht auf neutrales Gebiet, denn Gott sieht auf alle Wege der Menschen und unsere Missetat bleibt vor seinen Augen nicht verborgen. Außerhalb Christi gibt es nur finstere Höhlen und trostlose Weiten, aus denen Gott mit Gewalt herbeiholen wird, die darin sich verbergen.

Es wird in der Christenheit nach wie vor viel von Barmherzigkeit und Vergebung geredet und das ist gut so, denn wir leben in der Zeit der Gnade, und das Heil soll nachhaltig allen angeboten werden. Mission und Hirtendienst sind besonders wichtig, weil die Zuwendung Gottes allen Menschen gilt und außer Jesus Christus kein anderer Weg zu ihm führt. Hirten, Evangelisten, Fischer und Jäger sind gleichzeitig am Werk in der Welt und jede Seele fällt dem anheim, dessen Stimme sie hört und dessen Sprache sie versteht.

Der aufgeklärte Mensch weiß, dass es seine Missetaten sind, die ihn dazu bewegen, gegen Gott zu rebellieren oder sich vor ihm zu verstecken. Für eine Begnadigung sei es sowieso zu spät, denkt er und macht weiter mit seinem Götzendienst und seinen Gräueltaten. Da kommt der aufgeklärte Prediger des Evangeliums und verkündigt die bedingungslose Liebe Gottes und seinen unabänderlichen Drang zur Vergebung und Annahme des Sünders. Ob das jemanden überzeugt? Die Statistik verneint es. Beide Parteien, Sünder und Prediger, urteilen zu kurzschlüssig, so als hätten sie die letzte Erkenntnis und das letzte Wort.

Dieses aber hat Gott und es lautet bei Jeremia sinngemäß: Auch die Götzendiener und Gräueltäter sind nicht außerhalb der Reichweite, sondern gehören weiterhin Gott und er wird sie suchen lassen und notfalls auch mit Gewalt zurückbringen. Doch bevor sie das Himmelreich betreten dürfen, gibt's eine doppelte Vergeltung für alle Sünden und Missetaten. Das nennt die Kirche Fegefeuer.

Angesichts dieser beängstigenden Steilvorlagen, die Gott für alle Risikofreudigen bereithält, kann man nur reumütig mit Jeremia ausrufen: *„Herr, du bist meine Stärke und Kraft und meine Zuflucht in der Not!"* – erbarme dich meiner! Wer den prophetischen Durchblick kriegt im heiligen Geist, der wird auch die Wahrheit der übrigen Aussagen in den Versen 19ff in der Aktualität bestätigt finden: *„Nur Lüge haben unsere Väter gehabt, nichtige Götter, die nicht helfen können."*

Die Generation Z hat diese Erkenntnis schon und auf ihrer Grundlage lehnen sie alles ab, was den Achtundsechzigern und den Babyboomern als glücksbringend und quasi heilig galt. Aber noch sind die jungen Leute Heiden auf der Suche, noch fehlt ihnen die Einsicht in die einzige Quelle des Heils, die der dreieinige Gott in seiner Offenbarung allen Menschen kundgetan hat. Noch wissen sie nicht, wo sie suchen sollen, denn die Zisternen des Heils, in denen die himmlischen Schätze schlummern, sind von Zeitgeistigem verschüttet und überwachsen.

Grübeln und graben müssen die Ungläubigen unserer Zeit mit der Frage: *„Wie kann ein Mensch sich Götter machen?"* und der Feststellung: *„Das sind doch keine Götter!"* Wie die Tagelöhner Spaten und Schaufel immer wieder schwingen, bis das Werk beendet ist, so werden auch die Kinder der Abtrünnigen schwere Bekehrungsarbeit zu leisten haben, bis sie zu Christus zurückfinden, den ihre Vorfahren leichtsinnig verlassen haben. Von der Kanzel herab verkündigte Gnade ist dafür kein Ersatz.

Wer Gott nicht zum Vater haben wollte, der muss ihn als Herrn erfahren, auch ohne oder gegen seinen Willen. Der Allmächtige, der Himmel und Erde geschaffen hat und in ihren Bahnen erhält, bleibt nämlich präsent, auch nachdem Jesus uns einen neuen Zugang zu ihm über die Vater–Kind–Schiene eröffnet hat. Die Arbeitsweise des Vaters an seinen Kindern ist Liebe und Barmherzigkeit, während er als Herr der Schöpfung Macht und Gewalt ausübt. Der Vater ist gnädig, der Herr ist gesetzmäßig. Jeder Mensch wird dem begegnen, den er zum Eingreifen aufruft. Amen.

Pfarrer Gerhard Wagner, Karlsburg/Alba Iulia (Rumänien)

6. Juli 2025

Katholisch: 14. Sonntag im Jahreskreis
Jesaja 66, 10-14c; Galater 6, 14-18; Lukas 10, 1-12.17-20: Glaubst du nur – oder evangelisierst Du schon?

Liebe Schwestern und Brüder,

Der Zisterzienserpater Karl Wallner aus dem Stift Heiligenkreuz in Österreich bietet Vorträge an. Einer davon trägt den Titel: *„Glaubst du nur – oder evangelisierst du schon?"* Eine – wie ich meine – sehr gelungene Unterscheidung dessen, was Glaube und Glaubensweitergabe betrifft.

Wir alle nehmen in unserem Umfeld wahr, dass immer noch Menschen sich dem christlichen Glauben verbunden fühlen, dass sie noch irgendwie an Gott glauben, und spüren doch zugleich sehr dramatisch, dass die Weitergabe des Glaubens an die nachwachsende Generation nicht gelingen will. Und wir müssen anerkennen, dass wir in unserer Generation vor einer neuen religiösen Wirklichkeit stehen, die auf keine prägende Tradition mehr bauen kann.

Der Glaube ist entscheidend; er ist Werk Gottes, nicht der Menschen, er ist sein Geschenk und seine Gabe. Glauben kann keiner fabrizieren oder herstellen. Aber Glaube, der auf die Offenbarung Gottes und die Predigt und die Wahrheit des Evangeliums baut, drängt zur Evangelisation. *Glaubst du nur – oder evangelisierst du schon?*, das kann eine provozierende Frage sein.

Unser verstorbener Papst Franziskus mahnte in seinem *Brief an das pilgernde Volk Gottes in Deutschland* (29.06.2019) eindringlich zur Evangelisation. Es geht nicht um neue Strukturen, nicht um Ordnung der Dinge, dass es irgendwie weitergehen kann, sondern darum, dass das Evangelium verkündet wird, dass wir zum Glauben kommen, dass Gott in der Mitte steht. *„Alles andere führt vielleicht zu einem modernisierten kirchlichen Organismus; er bliebe jedoch ohne Seele und ohne die Frische des Evangeliums. Wir würden lediglich ein gasförmiges, vages Christentum, aber ohne den notwendigen Biss des Evangeliums leben."*

Es geht in allererster Linie nicht um Posten und Positionen, nicht um Zölibat oder Frauenpriestertum, es geht zuallererst um die Evangelisation, um die Verkündigung der Frohen Botschaft des anbrechenden Reiches Gottes. Es geht um IHN, um Gott, und um meine Beziehung zu Ihm. Von solcher *Evangelisation* spricht das heutige Evangelium. Keine Rede davon, hinauszugehen, um schöne Worte zu predigen. Keine Rede davon, den Leuten zu sagen, wie sie zu leben haben. Aber auch keine Rede davon, dass Christsein einfach ist, dass es geschieht, sondern dass es Einsatz und Hingabe braucht. Papst Leo XIV. benennt das als „Missionierung", bereit zu sein, das Evangelium als Sendung zu verstehen.

Evangelisation heißt: Macht euch an die Arbeit und ruht euch nicht aus auf dem bisher Erreichten. Geht zu den Menschen und wünscht ihnen Frieden. Heilt die Kranken, denen ihr begegnet und holt sie zurück in die Gemeinschaft der Menschen;

kümmert euch um die Mutlosen, die Einsamen und an den Rand Gedrängten. Macht euch darauf gefasst, dass es kein Zuckerschlecken sein wird. Es sind keine weiteren Erklärungen nötig.

Aber es gilt die Verheißung Jesu: Seid gewiss, ich selbst werde bei euch sein. Und jeder Tag, den ihr für das Reich Gottes einsetzt, wird euer Leben reicher machen und euch den Frieden Gottes schenken.

In der Kirche brauchen wir Menschen mit dieser Begeisterung Jesu, die alles daran setzen, die Botschaft vom aufkeimenden Reich Gottes unter die Menschen zu bringen.

Wir brauchen Menschen, die sich nicht aufhalten bei schönen aber eher unwichtigen Dingen, wie damals auch die Jünger nicht ihre Zeit vertun sollten mit dem ausschweifenden Begrüßungszeremoniell der Orientalen, sie sollten direkt zum Kern der Sache vordringen und den Menschen sagen: das Reich Gottes ist angebrochen – mitten in deinem Leben.

Menschen lassen sich damals wie heute nicht gerne aufschrecken aus dem, was ihren Alltag prägt, nicht aus dem Einerlei ihres genügsamen Alltags, nicht aus dem Zeitvertreib ihres langweilig gewordenen Sonntags und schon gar nicht aus dem Glauben, den sie zu besitzen meinen.

Evangelisation ist Leben in der Nachfolge Jesu und ist Leben in Bewegung: heißt Aufbruch und Neuanfang, heißt suchen, wo der Same des Reiches Gottes zu keimen beginnt, wo Menschen sich annehmen, wo sie den anderen in den Mittelpunkt stellen und die an den Rand Gedrängten ins Zentrum holen. Das ist unsere Mission, dass wir für die Botschaft und für die Person Jesu innerlich brennen dürfen.

Diese Botschaft wird ärgerlich sein, weil sie mich immer und immer wieder hinterfragt, sie provoziert mich, weil ich nie dort stehen bleiben darf, wo ich augenblicklich angekommen bin, sondern bereit sein muss, die Wahrheit über Gott und den Menschen zu verkünden.

Jesus sagt es unmissverständlich: wenn euch die Menschen aber nicht hören wollen, dann lasst sie im Mief ihrer Selbstzufriedenheit und lasst sogar den Staub, der sich über sie gezogen hat, bei ihnen zurück. Das eine aber sagt ihnen dennoch: *das Reich Gottes ist angebrochen.*

Liebe Schwestern und Brüder, nicht die Macht über alles Dämonische und Teuflische in dieser Welt, nicht der Triumph über den großen Widersacher, auch nicht das Handeln in der Vollmacht Gottes ist für den einzelnen das Wichtigste, sondern dass sein Name eingezeichnet ist in den Händen Gottes, dass jeder einzelne gemeint ist, jeder ganz persönlich; und dass jeder berufen ist, das Leben in Fülle zu erlangen: hier und dort, jetzt und später, zeitlich und ewig.

Unser Wunsch darf es sein, dass Menschen erneut aufbrechen und verkünden, was es heißt: „das Reich Gottes ist angebrochen!“ Und dass diese Verkündigung unsere Mission ist, die auf unsere Bereitschaft zum Zeugnis wartet.

Das brauchen die Menschen in unserer Gemeinde und in der Kirche überhaupt. Nicht nur Glauben, den wir sonntags zu feiern bereit sind, sondern einen Glauben, der die Menschen zum Sinn ihres Lebens führt. Es geht um ein Glaubensleben im Aufbruch, einen Glauben, der andere ansteckt, einlädt und mitzieht. Glauben, der eine Mission ist: Menschen zu Christus zu führen, ihnen seine Heilsbotschaft zu erschließen.

Glaubst du nur – oder evangelisierst du schon? Amen.

Pfarrer Heinrich Schmidt, Kirchhundem

Evangelisch: 3. Sonntag nach Trinitatis
1. Timotheus 1,12-17: Nicht „Red Bull“ – der Glaube verleiht Flügel!

I.

Glaube steht heute in keinem guten Licht da. Glaube gilt einerseits als eine unsichere Sache. Die Menschen in unserer materialistischen Welt orientieren sich lieber an Dingen, die sie in die Hand nehmen können, die sie sichtbar vor Augen haben. „Glauben heißt nicht wissen“ – so heißt es im Volksmund. Sicher kennen Sie alle diesen Spruch. Und da ist auch was dran. In der Kirche und im Glauben geht es um unsichtbare Dinge. Das ist nicht wissenschaftlich beweisbar.

Für manche Menschen hat Glaube heute sogar etwas Bedrohliches an sich. Viele denken dabei an fundamentalistische Fanatiker, die als Selbstmordattentäter viele in den Tod reißen. Und selbst wenn wir nicht gleich an solche Extrembeispiele denken, dann ist es doch so, dass Glaube heute ein schlechtes Image hat. Da wird gleich an Doppelmoral oder Scheinheiligkeit gedacht, wenn von Glauben die Rede ist. Viele Menschen sehen den Glauben eher mit gemischten Gefühlen. Die Missbrauchsskandale haben das Ihre dazu beigetragen, um das Bild der Kirche Jesu Christi zu verdunkeln.

Unser heutiger Predigttext aus dem ersten Brief des Paulus an Timotheus stellt uns nun mit dem Apostel Paulus ein leuchtendes Beispiel des Glaubens vor Augen. Paulus ist uns allen als großer Apostel bekannt, als einer, der ein großartiges Bekehrungserlebnis hinter sich gebracht hat.

Paulus hat dann selbst unter großen Mühen und Gefahren missioniert. Er hat Gemeinden gegründet und sie aufgebaut. Er hat aber auch Verfolgung und Gewalt erlitten. Schließlich ist er in Rom als Märtyrer für seinen Glauben an Christus gestorben.

Paulus, der Autor dieses Briefes an Timotheus, ein leuchtendes Beispiel des Glaubens also? Ein Held? Ein makelloses Modell? Ein strahlendes Vorbild im Glauben? Einer, vor dessen Heiligkeit wir als Normalsterbliche und normale Christen und Gläubige heute verblassen müssen?

II.

Ein solches Bild von Paulus greift zu kurz. Das wird diesem Mann nicht gerecht. Das wäre eine Sicht des Paulus durch die rosa Brille. Der heutige Abschnitt seines eigenen Briefes an Timotheus stellt uns einen ganz anderen Paulus vor Augen. Den ganzen Paulus. Nicht den Ideal-Paulus, den wir vielleicht vor Augen haben.

Dieses Selbstbild, das Paulus hier in diesem Brief entwirft, ist ein sehr realistisches Bild. Zunächst dankt Paulus Gott dafür, dass Gott ihn erwählt hat und stark macht und in das Amt eingesetzt hat, obwohl er früher und vorher gerade kein idealer Christ war. So lesen wir da sehr klar und deutlich: *„Ich danke unserm Herrn Christus Jesus, der mich stark gemacht und für treu erachtet hat und in das Amt eingesetzt, mich, der ich früher ein Lästerer und ein Verfolger und ein Frevler war; aber mir ist Barmherzigkeit widerfahren, denn ich habe es unwissend getan, im Unglauben. Es ist aber desto reicher geworden die Gnade unseres Herrn samt dem Glauben und der Liebe, die in Christus Jesus ist."*

Paulus bezeichnet sich hier als Lästerer, Verfolger und Frevler. Das ist schon starker Tobak. Ganz erstaunlich, wie er sich hier selbst einschätzt. Da ist kein Triumph, keine Arroganz und Überheblichkeit. Sondern er, Paulus, der große Apostel, bezeichnet sich selbst als Lästerer, Verfolger und Frevler. Es ist klar, worauf er abzielt und anspielt: er hat vor seiner Bekehrung die Christen selbst massiv verfolgt und sie ins Gefängnis gebracht. In der Apostelgeschichte wird er in Kapitel 7 dargestellt, wie er Freude am Tod von Stephanus hat, des ersten christlichen Märtyrers überhaupt. Stephanus wird gesteinigt. Von Paulus heißt es da: *„Saulus aber hatte Gefallen an seinem Tode. (...) Er suchte die Gemeinde zu zerstören, ging von Haus zu Haus, schleppte Männer und Frauen fort und warf sie ins Gefängnis."* (Apg 8, 1.3)

Ausgerechnet dieser Paulus wird von Gott zur Mission berufen. Einer, der die Gemeinde verfolgt hat, Christen ins Gefängnis gebracht hat und sich am Tod des Stephanus erfreut hat. Eine kleine Entschuldigung immerhin bringt Paulus hier vor: er habe es unwissend getan, im Unglauben. Das ist natürlich, ganz menschlich, eine Ausrede. Und es ist gut, dass wir auch Paulus hier so menschlich sehen, als einen, der eine Ausrede sucht und braucht für sein falsches Verhalten. Aber er hätte ja die Christen trotzdem einfach in Ruhe lassen können. Aber nein: er war fanatisch und hat sie konsequent und gezielt verfolgt.

Und gerade er, dieser Paulus, wird zum Werkzeug Gottes berufen. Ja: Gottes Wege sind wirklich unerforschlich. Gott ist manchmal so herrlich inkonsequent mit uns schwachen Menschen. Und das ist für mich auch die Botschaft dieses Briefes und die Botschaft dieses ganzen Sonntages: wir brauchen keine perfekten Menschen zu sein, um zu Gott zu kommen, wir sind noch keine perfekten Menschen, wenn Gott uns sucht und findet. Denken wir nur an das Gleichnis vom verlorenen Schaf, das wir vorhin im Evangelium gehört haben. Der Hirte tut ALLES, um das verlorene Schaf wiederzufinden. Genauso tut auch Gott ALLES, um uns zu finden. Wir dürfen als Sünder, auch als gescheiterte Menschen, auch als zweifelnde Menschen, auch als trauernde Menschen zu Christus kommen, zum Gottesdienst kommen, zur Kirche und zum Pfarrer.

Unser Leben ist nicht immer nur ein Zuckerschlecken. Und Gottes Wege sind für uns oft nicht nur unerforschlich, sondern sogar unverständlich. Es geschehen Dinge, die wir nicht verstehen, ja die uns sogar wütend machen können auf Gott. Wenn etwa junge Menschen sterben. Das wühlt uns auf, das macht uns ratlos und sprachlos. In solchen Fällen werden wir von suchenden und fragenden Menschen zu zweifelnden und verzweifelnden Menschen, von hoffenden zu trauernden Menschen. Ein solches Leiden und Sterben bringt uns zunächst von Gott weg, nicht Gott näher. Und das ist eine natürliche menschliche Reaktion.

Paulus war am Anfang auch ein Zweifler, für ihn war Christus nicht der Sohn Gottes und der Herr des Lebens, sondern er lehnte ihn ab. Ja er bekämpfte diesen Jesus und seine Jünger, wir wissen das.

Aber das Schöne an Gott ist: Gott will uns so für sich gewinnen, wie wir sind. Er will, dass wir zu Ihm finden und dass Er uns findet – als Fragende, Suchende, Zweifelnde, Kritische, Zagende und Verzagte, Trauernde, ihm ferne oder sogar auf Ihn wütende Menschen. Gott will uns so finden, wie wir sind. Er nimmt uns so an, wie wir sind. Doch Er will uns dann auch wirklich verwandeln. Glaube hat immer mit Verwandlung zu tun, damit, dass der Heilige Geist in uns und an uns und durch uns wirkt. Wie Paulus dürfen auch wir zu Gott umkehren. Wie er dürfen auch wir vom Saulus zum Paulus werden.

So sehen wir also hier mehreres:

1. Glaube ist nicht nur etwas für starke Menschen und schon gar nicht für Fanatiker. Glaube heißt nicht, durch die Landschaft zu laufen und anderen von oben herab zuzurufen: *Ich habe Gott gefunden! Schaut her, wie toll ich bin und was für einen tollen Glauben ich habe!* Wenn wir so denken oder uns so verhalten, dann denken und handeln wir wie der Pharisäer, der zu Gott so betet: *„Ich danke dir, Gott, dass ich nicht bin wie die andern Leute, Räuber, Betrüger, Ehebrecher oder auch wie dieser Zöllner!"* Sondern wir sollen uns selbst kritisch sehen, so wie Paulus sich hier kritisch sieht, und sollen zu Gott beten wie der Zöllner: *„Gott, sei mir Sünder gnädig!"* (vgl. Lukas 18,9-14) Und wir sollen uns von Gott finden lassen.
2. Glaube ist etwas für jeden, der Sinn sucht für sein Leben, der den Sinn seines Lebens entdecken will. Jeder ist eingeladen, jeder ist willkommen. Jeder darf sich nähern. Das heißt „offene Kirche": offen sein für ALLE, nicht offen sein für *alles*. Das heißt, alle einzuladen, Gott und den Sinn des Lebens zu finden, alle, auch die Gehemmten, die Traurigen, die Unsicheren, die Zweifelnden. „Offene Kirche" heißt aber nicht, für ALLES offen zu sein: für jede Lebensform, auch wenn diese der Bibel klar widerspricht, oder sogar für die Sünde – das nicht. *Es geht um die Erlösung der Sünder, nicht um die Entschuldigung der Sünde.* Denn Glaube braucht ein starkes Fundament, wenn er tragen soll. Und Gottes Wille und Gebote sind klar. Die Zehn Gebote sind eine gute Zusammenfassung.

III.

Wie das genau gemeint ist, das beschreibt Paulus selbst hier sehr schön. Lassen wir ihn noch einmal direkt zu Wort kommen: *„Das ist gewisslich wahr und ein teuer wertes Wort: Christus Jesus ist in die Welt gekommen, die Sünder selig zu machen, unter denen ich der erste bin. Aber darum ist mir Barmherzigkeit widerfahren, dass Christus Jesus an mir als Erstem alle Geduld erweise, zum Vorbild denen, die an ihn glauben sollten zum ewigen Leben."*

Also: wir dürfen getrost unsere Schuld erkennen und auch zugeben, wie Paulus damals. Wir brauchen keine Ausreden, wir brauchen unsere Schuld auch nicht heimlich zu verstecken. Das löst im menschlichen Zusammenleben gewaltige Probleme aus, wenn Schuld nicht ausgesprochen, aufgearbeitet und vergeben wird, wenn sie also nicht *ent-schuldigt* wird. Um wie viel mehr gilt dies für unser Verhältnis zu Gott.

Gleichzeitig gilt dieses Trostwort: Christus ist in die Welt gekommen, die Sünder selig zu machen. So wie wir es vorhin gesungen haben. Den Sündern widerfährt so

Barmherzigkeit. Christus selbst sagt von sich: *„Die Starken bedürfen des Arztes nicht, sondern die Kranken. (…) Ich bin gekommen, die Sünder zu rufen und nicht die Gerechten.“* (Mt 9,12f.) Das sind für einen Gott ganz außergewöhnliche Aussagen, eine Umkehrung dessen, was wir von Gott erwarten: die absolute Zuwendung Gottes zu den Schwachen, Kranken, Trauernden, Zweifelnden, Fragenden, Suchenden und zu den Sündern. Das ist ganz und gar außerordentlich. Das ist unser Gott.

Auch im Wochenspruch hören wir das von Christus: *„Der Menschensohn ist gekommen, zu suchen und selig zu machen, was verloren ist.“* (Lk 19,10) Darum geht es, nicht um falsche Selbstsicherheit und Hochmut im Glauben.

IV.

Und wie ist nun die richtige menschliche Antwort darauf? Nicht das Selbstlob, die Überzeugung, wie toll man selbst ist, jener geistliche Hochmut: „Aber Gott, dem ewigen König, dem Unvergänglichen und Unsichtbaren, der allein Gott ist, sei Ehre und Preis in Ewigkeit! Amen.

Damit, liebe Gemeinde, ist alles gesagt. Da hat dieser 3. Sonntag nach Trinitatis seine ganz eigene starke Botschaft: Wir dürfen zu Gott kommen als Schwache und Kranke, Sünder oder Lästerer wie Paulus. Gott nimmt uns so an, wie wir sind, so wie er Paulus angenommen hat.

Gleichzeitig aber verwandelt uns der Glaube allmählich, wenn der Heilige Geist in uns wirkt. Unser Glaube macht uns zu neuen Menschen. Und dafür loben wir Gott. Das ist der Weg des Glaubens: Gott zu suchen und sich von Gott finden zu lassen, Gott wirken zu lassen und Gott zu loben. Das ist die richtige Haltung des Christen. So können wir selbst mit Paulus zu Christus kommen und vom Saulus zum Paulus werden. Darin ist er uns wirklich Vorbild. Er hat sich auf Christus eingelassen, bis zum Tod für Christus. Tun wir dies doch auch: Lassen wir uns auf Christus ein. Wir werden schnell spüren, welche Kraft das verleiht. Nicht „Red Bull“ – der Glaube verleiht Flügel! Es kommt nur darauf an, dass wir uns darauf einlassen. Amen.

Pfarrer Dr. Jürgen Henkel, Selb

13. Juli 2025

Katholisch: 15. Sonntag im Jahreskreis Deuteronomium 30,10-14; Kolosser 1,15-20; Lukas 10,25-37: Die Armen öffnen uns die Tür zum Himmel

Einleitende Überlegungen

Die uns vorliegende Fassung des Evangeliums Lk 10,25-37 ist als eine Einheit zu sehen, wobei sehr wahrscheinlich beides, die „Einleitung“ (10,25-30) und „Deutung“ (36-37), in der Form eines Zwiegesprächs zwischen Jesus und einem

Gesetzeslehrer später zum „Hauptteil" (10,30-35) hinzugefügt wurden. Die folgende Predigtgedanken werden sich vor allem auf den Hauptteil der gesamten Evangelienperikope (Lk 10,25-37) konzentrieren, in der das Gleichnis vom barmherzigen Samariter steht. Dieses gehört, genauso wie jenes vom „Pharisäer und Zöllner", zum Sondergut des Lukas. Das Gespräch Jesu mit dem Gesetzeslehrer ist als eine Art spirituelles Gespräch zwischen zwei jüdischen Rabbinern anzusehen. Im Zentrum der Begegnung, bei der Jesus eigentlich auf die Probe gestellt werden sollte, steht die Frage nach dem richtigen Handeln, welches das ewige Leben ermöglichen soll, wobei das jüdische Glaubensbekenntnis (vgl. Dtn 6,5) und das Gebot der Nächstenliebe (Lev 19,28) den Hintergrund bilden.

Der rechte Kultvollzug

Es gibt unzählige Kommentare und Auslegungen zu diesem Evangelium. Viele können zusammenfassend als Aufforderung zur „universalen Menschenliebe" oder als Beschreibung des „universalen Hilfsethos" erfasst werden. Andere heben die Barmherzigkeit des Samariters hervor. Wieder andere konzentrieren sich auf die gleichgültige Haltung der religiösen Leader, die in diesem Evangelium vorkommen. All dies verweist auf die Multidimensionalität des Textes. Generell handelt es sich um einen Ansporn zum guten Handeln. In diesem Kontext wird spezifisch der Aspekt des rechten Kultvollzugs aufgegriffen.

Der Hauptteil besteht aus einer Geschichte, die Jesus dem Gesetzeslehrer erzählt als Antwort auf dessen Frage: *„Wer ist mein Nächster?"* Darin begegnet man einem namenlosen Mann, der unterwegs von Jerusalem nach Jericho ist. Ferner erscheinen Räuber, die diesen Menschen überfallen und „halbtot" auf der Straße liegen lassen, dann ein Priester und ein Levit, die am hilfsbedürftigen Mann, ohne ihm zu helfen, vorbeigehen. Schließlich erscheint der Samariter, der das Leben des Hilfsbedürftigen rettet.

Zuerst ist auf den Rahmen dieses Gleichnisses hinzuweisen: Es ist ein Gespräch zwischen zwei jüdischen Rabbinern (vgl. Mt 26,15; Mk 9,5; 11,21). Es scheint, dass Jesus seinen Gesprächspartner offensichtlich provoziert und dadurch zum Nachdenken anregt.

Dies ergibt sich aus der Tatsache, dass Jesus von einem Gleichnis erzählt, das den Samariter als positive Gestalt, die dem Bedürftigen die Barmherzigkeit erweist, darstellt. Dagegen werden der jüdische Priester und der Levit als diejenigen beschrieben, die scheinbar auf den Kult konzentriert bleiben und auf die Situation des Hilfsbedürftigen nicht reagieren. Dabei waren Samariter von den Juden verachtet, denn sie galten als Mischvolk, das infolge der Besiedlung des Nordreiches durch Bevölkerung aus Babylonien und Syrien sowie aus deren Vermischung mit den nach den assyrischen Deportationen verbleibenden Juden ab dem 8. Jh. entstanden ist. Die Samariter galten nicht als das „wahre" Israel und im Laufe der Zeit entwickelten sie eigene religiöse Traditionen (beispielsweise verehrten sie Gott auf dem Berg Garizim und nicht in Jerusalem). Umgekehrt zeigten auch die Samariter auf unterschiedlichste Art und Weise den Juden ihre tiefe Abneigung und ihren Hass. In dem von Jesus erzählten Gleichnis wird also der Fokus auf die Vertreter zweier Gruppen, die eigentlich zu einem Volk gehören, aber in Feindschaft leben, gelegt. Beide Gruppen sind religiös, verehren Gott

Jahwe und erwarten den Messias (vgl. Joh 4). Des Weiteren ergibt sich die kultische Zentrierung des Gleichnisses auf den jüdischen Priester und den Leviten aus der Tatsache, dass Jericho als Priesterstadt galt und Vertreter der beiden Gruppen immer wieder diesen schwierigen Weg auf sich nahmen (eine Strecke von 27 Kilometern mit ca. 1000 Meter Höhenunterschied zwischen Jerusalem und Jericho), um ihren Dienst in der heiligen Stadt auszuüben.

Die vorliegende Evangelienperikope erzählt von deren Rückkehr nach Jericho, wahrscheinlich nach dem vollbrachten Dienst in Jerusalem. Ein möglicher Grund, warum der Priester und der Levit dem Hilfsbedürftigen nicht geholfen haben, könnte die penible Sorge der beiden um die für die kultischen Aufgaben erforderliche Reinheit (vgl. Lev 5,3; 21,1-6; Ez 44,25-27) gewesen sein. Durchaus wäre das eine für den jüdischen Schriftgelehrten nachvollziehbare Erklärung gewesen. Dann aber mag die Pointe dieser von Jesus erzählten Geschichte auf die Adressaten noch schockierender gewirkt haben, da der Samariter sorgfältig als der wahrhaft barmherzige und mit-leidende Mensch dargestellt wird. Was ergibt sich daraus für uns bzw. in welcher Verbindung steht diese Botschaft zu unserem Leben?

Zur Zeit Jesu war der ganze Kult des jüdischen Volkes auf den Tempel konzentriert und das auserwählte Volk im Rahmen einer vor allem von den Pharisäern sehr präzise organisierten Religion eingeschlossen. Es scheint, dass die Hauptbotschaft des Evangeliums in einer Kultkritik besteht, die an die alttestamentliche Kultkritik der Propheten anknüpft (vgl. Hos 6,6; Am 5,21-27) und auch an anderen Stellen in den Evangelien anzutreffen ist, wie z. B. bei der Streitfrage um die Einhaltung des Sabbatgebots, in der Jesus auf Widerspruch der Pharisäer stößt. Dieser Konflikt kommt in Mt 12,1-14; Mk 2,23-28 und Lk 6,1-5 zum Tragen. Ein weiterer Aspekt des Konflikts ist die Auseinandersetzung Jesu mit den Pharisäern bzgl. der Frage der Ehescheidung (vgl. Mt 19,6-8; Mk 10,1-12). Sowohl mit dem Gleichnis über den barmherzigen Samariter als auch bei den anderen Auseinandersetzungen mit den Pharisäern, Schriftgelehrten und Gesetzeslehrern ärgerte Jesus mit seiner Freiheit die Kreise des damaligen religiösen Establishments. Was Jesus aber mit seiner Haltung und Auslegung der Schrift erreichen wollte, war die Aufmerksamkeit auf die Verwirklichung der Verheißungen Gottes, die in seiner Person in die Erfüllung kamen, zu lenken.

Die Vollendung der religionskritischen Suche nach der Wahrheit, die sich in der Geschichte des erwählten Volkes Israel abgespielt hat, gipfelt in seiner Person. Jesus ermöglicht den Durchbruch der Torah, indem er sie lebbar macht. In seiner Person überbrückt er die Kluft zwischen dem Willen Gottes und dem faktischen Leben seines Volkes. Auf diese Weise leuchtet das Grundanliegen der Torah wieder auf: Es ist nicht mehr eine Sammlung von schweren Gesetzen, die als Kollateralschaden auch das Nachlassen der Hilfe für die bedürftigen Menschen entstehen lassen, sondern eine Erfahrung der Begegnung mit Gott, der seinem Volk in der Person Jesu ganz nahegekommen ist und ihm ständig seine Vergebung und Barmherzigkeit anbietet. Deswegen setzt Jesus sich mit dem versteiften Religionsverständnis – welchem der Tempel in Jerusalem ein Symbol war – in den Evangelien immer wieder auseinander.

Dabei soll auch die Spaltung innerhalb des Volkes Israel überwunden werden. Israel wird am Ende der Zeiten, bei der Ankunft des Messias (vgl. Joh 4,26), zu einem Volk gesammelt, an dem die Gottesherrschaft sichtbar werden soll. Sie wird vor allem durch die in ihm gelebte Nächstenliebe deutlich, die sich in der barmherzigen Fürsorge für die Leidenden ausdrückt (vgl. Jak 5,14-16). Auf diese Weise soll das, was innerhalb des von Gott erwählten Volkes gelebt wird, auch als möglich für alle Völker der Welt dargestellt werden. So scheint dieses Evangelium mehr zu sein als „nur" eine religiös gefärbte Aufforderung zum Handeln nach dem kategorischen Imperativ. Dieses „Mehr" trägt den Namen Jesu Christi, des menschgewordenen Gottes, der in sich alle Gesetze erfüllt, indem er Gott mit ganzem Herzen über den Tod hinaus liebt. Demnach ist in dieser Evangelienperikope der Samariter als Pseudonym Jesu anzusehen.

Gerade diese besondere Sensibilität der Christen für die Schwachen, Leidenden, Kranken, Migranten und Ausgebeuteten berührt auch das Herz der heutigen Menschen, die sich als säkular und religiös indifferent verstehen. Ein großer kanadischer Philosoph unserer Zeit, Charles Taylor (*1931), hat diesen Gedanken auf folgende Art formuliert:

> *Die Leute scheinen auf sichere Distanz zur Religion zu gehen, und dennoch rührt es sie zutiefst, zu wissen, dass es tiefgläubige Menschen wie Mutter Teresa gibt. [...] Es genüge, dass sich der Papst anhörte wie ein Christ, und schon schmolzen uralte Widerstände dahin. [...] Viele Menschen fanden die öffentlichen Predigten von Johannes Paul mit ihrer großen Themenvielfalt – Liebe, Weltfrieden, weltwirtschaftliche Gerechtigkeit – anregend. Man war begeistert darüber, dass diese Dinge angesprochen wurden.*[1]

Was Taylor über den hl. Johannes Paul II. (1978–2005) und die hl. Mutter Teresa (1910–1997) sagte, trifft auch auf andere Heilige zu. Die christliche Sensibilität, welche die Sichtweise des Weltgeschehens bedingt, spricht auch den modernen Menschen an. Dabei sind die Hilfsbedürftigen nicht mehr diejenigen, die den Menschen an der richtigen Ausübung des Kultes hindern. Ganz im Gegenteil, sie ermöglichen, ganz im Sinne der alttestamentlichen Kultkritik der Propheten (Jes 1,11-20; 29,13-14) einem jeden Menschen den rechten Weg zu Gott zu finden. Denn aus der echten Liebe zu Gott hat immer eine echte Liebe zu den Nächsten zu folgen. Wenn aber sich der Glaube in den alltäglichen Haltungen der Liebe und Barmherzigkeit zeigt, dann ist auch der Kult recht vollzogen. Der hl. Vinzenz von Paul (1582–1660) formulierte diesen jüdisch-christlichen Grundsatz auf die folgende Art: „Die Armen sind es, die uns die Tür zum Himmel öffnen."[2]

Subregens Paweł Milerski, Köln

Literaturhinweise

- Charles Taylor: *Ein säkulares Zeitalter.* Frankfurt a. M. 2009;
- Hans Urs von Balthasar: *Licht des Wortes. Skizzen zu allen Sonntagslesungen.* Einsiedeln [4]2012;

---

1 Charles, Taylor: *Ein säkulares Zeitalter.* Frankfurt a. M. 2009, 1204.

2 https://www.vinzentinerinnen-hildesheim.de/content/die-armen-sind-es (letzter Zugriff am 15.05.2025).

– Heinz Schürmann: *Die Evangelien (Sonderausgabe). Das Lukasevangelium. II. Teil: Kommentar zu Kapitel 9,51-11,54* (HThKNT). Freiburg i. Br. 1994, 125–150;
– Gerhard Lohfink: *Die vierzig Gleichnisse Jesu.* Freiburg i. Br. 2020, 151–155;
– https://www.vinzentinerinnen-hildesheim.de/content/die-armen-sind-es (Letzter Zugriff am 15.05.2025).

Evangelisch: 4. Sonntag nach Trinitatis
Lukas 6,36-42: Die zentrale Dienstvorschrift: „Seid barmherzig!"

Wer in einem Betrieb, in einer Dienststelle anfängt zu arbeiten, der muss sich zuallererst mit der „Zentralen Dienstvorschrift" vertraut machen; manche reden hier auch von einer Art Firmenphilosophie, einem Leitbild, dem man sich verpflichtet. Wir fragen heute nach dem Leitbild, der Dienstvorschrift für uns Christenleute. Und die ist eindeutig und lautet so: *„Seid barmherzig, wie auch euer Vater im Himmel barmherzig ist."*

I.

Auf einer der allerersten Ferien-Radfahrten, die ich als 14- oder 15-Jähriger allein durch Deutschland unternahm, geriet ich irgendwo auf eine Burg, und in dieser Burg gab es einen Raum voller Spiegel. Viele Möglichkeiten, andere und sich selbst darin zu betrachten – nur dass diese Spiegel alle ganz verschieden geformt und geschliffen waren, sodass die Spiegelbilder alle verzerrt wurden. Bald sah man sich selbst viel zu lang und dünn, mal viel zu breit, oder gebrochen, verbogen – eine lustige Sache, dieses Spiegelkabinett, das die Gesichter und Gestalten so unwirklich verzerrte.

Es hatte sich aber, so erzählt eine Legende, der Teufel, dessen ganzes Wesen und dessen einziges Tun es ist, die Wahrheit zu verzerren, zu verfälschen, umzubiegen, die Wahrheit über Gott, die Wahrheit über uns Menschen – es hatte sich also der Teufel einen Spiegel gemacht, an dem er seine teuflische Freude hatte. Dieser Spiegel zeigte alles Gute und Schöne und Wahre ganz klein und zusammengeschrumpft; was aber schlecht war, böse und hässlich und unwahr, das vergrößerte dieser Spiegel. Und überall hielt der Teufel nun diesen Spiegel hin, alle Länder, alle Menschen schaute er nur noch durch diesen Zerrspiegel an und freute sich der verkehrten Bilder des Bösen. Bis er eines Tages über das ekelhaft Böse, das er sah, so teuflisch lachen musste, dass ihm der Spiegel aus der Hand fiel und zerbrach – in tausend, nein, in Millionen und Milliarden kleinste Splitterchen. Und ein böser Sturm, ein Orkan, blies diese Splitter über die ganze Erde, und sie drangen, kleinsten Staubkörnchen gleich, in die Augen der Menschen. Die merken es meist gar nicht, und nun sind unsere Augen geworden wie jener teuflische Spiegel, dass wir alles Gute und Schöne und Wahre nur ganz klein sehen, das Böse und Unwahre und Gottlose aber ganz groß.

Ein Meisterwerk des Teufels! Und weil wir das Böse und Schlechte so überaus groß sehen und das Gute und Wahre, wenn überhaupt, nur als ganz klein und unbedeutend wahrnehmen, wird nun unser ganzes Leben und Denken, unser Reden und Tun von dieser verzerrten und verkehrten Sicht geprägt: Misstrauen und Neid, Freudlosigkeit und Friedlosigkeit, Pessimismus und Angst, vor allem aber ein starker Egoismus bestimmen weithin unser Leben. Und ebenso verzerrt sehen wir unsere Mitmenschen: riesengroß das Schwache und Böse in ihnen, das Liebenswerte und Gute dagegen so gering – achten wir doch einmal bewusst darauf! Es ist wirklich so, bis zum Dorfklatsch, den Zeitungen, dem Internet: Gutes, Hilfreiches ist wenig zu lesen und wenig zu hören.

II.

Da gibt es zum einen also diese teuflisch verkehrte und verzerrte Sicht – Gott aber in seiner Liebe und Barmherzigkeit will nicht, dass wir dabei bleiben. Und sein Beschluss, uns zu helfen, ist dieser: Ich will, sagt Gott, ich will Jesus, meinen Sohn, in diese Welt schicken. Der ist mein Ebenbild, der ist mein Spiegel. Der spiegelt meine Güte, meine Liebe, meine Gerechtigkeit, meine Wahrheit. ER, Jesus, spiegelt den Menschen, *uns* Menschen so, wie Gott uns gemeint hat.

Und so wurde Jesus ein Spiegel Gottes für die Menschen. Er zeigte das Gute in den Menschen; noch an Betrügern, Räubern, Ehebrechern, Kranken und Krüppeln und allen Unmoralischen und Gottlosen erkannte Jesus das Ebenbild Gottes; ein Herz hatte er für die Armen, Hungernden; er sah müde und verzweifelte Herzen, half denen, die auf verkehrtem Weg waren, tröstete die Traurigen und stärkte sie, die Angst vor dem Tod zu überwinden.

Das alles mit einem einzigen Wort gesagt: *Barmherzigkeit.* Oder auch: Liebe. Das ist es, was Gott uns zeigen will, und was wir erkennen können, wenn wir Jesus anschauen, das Ebenbild Gottes, seinen göttlichen Spiegel, den er uns vorhält, dass wir die Welt mit seinen Augen sehen. Und auch uns selbst.

Im Neuen Testament wird erzählt – und so ist es ja bis heute geblieben, dass es Menschen gab, die erkannten diesen Spiegel Gottes – *„meine Augen haben deinen Heiland gesehen"*, sagt Simeon in der Weihnachtsgeschichte – und Petrus sagt es im Namen aller Jünger: *„Wir haben geglaubt und erkannt, dass du bist Christus, der Sohn des lebendigen Gottes."* Und sie gewannen ihn lieb und folgten ihm und lernten von ihm ein neues Sehen – mit den Augen Gottes, mit den Augen der Liebe.

Andere aber ärgerten sich an Jesus und seiner Sichtweise, die Güte Gottes zu sehen und die Nächstenliebe; sie ärgerten sich so sehr, dass sie diesen Spiegel Gottes nahmen und zerbrachen: Jesus wurde gekreuzigt. Und das Abbild des Kreuzes ist auf jedem Altar einer christlichen Kirche.

Wieder aber erhob sich ein Sturm, ein guter Wind, so erzählt es die Pfingstgeschichte, und Gottes guter Geist blies gleichsam die Splitter *dieses* Spiegels über die ganze Welt hin; und wer auch nur ein Splitterchen und feinstes Körnchen dieses Spiegels ins Auge bekommt und in sein Herz, der lernt nun die Welt und Gott und die Menschen so sehen, wie Jesus sie gesehen hat: das Gute und das Schöne und das Wahre fällt ihnen zuerst auf, dass sie es sehen und sich daran freuen und es lieben.

Und aus dem guten *Sehen* folgt das gute *Tun*, das nun darauf bedacht ist, die Liebe und Barmherzigkeit Gottes zu stärken und zu mehren. Ich zweifle aber nicht daran, dass dieser gute Wind des Geistes Gottes bis in dieses Gotteshaus hinein jene Splitter des guten Spiegels Gottes hineinträgt, die nun uns lehren, die Welt und die Mitmenschen und uns selber mit Gottes Augen zu sehen.

„Seid barmherzig, wie auch euer Vater im Himmel barmherzig ist“, so steht es, im Fettdruck hervorgehoben, am Anfang des heutigen Sonntagsevangeliums und Predigttextes: *„seid barmherzig, wie euer Vater im Himmel barmherzig ist.“*

III.

Und dann nennt Jesus Beispiele. Drei in unserem Predigtabschnitt, und weitere in den anderen Versen: *„Richtet nicht lieblos über die anderen“*, sagt er, beteiligt euch nicht an jenen so beliebten Gesprächen, die über den Nächsten und seine Schwächen herziehen und hinter ihm her reden und tuscheln in moralischer Entrüstung. Lieblos ist das, sagt Jesus, und gefährlich dazu, denn: *„Was siehst du den Splitter des Bösen in deines Nächsten Auge, und siehst nicht den Balken in deinem eigenen Auge?! Du Heuchler! Ziehe zuerst den Balken aus deinem Auge, dann magst du dich um den Splitter im Auge deines Nächsten kümmern.“* Also: kehre doch erst mal vor deiner eigenen Haustür…!

Beispiel zwei für die Barmherzigkeit, die Jesus von seinen Jüngern erwartet: *„Vergebt einer dem andern.“* Tragt euch eure bösen Worte und Taten nicht ewig nach, Unrecht nicht und Beleidigungen nicht. Zieht einen Schlussstrich. Und wenn irgend möglich fangt neu miteinander an. Ihr wisst doch, dass ihr selber nur lebt, weil Gott euch täglich neu seine Liebe schenkt und eure Schuld nicht zurechnet, sondern sie durchstreicht und vergibt.

Das dritte Beispiel rührt an eine besonders empfindliche Stelle des Menschen: das liebe Geld, bei dem, wie man so sagt, ‚die Freundschaft aufhört‘. Und so oft auch die Frömmigkeit. Was geht Gott mein Geldbeutel an! Jesus aber sieht das ganz anders. Wer gibt, hat mehr vom Leben, sagt er. Gebt, so wird euch gegeben, reichlich, überreichlich, *„ein volles, gedrücktes, gerütteltes und überfließendes Maß wird Gott euch geben“* und sich nicht lumpen lassen. Liebe aber ist das einzige auf dieser Welt, was sich vermehrt, wenn wir es verschenken, hat einer gesagt.

IV.

Ich lese noch einmal, damit er sich in unser Gedächtnis und in unser Herz einprägt und dann auch in unserem Leben Konsequenzen zeigt – ich lese noch einmal den Predigttext, Worte Jesu Christi, des lebendigen Gottes, gesammelt und aufgeschrieben vom Evangelisten Lukas in der sogenannten „Feldrede“:

> *„Seid barmherzig, wie auch euer Vater barmherzig ist. Und richtet nicht, so werdet ihr auch nicht gerichtet. Verdammt nicht, so werdet ihr auch nicht verdammt. Vergebt, so wird euch vergeben. Gebt, so wird euch gegeben. Ein volles, gedrücktes, gerütteltes und überfließendes Maß wird Gott euch in den Schoß geben; denn eben mit dem Maß, mit dem ihr messt, wird Gott euch messen.*
> *Was siehst du aber den Splitter in deines Bruders Auge, und den Balken in deinem Auge nimmst du nicht wahr? Wie kannst du sagen zu deinem Bruder: Halt still, Bruder, ich will den Splitter aus deinem Auge ziehen, und du siehst selber nicht den Balken in deinem Auge? Du Heuchler, ziehe zuerst den Balken aus deinem Auge, und dann sieh zu, dass du den Splitter aus deines Bruders Auge ziehst!“*

Wer, liebe Gemeinde, in einem Betrieb, in einer Dienststelle anfängt zu arbeiten, der muss sich zuallererst mit der „Zentralen Dienstvorschrift" bekannt machen. Die zentrale Dienstvorschrift für Christen lautet: *„Seid barmherzig!"*, seht eure Mitmenschen an mit den Augen der Liebe. Und übt sie.

Es ist aber diese Zentrale Dienstvorschrift keine andere als die, an die sich auch der „Chef" hält, Gott selber: *„Seid barmherzig, wie auch euer Vater im Himmel barmherzig ist."* Amen.

Pastor Dietmar Neß, Groß-Särchen

20. Juli 2025

Katholisch: 16. Sonntag im Jahreskreis
Genesis 18,1-10a; Psalm 15, 2-5; Kolosser 1,24-28; Lukas 10,38-42: Wissen, was wir tun

Es ist eine Szene wie aus dem Bilderbuch: die hektische Hausfrau, die vor lauter Sorge um ihre Gäste so aus dem Häuschen geraten ist, dass sie genau jene, für die sie alles zu tun bereit war, anfährt, weil die Lasten, die sie sich selbst aufgeladen hat, zielsicher dafür gesorgt haben, dass sie aus dem Gleichgewicht geraten ist. Das Evangelium von Maria und Marta ist eine jener Szenen im Evangelium, die von dem feinen Humor und tiefen Blick zeugen, den die Evangelisten und Nachfolger Jesu in die menschliche Seele geworfen haben. Legt sie doch offen, worum es im Leben wirklich geht.

Wer sich in die Nachfolge Jesu begibt, muss die Prioritäten in seinem Leben neu setzen. Dabei kommt es darauf an, sein Tun und Lassen, vor allem aber die beiden zugrunde liegenden Motive genau unter die Lupe zu nehmen. Das Lukasevangelium tut dies mit großer Präzision. Jesus kommt in ein Dorf, in dem eine Frau ihn gastlich aufnimmt. Das Evangelium macht klar: Die Herrin des Hauses ist Martha. Ihre Schwester Maria und ihr Bruder Lazarus leben auch hier, aber sie haben deutlich weniger zu sagen. Martha lädt ein, Martha organisiert die Bewirtung und hält den Betrieb am Laufen. Aber die patente Bethanierin, die jener Gestalt aus dem Buch der Sprichwörter gleicht, von der es heißt: *„eine tüchtige Frau, wer wird sie finden, sie übertrifft alle Perlen an Wert"* (Spr 31,10), hat nicht nur ausgezeichnete organisatorische Fähigkeiten, sondern auch einen blinden Fleck. Und der betrifft einen Bereich, den sie bei all ihrem perfekten Organisationstalent nicht im Blick hat. Es sind ihre eigenen Bedürfnisse, die sie nicht wahrhaben will, von denen sie aber unbedingt möchte, dass sie von anderen gesehen werden. Eine toxische Mischung. Denn wer sich – scheinbar gänzlich selbstlos – für andere abarbeitet, ihnen dann aber mit ärgerlicher Miene am Ende die Rechnung für die lange Liste von Dienstleistungen präsentiert, taucht die zuvor verrichteten guten Taten in ein neues Licht. Sie waren ungeachtet der schönen Präsentation, des blitzblank geputzten Hauses, der gemütlichen Einrichtung, des leckeren Essens wohl doch kein Geschenk. Denn Martha sehnte sich nach Beachtung. Daran ist grundsätzlich nichts falsch. Aber es kann zur Falle werden, wenn sich der Wunsch, gesehen zu werden, mit einer passiv aggressiven Grundhaltung verbindet, dem zunehmend ärgerlich lauernden Blick, der ohne Worte sagt: „Sieht hier eigentlich niemand, wie ich mich abschufte?"

Die geistliche Fehlhaltung, die Martha entwickelt hat und die von nicht wenigen Menschen in mehr oder weniger ausgeprägter Form geteilt wird, hat auch damit zu tun, dass in der Geschichte des Christentums großer Wert auf selbstlosen, demütigen Dienst gelegt wurde. Zu Recht. Denn: „Wer sich selbst vergisst, der findet, wer verzeiht, dem wird verziehen und wer stirbt, erwacht zum ewigen Leben", wie es in der spirituellen Tradition des Franz von Assisi zusammengefasst wird. Wer auf diesem Weg aber vergisst, sich selbst zu lieben, wird nicht selbstlos, sondern durch die Auslassung des wichtigen Schritts der Selbstliebe letztlich selbstreferentiell und so oft zu einem Extremfall toxischer Selbstbezogenheit.

Die *Correctio*, die Jesus Martha auf ihre Beschwerde hin zuteilwerden lässt, besagt also nichts über den Wert ihrer Tätigkeit an sich. Ihr Ziel ist es vielmehr, offenzulegen, was der entscheidende Unterschied zwischen Maria und Martha ist. Und der besteht nicht darin, dass Martha hektisch herumläuft um alles zu erleiden, was sie zum Wohle ihres Gastes für notwendig hält, während Maria faul zu seinen Füßen herumsitzt. Der Unterschied zwischen Maria und Martha ist vielmehr, dass Marias ganze Aufmerksamkeit Jesus, dem Gast des Hauses, gilt. Darum sagt Jesus zu Martha: „Sie hat den besten Teil erwählt." Die neue Einheitsübersetzung, die vom guten Teil spricht ist hier, ebenso wie die alte Einheitsübersetzung, die vom besseren Teil sprach, ungenau. Denn es ist nicht nur der gute, sondern wirklich der beste, sogar der eine notwendige Teil, den Maria gewählt hat: Jesus ihre ganze Aufmerksamkeit zu schenken. Sie hätte dies – und das ist es, was Martha zu erkennen aufgegeben ist – auf verschiedene Weise tun können. Sie hätte im Blick auf ihn alles so richten können, dass es ihm gut geht. Wenn sie dabei aufmerksam für die Bedürfnisse aller – auch ihre eigenen – gewesen wäre, hätte Martha erkannt, dass Jesus nicht sonderlich ausgehungert aussah, dass angesichts seiner staubigen Sandalen etwas weniger Wischen und Putzen auch in Ordnung gewesen und die Zeit, sich zu ihrem Gast zu setzen und ihm zuzuhören, längst gekommen wäre.

Ein gutes Beispiel dafür, wie gute Gastfreundschaft funktioniert, haben wir in der Lesung aus dem Buch Genesis gehört. Abraham saß mitten in der Hitze des Tages am Eingang seines Zeltes, als auf einmal drei Männer vor ihm standen. Abraham hätte nun mehrere Möglichkeiten gehabt. Er hätte zum Beispiel abwarten können, ob die Männer ihn ansprechen oder weitergehen. Aber das tat er nicht. Er kommt ihnen vielmehr entgegen, bietet ihnen erfrischendes Wasser zu trinken und für ihre müden Füße an und fragt, ob er ihnen nicht etwas zu essen bereiten soll. Dann lässt er sie zur Ruhe kommen, während er selbst sich darum kümmert, alles zu organisieren, es den Gästen zu bringen und ihnen dann erneut Raum zu geben, damit sie sich stärken können. In diesem Raum, den Abraham durch sein achtsames Verhalten selbst geschaffen hat, hört er dann die Verheißung, dass seine Frau Sara im kommenden Jahr einen Sohn gebären wird.

Der Antwortpsalm verstärkt unser Bewusstsein für die geistlichen Grundhaltungen, die Abraham uns hier vorgelebt hat, indem er darauf verweist, dass derjenige in Gottes Zelt zu Gast sein und auf seinem heiligen Berg weilen darf, der das Rechte tut, von Herzen die Wahrheit sagt, mit seiner Zunge nicht verleumdet und seinem Nächsten nichts Böses tut.

Wie vielschichtig die Möglichkeiten für das Tun des Guten sind, eröffnet der Apostel Paulus der Gemeinde in Kolossä in seinem Brief. Was Paulus hier entfaltet ist eine geheimnisvolle, eine mystische Theologie der Kirche, eine, die zu Unrecht in Vergessenheit geraten ist und die wir heute neu entdecken können. Denn Paulus ruft uns in Erinnerung, dass alles mit allem verbunden ist, wenn er schreibt: *„Ich ergänze in meinem irdischen Leben, was an den Bedrängnissen Christi noch fehlt in seinem Leib, der die Kirche ist."* (Kol 1,24) Hildegard von Bingen sagt dasselbe mit den Worten: „Alles Geschaffene antwortet einander", und Benoit Mandelbrot führt in seiner Chaostheorie in dasselbe Geheimnis ein, wenn er ausführt, dass durch die untrennbare Verbundenheit alles Lebendigen im großen Netzwerk des Lebens der Flügelschlag eines Schmetterlings am einen Ende der Welt einen Tornado an deren anderen Ende auslösen kann.

Die Kirche ist ein über die Zeiten hinweg lebendiger Leib, zu dem die Heiligen aller Zeiten ebenso gehören wie diejenigen, die wie Sie alle heute darum bemüht sind, Christus nachzufolgen, der das Haupt des Leibes der Kirche ist. Darum betrifft alles, was jeder Einzelne von uns tut, alle anderen. Und darum ist es so wichtig, nicht nur das eigene Tun, sondern auch alle unserem Handeln zugrundeliegenden Motive genau zu prüfen und die guten zu behalten, damit von uns wie von Maria gesagt werden kann, dass wir den besten Teil gewählt haben.

Liedplan

Introitus	Jetzt ist die Zeit, jetzt ist die Stunde GL Ba 862, 5,6,8
Kyrie	161
Gloria	167
Antwortgesang	34
Hallelujaruf	483,3
Credo	177
Offertorium	422
Sanctus	190
Agnus Dei	139
Communio	Johann Sebastian Bach: Jesu bleibet meine Freude
Danksagung	428, 1,5
Schlusslied	521, 1,3

Dr. Barbara Stühlmeyer, Hof

Evangelisch: 5. Sonntag nach Trinitatis
Matthäus 9,35 – 10,1 und 10,5 – 16a: Träger, Teilhaber, Überwinder

A. Zu den Texten des Sonntags

Der 5. Sonntag nach Trinitatis fällt vielerorts bereits in die Urlaubszeit und wird daher wohl von einer überschaubaren Anzahl an Mitfeiernden und Predigthörern besucht sein. Dessen ungeachtet hat er für unsere Kirche und ihre Gemeindeglieder heutzutage eine ganz zentrale und wichtige Überschrift: *„Aus Gnade seid ihr selig geworden durch Glauben und das nicht aus euch: Gottes Gabe ist es!"* (Eph 2,8) So schreibt es Paulus, auch für uns, im Wochenspruch auf das Etikett des Sonntags.

Der Wochenpsalm (Ps 73) gehört ebenfalls in den Kanon zentraler Bibeltexte und eignet sich in der angegebenen Versauswahl (1-3. 8-10. 23-26) hervorragend als Eingangsgebet.

In diese Konzentration kirchlich hochrelevanter Texte reiht sich auch das Sonntagsevangelium (Lk 5,1-11) ein, in welchem Petrus, der Fischer, nach einem außergewöhnlichen Erlebnis mit Jesus den Auftrag bekam: *„...von nun an wirst du Menschen fangen"* – so wurde er zum herausragenden „Menschenfischer".

In dieser Riege steht unser Predigttext, was seine aktuelle Aussagekraft und Anwendbarkeit anbetrifft, den anderen um nichts nach; mehr noch: er ist mit der heutigen kirchlichen Situation aufs Trefflichste in Zusammenhang zu bringen und ist dadurch von besonderer Aktualität. Die Versauswahl (siehe oben), die ein wenig vom Vorschlag der liturgischen Kommission abweicht, wird in der folgenden Beschäftigung mit dem Text noch zu erklären sein.

B. Zum Predigttext

Die Feldrede oder Bergpredigt Jesu ist wohlbekannt und in ihren Kernaussagen auch vielen unserer Gemeindeglieder geläufig. Weniger bekannt ist jedoch, dass es mit der Aussendungsrede (Mt 9,35–11,1) einen zweiten, unbekannteren „Speech" gibt. Dieser betrifft, anders als die Bergpredigt, weniger die Ethik, sondern vielmehr den Dienst in der Gemeinde und den Auftrag für die gesandten Amtsträger. Die Parallele der beiden Reden wird schon dadurch hervorgehoben, dass sie mit den gleichen Eingangssätzen beginnen: Mt 9,35 ist mit Mt 4,23 identisch. Doch während im Vorspann der Bergpredigt Jesus derjenige ist, der die herzu strömenden Leidenden und Kranken heilt (4,24-25), wird in der Aussendungsrede diese Aufgabe nun den Jüngern übertragen.

Indessen setzt unser Text mit einer Anamnese ein: die Menschen, die herzukommen, sind am „Verschmachten", sie sind zerstreut wie eine hirtenlose Herde, sie sind in einem bedauernswerten Zustand. Die „Herde" ist seit jeher in Israel das Bild für das Volk. Der Hirt wäre dann der von Gott gesetzte König und Hüter. Der aber fehlt.

Oder doch nicht? Jesus ist da! Und es jammert ihn; er kann, wie ein guter Hirte, die Not nicht sehen, ohne dass es ihm das Herz anrührt. Von da aus, also vom Erbarmen Jesu her, wird die Aussendung der Jünger begründet. Gerade die Not (welch ein Gedanke!) ist ein Zeichen dafür, dass Gottes Ernte nun beginnt. „Ernte" ist wohl das Symbolwort für das kommende Gericht, bei dem die Spreu vom Weizen getrennt werden wird (siehe dazu auch Mt 3,12). Dennoch würde man erwarten, dass im Zustande der Verwahrlosung der Gemeinde, das Bild des „Sämanns", der den Samen des Wortes aussät, das treffendere wäre. Doch das Ernte-Bild ist wohl so zu verstehen, dass die Aussendung der Jünger und das Verkünden des Wortes die Ernte-Entscheidung des Gerichtes entscheidend beeinflusst.

Ist die Verwendung des Bildes von der Ernte schon auffällig und dazu angetan sich damit auseinanderzusetzen, so ist die sich daraus ergebende Konsequenz nicht minder aussagekräftig: Die Arbeiter werden in diesen Ernteprozess nicht einfach per Befehl geschickt, sondern sie werden zunächst angehalten, dafür zu beten und zu bitten. Die Erntearbeiter, die ja predigen sollen, sollen nicht in einen Aktionismus verfallen. Sie werden nicht aufgefordert, Maßnahmen zu ergreifen, sondern sie werden angemahnt zu erkennen, dass Gott in all dem, was in der Krisensituation zu geschehen hat, der allein Handelnde bleibt: er entsendet und handelt.

Als Gesandte Jesu werden die beauftragten Jünger in einem weiteren Schritt dazu ermächtigt, unreine Geister auszutreiben und Kranke zu heilen. Heilungen sind Kennzeichen der kommenden Herrschaft des Himmels, die ganz nahe ist. Dennoch sind Heilungen und Geisteraustreibungen nur Indizien für das kommende Reich des Friedens. Und auch die äußeren Anweisungen zu Askese, Besitzlosigkeit und Sanftmut (kein Stock!), sind nur Anzeichen für das kommende Friedensreich. Zentral aber bleibt der anzubrechende Friede selbst. Gerade deshalb, weil in den Versen 11 bis 16a, dieses für uns doch sehr aktuelle Thema des Friedens noch detailliert behandelt wird, ist es wichtig, diesen Abschnitt mitzudenken und mitzupredigen.

Für diejenigen, zu denen die Jünger kommen, naht sich der Friede Gottes; daher: wehe dem, der sich diesem Frieden entzieht! Im Worte der Jünger kommt, allein durch ihren Gruß, zu dem, der ihnen aufgeschlossen begegnet, der Friede. In unserer Lutherbibel ist das semitische Original des Grußes einfach mit „grüßen" übersetzt, aber es wird sofort deutlich, dass der Gruß *„Friede sei mit euch"* lautet (V. 13). Wo der Friedensgruß ausgesprochen wird, da kehrt der Friede tatsächlich ein. Vom Frieden sprechen heißt Frieden bringen – so hat man schon im damaligen Judentum die Bedeutung des Friedensgrußes empfunden. Jetzt, da in Jesus der ewige Friede Gottes erscheint, spricht das Frieden wünschende Wort diesen ewigen Frieden denen machtvoll zu, die es wert sind. Es sind die Armen, es sind die, die nach Frieden hungert und dürstet. Dort, in den Seligpreisungen, werden die Friedensstifter ausdrücklich genannt (5,9). Die Herrschaft Gottes, auf die alles zielt, ist das ewige Friedensreich! Der König heißt Friedefürst (Jes 9,5)! Eine biblische Gedankenreihe, die im damaligen Judentum (noch) nicht vergessen war!

Allerdings ist noch ein meines Erachtens ebenso wichtiger Gedanke wie jener vom Frieden unbedingt anzufügen. Es ist die Botschaft des Verses 10,5 mit der Aufforderung, nicht zu den Heiden und den Samaritern, sondern zu den „eigenen" Verlorenen zu gehen. Es sieht so aus, als ob Jesus hier die „Heidenmission" ausdrücklich verbieten würde. Und das klingt ein wenig befremdlich, hatte er doch bei anderen Gelegenheiten gerade den Glauben der Samariter und der „Heiden" als Vorbilder hingestellt. Was man aus diesem Ausspruch Jesu Mt 10,5 jedoch herauslesen kann ist die Aufforderung, sich in einer Situation des zerrütteten inneren Zustandes des eigenen Volkes gerade der „inneren Mission" verstärkt zuzuwenden.

Es ist die ähnliche Erkenntnis, die auch Johann Hinrich Wichern geschenkt worden war, als er, auch angesichts eines durch die Industrialisierung im 19. Jahrhundert hoffnungslos schwach gewordenen Kirchentums und eines kraftlosen, verwahrlosten Christentums in den Schichten der Armen, zur „inneren Mission" aufrief. Die Kirchen zu allen Zeiten sind gerufen sich den Nahen, ja den Nächsten zuzuwenden. Der Ausdruck *„verlorene Schafe des Hauses Israel"* (vgl. auch Mt 15,24), stammt aus der alttestamentlichen Weisung (Hes 34), die den von Gott gesandten Hirten gebietet, gerade das Verlorene, Verirrte und von den bösen Hirten Vernachlässigte im eigenen Volke zurechtzubringen und zu heilen.

C. Zur Predigt

Die Predigt wird versuchen, das aus der Textanalyse Erkannte mit der heutigen kirchlichen Situation so in Verbindung zu bringen, dass die Hörer merken: Es geht um uns! Die biblische Situation ist der unseren vergleichbar. Auch wir sind, wie weiland die Jünger, Ausgesandte. Auch uns tröstet die Botschaft unseres Predigtwortes in unserer kirchlich-sozialen Lage. Die aktualisierenden Beispiele aus der Gegenwart liegen auf der Hand, bzw. kennen Prediger und Predigerin aus dem Umfeld der Gemeinde.

Ähnlich wie unser Predigttext, könnte man einleitend auch von einer Anamnese ausgehen und die kirchlich-christliche Verlorenheit unserer Zeit schildern. Allerdings nicht anklagend, sondern mit der Haltung Jesu, den „es jammerte". Daran würden sich drei Hauptgedanken anschließen. Auch wir sind wie die von Jesus ausgesandten Jünger:

a. **Träger seines Wortes**
b. **Teilhaber seiner heilenden Wunder**
c. **Überbringer seines Friedens.**

Ad a): Auch wir sind Träger des Wortes Jesu, mitten in einem Umfeld, das diesem Wort verständnislos oder gar (wie manche Hausväter im Predigttext) feindselig gegenüber steht. Auch wir haben die Aufgabe, die Botschaft Jesu den „verlorenen Schafen" in unserer unmittelbaren Umgebung zu verkünden und so zu einer Re-Christianisierung der „Verlorenen" beizutragen.

Ad b): Wie die ausgesandten Apostel sind auch wir gerufen, das, was in unserer Zeit krankt oder krankmachend ist, zu benennen und dadurch zu Heil und Heilung beizutragen, seien das sozial-politische Zustände oder seelsorgerlich relevante Einzelschicksale. Besorgnis, Unbehagen und Angst vor der Zukunft sind allgegenwärtig. Dort wo es gelingt zu Heil und Heilung beizutragen, dürfen wir das als Wunder Gottes wahrnehmen.

Ad c): Auch wir sind, wie die von Jesus ausgesandten Jünger, dazu beauftragt, vom Frieden zu sprechen und dadurch Frieden zu verursachen. Frieden ist möglich, davon zu reden ist gerade heutzutage wichtig. Jesus preist die Friedensstifter selig. Auch wir tragen durch unseren Auftrag in der Welt dazu bei, dem Friedensreich Gottes Vorschub zu leisten.

D. Zu den Liedern

Beide vorgeschlagenen Lieder eignen sich wunderbar und passen thematisch sehr gut zur Predigt. Sowohl das Missionslied *„Wach auf du Geist der ersten Zeugen"* (EG 241) von Karl Heinrich Bogatzky, mit seiner so schönen letzten Strophe, die Albert Knapp dazu gedichtet hat, als auch das neuere, modernere, aus den Niederlanden kommende *„Jesus der zu den Fischern rief“* (EG 313), könnten als Lieder vor und nach der Predigt eingesetzt werden.

Pfarrer i. R. Dr. Thomas Pitters, Alberndorf i. R. (Österreich)

27. Juli 2025

Katholisch: 17. Sonntag im Jahreskreis
Genesis 18,20-32; Kolosser 2,12-14; Lukas 11,1-13: Wozu beten?

Heute hören wir in den Lesungen von Abraham, der für Sodom bittet, von der Taufe, die uns mit Christus verbindet, und von Jesus, der uns das Vaterunser lehrt. Es geht ums Gebet. Aber was ist Gebet eigentlich? Was bewirkt es? Der heilige Johannes Chrysostomus betont: „Das Gebet ist eine starke Mauer der Kirche, eine gute Waffe gegen den Feind. Es treibt Dämonen aus, bringt Engel herbei und ist das Unterpfand zukünftiger Güter.“ Aber wozu sollen wir überhaupt beten, wenn doch Gott schon alles weiß? Hat Gott nicht von vorne herein gewusst, dass es nicht genug Gerechte in Sodom gab? Hat er nur mit Abraham gespielt?

Der heilige Thomas von Aquin gibt eine tiefe Antwort. Er sagt, Gott kennt nicht nur das Ziel, sondern auch die Wege dorthin. Wenn Er etwas schenken will, dann will Er vielleicht auch, dass wir es uns erflehen. Das heißt: Gott will unser Gebet nicht, obwohl Er alles kann, sondern gerade weil Er alles kann. Er hat es von Ewigkeit her so geordnet. Wir beten also nicht, um Gottes Willen zu ändern, sondern damit sich sein ewiger Wille in unserer konkreten Geschichte verwirklicht. Oder mit den Worten des Thomas: *„Non oramus ut voluntatem divinam flectamus, sed ut id impetremus quod Deus disposuit per orationes impleri“* – Wir beten nicht, um Gottes Willen zu verändern, sondern um das zu erlangen, was Gott durch unser Gebet schenken will.

Der heilige Augustinus wiederum stellt fest: „Gott verlangt nicht nach unserer Belehrung durch das Gebet, sondern danach, dass unser Glaube, unsere Hoffnung und unsere Liebe durch das Gebet wachsen.“ Er sieht also die Wirkung des Gebets nicht nur im Empfang eines bestimmten Guts, sondern vor allem in der Verwandlung des Beters selbst. Auch der heilige Gregor von Nyssa betont, dass der Mensch durch das Gebet zur Gottesebenbildlichkeit zurückgeführt wird. Wir beten nicht nur um etwas, sondern um selbst mehr zu werden, wie wir im Ursprung gedacht sind.

An dieser Stelle sollten wir noch mit einem weiteren Missverständnis ausräumen. Nach einem schrecklichen Anschlag im letzten Jahr las ich einen Kommentar: „Es bringt nichts mehr, für die Opfer zu beten. Wir müssen für die Familien beten.“ Dem ersten Teil dieser Aussage möchte ich entschieden widersprechen. Erstens natürlich, weil wir als Katholiken daran glauben, dass wir den Seelen im Fegefeuer mit unseren Gebeten helfen können. Aber nicht nur deswegen. Wir sollen auch für jemanden beten, der nach unserem menschlichen Ermessen vielleicht nicht gerettet ist. Und zwar nicht nur, weil unsere Einschätzung natürlich falsch sein kann, sondern aus einem Verständnis, das allen Christen gemeinsam sein dürfte: Gott steht außerhalb der Zeit.

Wir sind in der Zeit. Für uns vergeht ein Tag nach dem anderen. Gott aber hat die Zeit erschaffen. Er steht über und außerhalb der Zeit. Er lebt in der Ewigkeit. Und Ewigkeit ist kein unendlicher Zeitraum, sondern ein „Jetzt", das alles umfasst. Stellen wir uns das so vor: Wir gehen im Zoo von einem Gehege zum nächsten. Gott aber schaut von oben auf den Zoo und sieht alle Gehege gleichzeitig. Und Er sieht sogar uns an jedem Punkt gleichzeitig. Er sieht, wie ich mich dem Lama nähere, noch bevor ich dort bin. Nicht weil Er mich zwingt, das Lama zu streicheln, sondern weil Er mein ganzes Leben gleichzeitig sieht. Unsere Freiheit bleibt erhalten, aber sie ist Ihm bereits gegenwärtig.

Was bedeutet das für unser Gebet? Zuerst einmal erklärt es, warum das Kreuzesopfer Christi auch heute für uns wirksam ist. Jesus hat am Kreuz nicht nur die Sünden seiner Zeit gesehen, sondern auch meine, deine, unsere heutigen Verfehlungen. Und Er hat sie getragen. Und nun der entscheidende Gedanke: Der Moment des Todes ist für das ewige Schicksal des Menschen entscheidend. Da aber Gott außerhalb der Zeit steht, können unsere Gebete heute auch in diesen Moment hineinwirken. Auch wenn der Mensch schon vor Jahrzehnten oder Jahrhunderten gestorben ist. Denn Gott wusste schon damals – oder besser: Er sieht in seinem ewigen Jetzt – dass wir heute für diesen Menschen beten. Und Er kann dieses Gebet in den Sterbemoment einfließen lassen. Wir verändern damit nicht die Geschichte. Die Tatsache, dass jemand vor seinem Tod nicht gebeichtet hat, wird sich nicht nachträglich ändern. Aber wir wissen nicht, was sich im Innersten dieses Menschen abgespielt hat. Und wir wissen, dass Gott unser Gebet von heute in diesem Moment gegenwärtig ist. Deshalb sollen wir niemals aufhören zu beten, auch für Verstorbene, bei denen wir meinen, es sei zu spät.

Und dieser Gedanke hat noch eine weitere, tröstliche Konsequenz. Jesus hat in Gethsemane unsere Sünden gesehen. Aber Er hat auch unser heutiges Gebet gesehen. Er hat unseren guten Willen gesehen. Wenn ich heute über seinen Kreuzweg nachdenke, kann das für Ihn damals ein Trost gewesen sein. Wenn ich heute mit Liebe zur Krippe blicke, dann wärmt meine Liebe von heute das Kind von damals. Nicht weil ich die Geschichte verändere, sondern weil Gott jenseits dieser Geschichte steht.

Jesus selbst hat nicht einfach nur über das Gebet gesprochen, sondern Seine Jünger ein konkretes Gebet gelehrt. Das ist kein Zufall. Natürlich dürfen wir auch „mit eigenen Worten" beten – das spontane, persönliche Gebet ist wichtig und echt. Aber dass der Herr uns ein vorgeformtes Gebet anvertraut hat, zeigt: Das Wort Gottes weist uns den Weg, auch im Beten. Wir beten nicht beliebig, sondern im Einklang mit dem, was Christus uns selbst vorgebetet hat. Denn – wie es in der alten kirchlichen Regel heißt – *lex orandi, lex credendi*: Die Weise, wie wir beten, ist Ausdruck unseres Glaubens. Wenn wir beten, wie Christus uns lehrt, glauben wir auch, wie Christus uns offenbart. Gerade in der Liturgie nimmt die Kirche uns in dieses Glaubensgebet hinein. Der Katechismus sagt dazu: „Das Vaterunser ist das Grundgebet der Kirche. Es ist in der Liturgie gegenwärtig – und durch die Liturgie wird es uns beständig neu geschenkt." (KKK 2767)

Wenn wir nun das „Vater unser" beten, bitten wir auch: „Unser tägliches Brot gib uns heute." Im Griechischen steht hier ein besonderes Wort: „epiousion". Dieses Wort kommt nur hier vor und ist schwer zu übersetzen. Es setzt sich zusammen aus „epi" (darüber) und „ousia" (Substanz, Wesen). Das Brot, um das wir bitten, ist also mehr als täglich: es ist übersubstantiell. Es ist das Brot, das vom Himmel kommt: die Eucharistie. Viele sagen, das Wort „Transsubstantiation" sei eine spätmittelalterliche Erfindung. Aber das Konzept steckt schon im Vaterunser. Wir bitten um das übernatürliche Brot, den Leib Christi. Und auch das ist ein Geschenk, das Gott geben will – aber Er will, dass wir es erbitten.

Heute ruft uns Jesus zurück zum Gebet. Beharrlich wie Abraham dürfen wir bitten, mit Vertrauen, wie Jesus es lehrt. Und mit dem Wissen: unser Gebet wirkt. Es wirkt nicht, weil es Gott ändert, sondern weil Gott es will. Weil Er es in seine ewige Ordnung aufgenommen hat. Weil Er uns mit hineinnehmen will in seinen Plan der Liebe.

Dr. Agnes Fromme, Hof

Evangelisch: 6. Sonntag nach Trinitatis
1. Petrus 2, 1-10: Gott kennt Seine Pappenheimer – und liebt sie…

Hinweis: Der Predigttext wird erst in der Predigt verlesen!

Liebe Gemeinde, liebe Schwestern und Brüder!

I.

Wir sind ein bunter Haufen, die wir alle hier sitzen: Eltern und Kinder, jung, alt – und manchmal noch etwas älter…; Männer und Frauen; Berufstätige und nicht Berufstätige; Arbeiter, Angestellte und Unternehmer, Schüler und Rentner; Gemeindeglieder, die im Kirchenchor mitsingen, solche, die sich im Kirchenvorstand engagieren; Mitglieder von Vereinen, die sich für die Ortsgemeinschaft engagieren; Menschen, die im eigenen Haus leben und Menschen, die zur Miete wohnen; Menschen, denen es finanziell besser geht wie auch Menschen, die jeden Cent mehrfach umdrehen müssen, bevor sie ihn ausgeben.

So sind wir heute hier zusammengekommen und sitzen hier als ein buntes Völkchen: als das Volk Gottes. Eines freilich eint uns: der Glaube an Jesus Christus. Darum sind wir hier. Wir sind heute auch nicht als Deutsche, Bayern oder Tschechen oder sogar Preußen hier versammelt (*diese Beispiele sind natürlich nach Region individuell variierbar*), sondern als das Volk Gottes.

Vor über 35 Jahren – 1989 – wurde zwischen Plauen und Greifswald und von Rostock bis Görlitz auf den Straßen gerufen: „Wir sind das Volk!" Nun – auch wir als Volk Gottes sind ein solches Volk. Wir könnten das mit voller Berechtigung ergänzen und aus „Wir sind das Volk!" „Wir sind *Gottes* Volk!" machen und rufen. Und bei diesem Volk spielt die Nation keine Rolle mehr: Wir sind Christen über die Geschlechter und alle Generationen, Schichten und Nationen hinweg. Wir sind das Volk Gottes, weil wir auf den Namen Jesu Christi getauft sind. Davon haben wir heute in der Lesung des Evangeliums und auch der Epistel vorher gehört. Unsere Taufe macht uns zu Christen und damit gehören wir zum Volk Gottes.

Nun sind wir freilich eine Gemeinde, in der der Glaube unterschiedlich stark verwurzelt ist und unterschiedlich intensiv gelebt wird. Manchmal haben wir einen guten Gottesdienstbesuch. An anderen Sonntagen und sogar Feiertagen ist das oft ganz anders. Da geht es immer wieder einmal nach dem flotten Motto: *Er zählt die Häupter seiner Lieben und siehe an: es waren sieben.* Oder man kann auch bei manchen Gottesdiensten das Kirchenlied umdichten: *„Liebster Jesu, wir sind vier"...*

Nun sind wir alle als Gemeindeglieder und Gottesdienstbesucher ganz ordentliche Menschen: keine Mörder und Totschläger, keine Betrüger und Diebe. Aber der Glaube ist doch manchmal stärker, manchmal schwächer verbreitet unter uns. Das ist letztlich genau die typische Situation der dritten Generation der Christen. Die erste Generation sind die Christen, die Jesus selbst noch erlebt haben. Die zweite Generation sind Christen, die noch Leute kennen, die Jesus persönlich gekannt und erlebt haben. Und die dritte Generation sind die Christen, die die Geschichte von Jesus vom Hörensagen und später von den Berichten aus der Bibel kennen und die Christus eben nicht mehr leibhaftig auf Erden erlebt haben. Diese Christen kennen auch keine Leute mehr, die ihn noch persönlich erlebt haben. Oder es sind Menschen, die Christus im Leben selbst im Rahmen einer ganz besonderen Gotteserfahrung erlebt haben. Das gibt es ja. Aber das ist dann nicht mehr der Christus, der als Mensch leibhaftig unter uns Menschen wandelte.

Wir sind seit dem Ende des ersten Jahrhunderts als Kirche immer solche Christen der „dritten Generation". Wir sind meistens irgendwie dabei in der Kirche und beim Glauben, sind meistens ja auch getauft, so wie über 50 Prozent der Menschen in Europa. Aber wir sind natürlich auch Menschen, die im Alltag der jeweiligen Zeit leben. Und wir bleiben dabei immer Menschen, die auf der Erde leben und den Versuchungen, Verlockungen, Verführungen aber auch Prüfungen des Lebens ausgeliefert sind. Und auch wenn wir wohl alle keine Mörder, Totschläger, Vergewaltiger und Diebe, Gottesleugner und sonstige Atheisten sind, so herrschen doch die kleinen Alltagssünden auch bei uns.

Genau solchen Gemeinden wie der unseren schreibt auch Petrus in seinem ersten Brief, den er an Gemeinden in Kleinasien schreibt. Wir hören Worte aus dem 1. Petrusbrief.

Verlesen Predigttext: 1. Petrus 2, 1-10

II.

Liebe Gemeinde,

Man ist zunächst versucht zu sagen: da kennt einer seine Pappenheimer... Das Neue Testament nimmt überhaupt auch die menschliche Seite der Christen nicht nur wahr, sondern immer auch sehr ernst. Wir sind zwar als getaufte Christen alle heilig, wenn wir unseren Glauben zumindest einigermaßen ernst nehmen und uns nicht bewusst von Gott abgekehrt haben. Denn als getaufte Christen gehören wir zu Gott: *heilig sein* heißt, zu Gott zu gehören.

Aber wir leben deswegen noch nicht alle als Heilige auf Erden. Das wäre ja zu schön, um wahr zu sein. Die Wirklichkeit der Sünde beherrscht die Menschen auf Erden. Und dabei geht es nicht immer nur um Mord und Totschlag, Gewalt und Krieg wie in der Ukraine oder im Nahen Osten. Es sind auch die vielen kleinen Alltagssünden, die uns von Gott und unserer eigenen Bestimmung als getaufte Christen und als Volk Gottes entfremden und abbringen, ja wo wir offen gegen unsere Bestimmung, gegen unseren Glauben und gegen unsre Taufe leben.

Der heilige Apostel Petrus wird hier durchaus konkret. Er nennt hier nicht die ganz großen Sünden und Verfehlungen wie Mord und Diebstahl, Ausschweifungen und wilde Orgien. Sondern er bringt das als Sünde und als Problem zur Sprache, was eben auch in der christlichen Gemeinde vorkommen kann: Bosheit, Trug, Heuchelei und Neid. Schauen wir auf diese negativen Haltungen von Menschen:

- Da ist zunächst die *Bosheit*. Dies fasst alles Negative zusammen, wie Menschen schlecht miteinander umgehen können.
- Dann ist hier die Rede vom *Trug*. Wir kennen ja die Formulierung „Lug und Trug". Der Begriff *Trug* meint hier nicht nur den großen Vertragsbruch und Betrug und die große Steuerhinterziehung von Prominenten à la Hoeneß, sondern auch wenn wir etwas vorspiegeln, was gar nicht da ist, wenn wir schummeln, auch wenn wir uns selbst und anderen etwas vorgaukeln.
- Als weiteres nennt Petrus die *Heuchelei*: wie viele große und kleine Schwindeleien und Heucheleien gibt es nicht im Zusammenleben der Menschen; und oft machen wir uns selbst noch vor, dass das eine Art Notlüge ist und dass wir so handeln müssen. Aber nein! Hier gilt wie grundsätzlich: lieber gar nichts sagen und schweigen, als lügen.
- Der *Neid* schließlich steht für die natürliche Reaktion, wenn andere ausgesprochenes Glück haben; ob verdient oder unverdient interessiert uns dann meist gar nicht mehr, wobei uns das unverdiente Glück des Nachbarn in der Regel noch mehr angreift als das verdiente Glück des Tüchtigen.

Bosheit, Trug, Heuchelei und Neid – ein kleiner Sündenkatalog der kleinen Alltagssünden im Leben selbst der Christen. Wir brauchen nämlich nicht immer mit dem Zeigefinger auf die Ukraine und den Nahen Osten und andere Kriegsherde zeigen. Der Krieg beginnt oft schon im Kleinen: in der Familie, in der Gemeinde, im Dorf, in der Schule, am Arbeitsplatz.

Und wir brauchen doch nur ein wenig nachzudenken, wann wir zum letzten Mal bei irgendetwas geschummelt haben, wann wir zum letzten Mal neidisch waren auf jemand, wann wir zum letzten Mal bei jemand so richtig geschleimt haben, obwohl wir diese Person gar nicht ausstehen können, aber weil wir etwas von dieser Person brauchen. Bosheit und Trug, Heuchelei und Neid – das spielt sich in sehr unterschiedlichen Formen ab. *Wie oft fährt jetzt der Nachbar in den Urlaub? Ist der schon wieder weg? Der fährt doch jetzt schon zum dritten Mal heuer in Urlaub. Jetzt hat der schon wieder ein neues Auto – und was für einen Schlitten...*

III.

Liebe Gemeinde,

Petrus ruft seine Gemeinden, an die er damals schreibt, zur Entscheidung auf, zu einem bewussten Leben als getaufte Christen und als Kinder Gottes. Viele Menschen leben heute sehr bewusst, wenn es um Klima und Umwelt geht. Wir trennen als Deutsche penibel unseren Müll, weil das natürlich auch unserer besonderen deutschen Liebe zur Ordnung entspricht. Wir werfen keine Papierfetzen und keinen Müll auf die Straße, zahlen lieber 70 Cent an der Raststätte statt am nächsten Rastplatz an einen Baum zu pinkeln. Wer Vegetarier ist, verfolgt ganz genau und streng, was er isst. Wer Biokost liebt, ist da auch sehr sehr streng mit sich und der Umwelt. Und wenn wir an der Kasse zehn Cent zu wenig herausbekommen, dann beschweren wir uns sofort und fordern das volle Rückgeld. Nur mit dem Glauben und unserem Verhältnis zu Gott, da nehmen wir es selten so genau.

Dieser ganze Abschnitt aus diesem Petrusbrief handelt nun aber davon, wie wir als Christen leben sollen: entschieden, entschlossen und bewusst, quasi *nachhaltig* christlich, um ein Modewort zu benutzen. Wir sollen immer wieder an uns arbeiten. Bosheit, Trug, Heuchelei und Neid sind eine Wirklichkeit unter Menschen – wir als Christen sollen sie überwinden, im Kleinen und im Großen. Wir haben alle Freiheit, um unserer Bestimmung gemäß zu leben: als Volk Gottes, als getaufte Christen, als Kinder Gottes. So können wir eben auch diese kleinen Sünden und Störungen des Zusammenlebens allmählich überwinden. Das geht natürlich nur, wenn ich Christus im Blick habe, das Fundament unseres Glaubens.

Genau das schreibt auch Petrus hier. Jeder einzelne Christ muss sich immer wieder im Leben entscheiden: lebe ich nach dem Gebot Gottes oder will ich kein Christ mehr sein... Diese Entscheidung ist *unsere* Angelegenheit. Wenn wir uns für den Glauben entscheiden, so schreibt Petrus hier, dann gehören wir zu diesem Volk Gottes und zum Reich Gottes. Wenn nicht, dann stellen wir uns selbst bewusst ins Abseits, dann sind wir geistlich staatenlos.

Diese Entscheidung nach dem Glauben, nach den Geboten Gottes und nach unserem Gewissen nimmt uns niemand ab, das ist *unsere* Angelegenheit. *Gottes Angelegenheit* ist Seine Heilstat in Jesus Christus. Gott hat uns in Jesus Christus das Heil angeboten. Dieses Angebot Gottes gilt, unabhängig davon, ob wir als einzelne Menschen dieses Angebot auch annehmen oder nicht. Und dieses Heilsangebot Gottes an sein Volk gilt an allen Orten und zu allen Zeiten für alle die, die eben zu seinem Volk gehören. Das sind die, die bewusst rufen „Wir sind das Volk Gottes". Dieses Angebot wechselt nicht wöchentlich wie die Angebote bei Aldi und Edeka. Und die Heilige Schrift kommt nicht wöchentlich neu heraus wie die Werbeprospekte, sondern das Angebot Gottes ist gleichbleibend.

Petrus ruft den Gemeinden, an die er schreibt, zu – und das gilt auch uns: *Werdet das, was ihr längst seid! Und lebt danach – entschieden, entschlossen und mit Christus im Blick. Werdet* lebendige Steine Gottes auf Erden! *Werdet* das heilige Volk Gottes! *Werdet* das auserwählte Geschlecht! *Werdet* die königliche Priesterschaft – also die Menschen, die ein priesterliches Verhältnis zu Gott haben. Priesterlich heißt hier, mit

Gott im Gebet eine lebendige Beziehung zu haben. *Werdet* das Volk, das zu Gott gehört und seine Wohltaten verkündigt. *Und ihr könnt es, denn ihr seid es bereits.* Ihr müsst nur ernst machen damit.

Keiner kauft sich einen Fernseher und nutzt ihn dann nicht. Jeder lernt seine Sprache schon als Kind und spricht sie dann auch. Wer ein Fundament für ein Haus aushebt und das Fundament baut, baut dann auch das Haus darauf. Diese natürliche Konsequenz brauchen wir auch im Glauben.

Lebt als Christen also euren Glauben. Nicht nur ein paar Mal im Jahr am Sonntag und am Heiligen Abend, sondern jeden Tag. Lebt euren Glauben. Werdet zu dem, was ihr dank Christus und eurer Taufe schon seid. Das sind die geistlichen Opfer, die jeder einzelne von uns in seinem Leben auf Erden bringen kann und bringen soll: bewusst zu leben, ja gottgefällig zu leben immer mit Christus im Blick. Darum geht es in unserem Glauben, wenn wir nicht nur Namenschristen sein wollen. Und das geht auch. Bei „Bob der Baumeister" hieß das immer: „Jou, wir schaffen das!" Genau darum geht es.

Liebe Gemeinde, der christliche Glaube lebt von Menschen, die über das nachdenken, was sie tun. Und die sich in all dem, was sie tun, getragen wissen von Christus und dem, was Er am Kreuz für uns getan hat und was Seine Auferstehung für uns bedeutet. Das ist Trost, Halt und Fundament unseres Lebens. Machen wir etwas daraus. Amen.

Pfarrer Dr. Jürgen Henkel, Selb

Literatur:

- Klaus Berger: *Kommentar zum Neuen Testament.* Gütersloh ^{2}2012, S. 916-919;
- Eduard Schweizer: *Der erste Petrusbrief.* Zürich ^{4}1998 (=ZBK.NT 15), 40-48.

3. August 2025

Katholisch: 18. Sonntag im Jahreskreis
Kohelet 1,2; 2,21-23, Kolosser 3,1-5,9-11; Lukas 12,13-21: Die Zukunft in der unvergänglichen Fülle Gottes

„Du musst aufpassen, dass du deinen eigenen Vogel nicht mit dem Heiligen Geist verwechselst." Liebe Schwestern und Brüder, schon öfter wurde mir dieser Ratschlag gegeben, normalerweise mit einem Augenzwinkern. Und dieser Satz ist ein guter Ratschlag, denn er hebt auf ein Nachjustieren der Perspektive an auf die Umstände einer bestimmten Situation, auf das Leben an sich, auf einen Aspekt des Glaubens. Wie schnell sind wir versucht, unsere eigene Sicht zur einzig wahren zu erheben, was natürlich auch nur konsequent ist, muss ich doch auch Verantwortung für meinen Lebensentwurf, meine Entscheidungen oder meinen Standpunkt übernehmen.

Kohelets Gedanken, die wir in der ersten Lesung gehört haben, zielen auf denselben Rat ab: *„Was erhält der Mensch dann durch seinen ganzen Besitz und durch das Gespinst seines Geistes, für die er sich unter der Sonne anstrengt?“* (Koh 2,22) Ist also alles, was der Mensch schafft, was wir tagein, tagaus so rödeln, machen, tun und treiben, vergebliche Liebesmüh?

Die berühmten „Windhauch-Seufzer“ jedenfalls suggerieren das. Windhauch steht für alles Irdische, alles Zeitliche, Vergängliche, Halt- und Belanglose, für alles, was letztlich verfliegt und keinen Bestand haben wird.

Der Zeitenwandel der letzten Epochen, vielleicht ab dem Zeitpunkt der Industrialisierung, hat den Menschen dahin gebracht, mehr und mehr alles halten, alles auskosten, alles ausschöpfen zu wollen, um jeden Preis. Alles, was uns Menschen davon abhält, dass Leben voll auskosten zu können, muss aus dem Blickfeld verschwinden und soll mehr und mehr beseitigt werden. Umgekehrt heißt das, dass alles, was ist, immer wieder zur Disposition gestellt werden kann. Wo Menschen, Lebensentwürfe, Personalität oder Geschlechtlichkeit nicht mehr passen, ist Änderung schnell bei der Hand. Das Leben wird mehr und mehr nach seiner Physis bewertet; das ungeborene Leben, das alte, gebrechliche, behinderte Leben hat das Nachsehen. Und das alles vor allem deshalb, um jedweden Hinweis auf Hinfälligkeit und Endlichkeit, Fragilität und Verworfenheit des Lebens zu eliminieren.

Doch bin ich sicher, liebe Schwestern und Brüder, dass Kohelet kein Feind des Lebens ist, im Gegenteil. Er weiß aber um die Vorläufigkeit des Lebens, unseres Daseins. Er legt den Finger in die Lebenslüge der allzu erdverwurzelten Menschen, die „carpe diem“ zum alleinigen Lebensmotto erklärt haben. Er verweist darauf, dass es nicht um einen Nutzen „um jeden Preis“ gehen kann, wo doch alles, was ist, vergehen wird. Er legt den Finger in die Wunde des naiven Glaubens, dass alles, was gehen könnte, in dieser Welt auch erreicht werden muss. Diese Perspektive entspringt nämlich genau dem Gespinst unseres irdischen, zeitlich gesinnten Geistes, nicht der Perspektive des ewigen Gottes.

Dem Windhauch, der allem, was geschaffen ist, seine Geschöpflichkeit, und damit auch seine Vergänglichkeit offenbart, steht der *Ruach* Gottes gegenüber, der Lebensatem des Schöpfers selbst. Gottes Geist schwebt am Anfang aller Anfänge über den Wassern der Urflut und schöpft aus dem Chaos den Kosmos. (vgl. Gen 1). Der Prophet Ezechiel wird Zeuge, wie der Herr den niedergemetzelten Helden auf dem Schlachtfeld wieder Leben einhaucht und hört die Prophezeiung Gottes: *„Ich gebe Geist in euch, sodass ihr lebendig werdet. Dann werdet ihr erkennen, dass ich der Herr bin.“* (Ez 37,6) Das Mädchen Maria wird zur Gottesmutter durch ihr Jawort, mit welchem sie sich vertrauensvoll dem Schöpferwillen öffnet, der durch sie der Welt den Erlöser geschenkt hat (vgl. Lk 1,35.38). Und schließlich bricht der Geist Gottes über die im Gebet versammelten Jüngerinnen und Jünger ein und lässt aus einem verzagten und verwirrten Haufen die Kirche Gottes entstehen.

Gottes Atem schöpft aus purer Lebensfreude das Leben und haucht ihm den Lebensatem Gottes ein, den Heiligen Geist, der, von Gott kommend, alles Geschaffene auch zu Gott zurückbringen will; nicht, damit es vergeht, sondern damit es vollendet wird. Der Hauch Gottes schenkt Kraft, die Perspektive zu ändern. Gottes Geist will uns erkennen lassen, dass bei allem, was schön und gut, erfüllend und betörend ist in unserer zeitlichen Welt, das Eigentliche noch gar nicht angebrochen ist. Paulus sagt einmal: *„Jetzt schauen wir in einen Spiegel und sehen nur rätselhafte Umrisse, dann aber schauen wir von Angesicht zu Angesicht."* (1Kor 13,12)

In der Taufe ist diese Schöpfermacht Gottes grundgelegt, in der Firmung ist uns zugesagt worden: „Sei besiegelt durch die Gabe Gottes, den Heiligen Geist." Sein Geist hilft uns zu unterscheiden, was Windhauch ist und zur Vernichtung führt und was das Leben in die richtige Bahn lenkt, die zur Vollendung führt. Gottes Geist zeigt uns die Richtung an, an deren Ziel das Schönste, Beste, Größte auf uns wartet: Gott selbst.

Liebe Schwestern und Brüder, so viel Windhauch unserer Zeit wird sich relativieren, wenn wir über den Tellerrand unserer vergänglichen Gegenwart blicken. Wir Christen dürfen der Welt durch unseren Glauben die Perspektive aufzeigen, dass hinter unseren kleinen Horizonten nichts Anderes auf uns wartet als die Zukunft in der unvergänglichen Fülle Gottes. Amen.

Pater Philipp Meyer OSB, Abtei Maria Laach

Evangelisch: 7. Sonntag nach Trinitatis
Johannes 6, 30-35: Jesus – Star der Massen

Die Menschen kommen in Scharen zu Jesus: Sie kommen, um sich Zuspruch zu holen oder Kraft zu finden. Sie wollen drückende Schuld loswerden. Oder sich von Jesus Rat holen: „Was meinst du: Soll ich im Dorf bleiben oder in der Stadt mein Glück versuchen?" Tausende und Abertausende strömen aus den Städten und Dörfern Galiläas herbei, sammeln sich am Ufer des Sees Genezareth. Sie drängeln, stoßen und kämpfen sich vor – oder sie stehen geduldig Schlange (so ist es halt bei Menschen).

Manchen wird in der Hitze schummrig, einige müssen sich bleich aus der Menge heraustragen lassen, ein paar fallen um. Eltern suchen im Gewühl verzweifelt nach ihren Kindern, Babys schreien und Jugendliche, die einen Platz direkt am Strand haben, springen zur Abkühlung zwischendurch in den See.

Es geht zu wie auf einem Sommer-Open-Air-Festival – nur leider ist nichts vorbereitet. Bei einem Open-Air bauen die Organisationsteams schon Tage vorher Zeltstädte auf, eine kleine Krankenstation, es werden Dixi-Toiletten angeliefert, Zapfstellen für Wasser eingerichtet, Berge an Getränken und Essen gebracht – und dann kommen die Massen: Drei Tage Campen, Tanzen vom Morgen bis zum Abend, Jubel und Begeisterung – einmal den großen Stars der Szene ganz nahe sein und den anderen Fans, die sie vergöttern. Wow…!

Wie gesagt: Am See Genezareth ist Stimmung und Ablauf ähnlich – aber es fehlt jede Organisation. Die Leute sind spontan herbeigeströmt, als sie hörten: Jesus kommt! Keinen hat es daheim gehalten. Der Zimmermann ist von seiner Hobelbank weggerannt, der Bauer hat den Hakenpflug im Acker stecken lassen, der Rabbi, der den Kindern die Bibel beibringen sollte, hat der Schulklasse zugerufen: Lasst alles liegen, ihr könnt die Sachen später holen, los jetzt. Die Hausfrau hat sich nicht mehr die Zeit genommen, die Brote aus dem Ofen zu holen: Jetzt zählt jede Sekunde – hat sie sich gesagt. Wer denkt jetzt an die Kühe, die ungemolken im Stall stehen oder an die Ziege, die am Pflock angebunden ist und alles Gras, an das sie ran kommt, längst abgefressen hat. Keiner!

„Auf zu Jesus!", schallt der Ruf – und alle, alle folgen!

Der alte Mann, der sich mühsam an Krücken vorwärts schleppt, wird fast umgerannt, die hochschwangere Frau, die sich mit Hügeln abquält, muss sich viele böse Worte sagen lassen: „Bleib doch zu Hause, wenn du's nicht schaffst!"

Ja, und nun stehen, stoßen, drängeln, fluchen, schreien, weinen, lachen, jubeln sie ihrem Star Jesus zu. Manche sind so verzückt, dass sie kein Wort von dem verstehen, was er sagt. Manche sind mit ihren Träumen beschäftigt: „Der da, der wird Israel zur Weltgeltung führen!" Manch eine Mutter mag sich auch denken: „Den hätt ich gern als Schwiegersohn!" –

Ja, Jesus ist an diesem Tag ein Star.

Und ehe der Abend sich über den See senkt, wird er in den Augen Massen noch größer, noch gewaltiger, noch verehrungswürdiger sein. Denn am Nachmittag kommt langsam Unruhe bei den Menschen auf. Erst merkt der eine: „Mein Magen knurrt", dann spürt der nächste, wie ihm die Beine schwach werden und schließlich bricht ein Kind in Tränen aus: „Mama, gib mir was zu essen!"

Jesus schaut über die Menschen, er sieht ihre Not und er sagt zu seinen Jüngern: „Verteilt das wenige, was wir haben!" Die Jünger greifen sich die fünf Gerstenbrote und zwei gebratenen Fische – und geben sie in der Menge herum. Und das Wunder geschieht: Es reicht für die Tausende Menschen und alle werden satt. Nun ist das Volk endgültig wie von Sinnen: Jesus soll König werden – schreien sie wild durcheinander. „Kommt, wir heben ihn auf unsere Schulter und tragen ihn bis Jerusalem. Er soll herrschen, er allein."

Schwestern und Brüder, so geht es damals zu in Galiläa. Und so geht auch heute zu, wenn „Deutschland einen Superstar gefunden hat". Da werden Menschen vergöttert.

Aber der Unterschied liegt auf der Hand: Jesus ist kein vergötterter Mensch – Jesus ist wahrer Gott und wahrer Mensch, und bei Gott geht es anders zu als bei den Menschen. Ob 20.000 auf dem Kirchentag singen und klatschen – oder ob drei verängstigte Christen in einer halbzerstörten Kirche in Syrien zum Gebet zusammen kommen, ohne Priester, denn der wurde von Terroristen ermordet – sagt gar nichts über die Wahrheit Gottes. Ob die Menschen auf die Bibel hören oder ob sie ihren eigenen Weg gehen, sagt gar nichts darüber, welcher Weg zum Leben führt. Und ob die Massen am See Genezareth schreien: „Jesus soll König werden" oder kurze Zeit später in Jerusalem: „Kreuzigt ihn, kreuzigt ihn" entscheidet bei Gott gar nichts.

Gott geht seinen eigenen Weg mit uns Menschen: Und Jesus, so steht es von Anfang der Welt an fest, wird nicht König, weil die Massen das so wollen. Er ist König nach Gottes Willen und die Krone, die er trägt, ist aus Dornen.

Jesus rettet die Menschen nicht, indem er die Römer aus dem Land Israel jagt, eine große Armee sammelt und die Welt erobert. Er rettet die Menschen, indem er ihre Schuld auf sich nimmt und einsam und verlassen am Kreuz Gottes Gericht über die Sünde trägt.

Das Leben, das Jesus schenkt, besteht nicht darin, dass er die Menschen durchfüttert, sondern darin, dass er ihnen das wahre Gottesbrot gibt – sich selbst. Und dadurch das ewige Leben. Denn Jesus hat den Tod besiegt.

Jesus hat sich nicht vergöttern lassen. Als die Menschen ihn zum König ausrufen wollten, lief er heimlich auf einen Berg und versteckte sich. Er wollte allein sein mit Gott, seinem himmlischen Vater. Er wollte allein sein und sich stärken für seinen Auftrag, die Welt zu erlösen – als König am Kreuz. Er wollte allein sein und für die Menschen beten, die so furchtbar schnell auf Abwege geraten. Immer wieder – bis heute.

Schwestern und Brüder, der Starrummel um Jesus fand ein schnelles Ende. Seine Fans, die ihn beim Open-Air am See Genezareth feiern wollten, die sind enttäuscht nach Hause gegangen, als Jesus ihr Spiel nicht mitgespielt hat. Da haben sie mit den Füßen aufgestampft und sich geärgert: Der Zimmermann erinnerte sich an seine Hobelbank und knurrte: „Dann muss ich wohl morgen für zwei arbeiten." Der Bauer dachte an sein ungepflügtes Feld: „Ein Tag verloren – und wofür, für nix!" Der Hausfrau fielen die längst verbrannten Brote wieder ein und Tränen stiegen ihr in die Augen: „So viel verschwendetes gutes Mehl!"

Ein Jahr später kamen Händler aus Jerusalem an den See Genezareth und brachten die Botschaft mit: „Jesus ist von den Römern umgebracht worden." Und was denkt Ihr? Da sagten die Leute: „Das haben wir uns doch gleich gedacht, dass das kein gutes Ende nimmt."

Wir wissen: Es hat ein gutes Ende genommen – das beste Ende! Jesus ist auferstanden – der Tod hat über uns keine Macht mehr! Aber auch diese beste Botschaft hat den Starrummel um Jesus nicht wieder angekurbelt. Tod und Auferstehung sind zu ernste Themen – die eignen sich nicht für eine Strandparty. Und so sagen auch heute viele: „Was soll ich denn in der Kirche?! Ich fahr lieber Ende Juli nach Wacken zum Riesen Heavy-Metal-Summer-Open-Air: mit Head-Banging, Schlammrennen und Party, bis der Arzt kommt. Das geht voll ab. Nirgends kommt du so nah ran an die Stars wie dort."

Gemeinde des Herrn Jesus Christus, Schwestern und Brüder, Jesus ist der Herr, auch wenn er die Massen nicht elektrisiert. Jesus ist der Herr und dieser Herr kommt uns ganz nahe. Er spricht, so wie damals in Galiläa – so auch heute zu uns. Er sagt uns durch die Bibel das Wort des Lebens. Er wäscht uns unsere Schuld ab in der Taufe, die ein Wasser des Lebens ist. Er gibt uns zu essen – so wie damals der Menge am Seeufer. Aber er gibt uns nicht nur Brot und Fisch – er gibt sich uns selbst. Im Heiligen Abendmahl essen wir das Brot des Lebens, seinen wahren Leib, und trinken sein wahres Blut, den Kelch des Heils. Und indem er sich uns schenkt, schenkt er uns die Fülle – die Fülle, die alle Sehnsucht stillt, die alle Gottesverheißungen erfüllt, die unseren Hunger nach der Ewigkeit sättigt. Er spricht: *„Ich bin das Brot des Lebens. Wer zu mir kommt, den wird nicht hungern; und wer an mich glaubt, den wird nimmermehr dürsten."*

Er ist der wahre König, auch ohne den Jubel des Volkes. Er ist der wahre König, weil Gott es will. Amen.

Pfarrer Martin Fromm, Rüdenhausen

6. August 2025

Katholisch: Verklärung Christi
Daniel 7,9-10,13-14; 2. Petrus 1,16-19; Lukas 9, 28b-36: Jesus wird den Jüngern in seiner göttlichen Herrlichkeit sichtbar

Liebe Schwestern und Brüder,

In der sonntäglichen Eucharistiefeier hören wir in den Lesungen Gottes Wort, das uns sagt, was wir tun, wie wir leben sollen. Danach werden wir im Altarsakrament gestärkt und damit zugerüstet, damit wir umsetzen und erfüllen können, was wir gehört haben. – Aber ist das wirklich so? Das heutige Evangelium handelt von der Verklärung Jesu. Der lateinische Begriff für „Verklärung" lautet *transfiguratio* – „Umbildung". Die drei Jünger auf dem Berg sehen Jesus umgebildet. Doch auch sie selbst werden durch das Ereignis in gewisser Weise umgebildet. Und auch für uns als Christinnen und Christen geht es darum, umgebildet zu werden. Aber schauen wir uns dazu die Ereignisse der Reihenfolge nach an.

Nach der Taufe im Jordan und den Versuchungen beginnt Jesus in Galiläa, das Reich Gottes zu verkünden, indem er einerseits Kranke heilt und Dämonen austreibt und andererseits die Jünger und die Menge der Zuhörenden durch Gleichnisse belehrt. Bis dahin stimmt das öffentliche Auftreten Jesu damit in etwa überein mit dem, wie ich eingangs die Wirkung der Eucharistiefeier beschrieben habe: Auf der einen Seite die Belehrung über Gottes Willen – damals durch die Lehrreden Jesu, heute durch Schriftlesungen und Predigt –, auf der anderen Seite die Zurüstung und Stärkung durch Gottes Wirken – damals durch Jesu Wunder, heute durch das Sakrament der Eucharistie. Und es hätte wohl nach der Vorstellung der Jünger Jesu so weitergehen können: Jesus heilt und lehrt, und immer mehr Menschen schließen sich ihm an. Doch dann beginnt Jesus, dem engeren Kreis – seinen Aposteln – gegenüber davon zu sprechen, was in naher Zukunft mit ihm geschehen wird: dass er leiden und sterben, aber am dritten Tag von den Toten auferstehen wird (Lk 9,21–27). Und schließlich steigt er mit drei von ihnen auf einen Berg, und vor ihren Augen verändert sich sein Aussehen.

Das Ereignis auf dem Berg stellt einen Wendepunkt in Jesu öffentlicher Wirksamkeit dar. Nach der Verklärung auf dem Berg wird er sich auf den Weg in Richtung Jerusalem machen (vgl. Lk 9,51), wobei Jerusalem für seine Passion und Auferstehung steht. Man könnte daher sagen: Nach dem Hinabsteigen vom Berg der Verklärung beginnt Jesu Aufstieg nach Golgota. Wie der Berg, auf den Jesus mit den drei Aposteln hinaufsteigt, aus der Landschaft aufragt, so ragt das Ereignis auf dem Berg aus dem öffentlichen Wirken Jesu heraus. Während Jesus in Galiläa oft zu einer großen Menschenmenge spricht und seine Zeichen und Wunder vielen Menschen bekannt werden, ist der Kreis, der ihn auf den Berg begleitet, sehr eng: Petrus, Johannes, Jakobus. Und Jesus wirkt auf dem Berg keine Wunder, er gibt seinen Begleitern keine Unterweisung. Vielmehr handelt und spricht Gott selbst. Die Verklärung Jesu zeigt typische Merkmale einer Theophanie: Die Lichterscheinung, die Wolke, die Stimme aus der Wolke – das sind Elemente, die auch im Alten Testament Gotteserscheinungen anzeigen, etwa auf dem Berg Sinai, als Gott sich vor Mose und ganz Israel manifestiert (Ex 19 und 24).

Das Einzigartige der Selbstoffenbarung Gottes vor den drei Jüngern liegt darin, dass sie den Menschen, den die drei Jünger als ihren Lehrer zu kennen glauben, mit einschließt: Jesus wird ihnen in seiner göttlichen Herrlichkeit sichtbar. In diese Herrlichkeit wird er nach seinem Tod und seiner Auferstehung eingehen, wenn er vor den Augen der Apostel in den Himmel aufgenommen werden wird (Lk 24,51; Apg 1,9). Die Verklärung Jesu auf dem Berg weist auf dieses Ereignis voraus und zeigt damit an, dass der Weg Jesu nach Golgota dem von Gott vorbestimmten Heilsplan entspricht. Die beiden alttestamentlichen Gestalten Mose und Elia, die mit Jesus in göttlichem Lichtglanz erscheinen, stehen als Garanten dieses Heilsplans, der in der Tora (Mose) und den Propheten (Elia) vorgezeichnet ist.

Doch das Geschehen auf dem Berg endet nicht mit dem Aufscheinen der Gottheit Jesu und seinem Gespräch mit Elia und Mose. Auch die drei Jünger werden Teil des Ereignisses: Die Wolke, die Gottes Erscheinen anzeigt, wirft ihren Schatten auf sie, ja sie geraten gar mit in die Wolke hinein (Lk 9,34). Durch die Theophanie, durch die Verklärung Jesu geschieht auch mit ihnen etwas. Auch sie werden in gewisser Weise „umgebildet". Und dieses Ereignis ist so überwältigend, dass es ihnen buchstäblich die Sprache verschlägt: Schweigend steigen sie danach vom Berg hinab (Lk 9,36). Was mit ihnen geschehen ist, können sie nicht in Worte fassen. Und dennoch, oder eher: gerade deshalb bleibt das Ereignis nicht wirkungslos. Sie wurden durch das Geschehen verändert, sie sind nicht mehr dieselben, als die sie auf den Berg hinaufgestiegen sind.

Durch die Wunder, die Jesus bis dahin gewirkt hat, haben die Menschen Heilung und Rettung erfahren. Seine Worte haben ihnen Orientierung und Halt gegeben. Das Wirken Jesu brachte ihnen einen Nutzen. Bei der Verklärung, der „Umbildung" auf dem Berg, zeigt sich indes: Die Sendung Jesu reduziert sich nicht auf den menschlichen Nutzen. Es geht um Gott selbst. Er zeigt sich. Er wird in Jesus Christus den Menschen sicht- und erfahrbar. Und er gibt den Menschen Anteil an seinem göttlichen Sein. Die drei Jünger geraten mit in die Wolke hinein. Damit deutet sich an, was sich durch Jesu Tod und Auferstehung ereignen wird: Wir werden umgebildet. Unser Leben wird gewandelt.

Diese Wandlung ereignet sich immer wieder neu. Wenn wir in der sonntäglichen Liturgie Gottes Wort hören, dringt es in uns ein und wandelt uns. Nicht wir machen etwas mit dem Schriftwort, das wir gehört haben, sondern das Wort der Schrift macht etwas mit uns. Und wenn wir das Sakrament der Eucharistie empfangen, sind nicht wir es, die den Leib Christi in uns aufnehmen, sondern wir erleben in symbolischer Verdichtung, was Christsein bedeutet: gewandelt, umgebildet zu werden zum Leib Christi. Auch wir geraten hinein in die Wolke. Petrus, Johannes und Jakobus erschraken über das, was auf dem Berg geschah und wurden sprachlos. Auch wir dürfen still werden vor dem Geheimnis Gottes, der uns Anteil gibt an sich selbst. Amen.

Prof. Dr. Tobias Häner, Köln

10. August 2025

Katholisch: 19. Sonntag im Jahreskreis
Weisheit 18,6-9; Hebräer 11,1-2,8-19; Lukas 12,32-48: Verschafft euch einen Schatz droben im Himmel

Haben auch Sie im Laufe der Jahre die Erfahrung gemacht, wie sich unsere Sprache verändert? Sprichwörter oder bestimmte Ausdrücke, die meinem Wortschatz seit meiner Kindheit vertraut waren und in Gebrauch waren, höre ich immer seltener oder gar nicht mehr. Und jüngere Menschen schauen mich oft fragend oder belustigt an, wenn ich ein Wort oder einen Ausdruck benutze, der ihnen fremd ist, nichts mehr sagt oder mittlerweile zweideutig geworden ist.

[Bei Kindern in der Grundschule ist mir aufgefallen, dass sie das Wort „Gott" immer öfter mit de

m bestimmten Artikel benutzen, also von „dem Gott" sprechen ... „das hat der Gott gemacht". Dann bin ich immer völlig irritiert und frage zurück, „welchen Gott meinst Du denn genau?" Von „dem Gott" sinnvoll zu sprechen, ist nur möglich, wenn es mehrere Götter gibt und unter ihnen dann eben auch „den einen".]

Ein anderes Wort, bei dessen Benutzung ich ins Grübeln gerate, ist das Wort „Sehnsucht". Das war und ist für mich ein Wort, das eigentlich nur im Singular sinnvoll ist: „die Sehnsucht", „diese eine große Sehnsucht", die neben sich keinen Platz lässt für andere gleichberechtigte „Sehnsüchte", von denen ich allerdings – gerade in frommen bzw. religiös gefärbten Texten immer öfter höre oder lese: die Sehnsüchte des Menschen, unsere Sehnsüchte... Kann es denn mehrere Sehnsüchte geben? Natürlich ist Sehnsucht etwas ganz persönliches, aber gehört es nicht gerade zur Sehnsucht dazu, dass man sie mit jemanden teilen möchte, also nicht jeder seine eigene, andere Sehnsucht hat?!

Ist es nicht sogar die eine gemeinsame Sehnsucht, die vereint und umgekehrt auch zusammenhält und ist nicht jeder von uns auf der Suche nach jemand anderen mit der gleichen Sehnsucht? Und umgekehrt, wenn eine Beziehung in die Brüche geht, wenn man sich auseinandergelebt hat – wie man heute oft sagt – was ist da mit der Sehnsucht passiert? Haben sie doch nicht miteinander harmoniert? Ist meine, ist die andere verblasst? Hat sie sich als Illusion herausgestellt? War es wirklich Sehnsucht? Erfüllt meine Sehnsucht jetzt jemand anderer?

Im heutigen Evangelium geht es um Sehnsucht. Angesprochen ist die kleine Herde. Und die wird aufgefordert: Verschafft euch einen Schatz, einen, der nicht abnimmt, einen unvergänglichen, also einen bzw. den einen droben im Himmel.

Und dieser Schatz hat Aus- bzw. Rückwirkungen auf unser Leben, *„denn wo euer Schatz ist, da ist auch euer Herz"*. Eine kleine Herde mit einem Schatz und einem Herz. Gibt es da überhaupt noch Grund zur Furcht? *„Fürchte dich nicht, du kleine Herde! Denn euer Vater hat beschlossen, euch das Reich zu geben."* (V. 32) Bei einem solchen Versprechen werden die nicht ganz einfachen Worte der Lesung aus dem Hebräerbrief plausibel: „Glaube aber ist: Grundlage dessen, was man erhofft, ein Zutagetreten von

Tatsachen, die man nicht sieht", oder – vielleicht ein bisschen verständlicher – in der alten Übersetzung: *„Glaube ist: Feststehen in dem, was man erhofft, Überzeugtsein von Dingen, die man nicht sieht."* (Hebr. 11,1)

„Überzeugtsein von Dingen, die man nicht sieht." Irgendwo musste ja der Haken sein! Aber, ist das nicht der Haken einer jeden Sehnsucht? Es ist übrigens Jesus selbst, der in unserem Evangelium den Haken ganz deutlich beim Namen nennt, damit sich niemand falsche Illusionen macht. *„Du kleine Herde! Seid wie Menschen, die auf die Rückkehr ihres Herrn warten. (...) Er kommt zu einer Stunde, in der ihr es nicht erwartet."* (VV. 36a.40b)

Die Sehnsucht, von der Jesus redet, diese Erwartung lässt sich nicht berechnen. Irdische, innerweltliche Erwartungen – Sehnsüchte im Plural – lassen sich berechnen. Sind sie errechnet, dann sind sie allerdings auch erfüllt und vorbei. Die nächste Sehnsucht von den vielen Sehnsüchten wartet dann bereits: erstrebt – erfüllt – genossen – verbraucht und wieder ersetzt zu werden. Aus Sehnsüchten werden dann ganz schnell Süchte. Das Hamsterrad hört nicht mehr auf sich zu drehen: ein Teufelskreis, aus dem ich so schnell und alleine schon gar nicht mehr herauskomme.

Deswegen weist Jesus auf die eine große Sehnsucht hin, die unvergängliche – den Schatz im Himmel, wo kein Dieb hinkommt und wo es keine gefräßigen Motten gibt.

Wenn da nur nicht der Haken wäre, wir Menschen warten nicht gerne, heute lernen wir allerdings auch nirgendwo mehr zu warten! Wo und wann hört man noch den Ausspruch: Vorfreude ist (oft) die schönste Freude? Dieser Satz ist nicht falsch, aber er ist noch nicht alles. Im Johannesevangelium trifft Jesus am Jakobsbrunnen eine Frau, die kommt, um Wasser zu schöpfen. Jesus selbst ist durstig und deshalb bittet er sie, auch für ihn mit ihrem Gefäß einen Schluck Wasser zu schöpfen. So kommen sie ins Gespräch, vom Durst an einem heißen Tag zum Durst nach Leben... und da fällt der entscheidende Satz Jesu zu dieser Frau mit ihrer unstillbaren Sehnsucht: „Wenn Du wüsstest, worin die Gabe Gottes besteht und wer es ist, der zu dir sagt: Gib mir zu trinken!, dann hättest du ihn gebeten, und er hätte dir lebendiges Wasser gegeben." (Joh 4,10)

Wenn die kleine Herde, wenn wir wüssten, worin die Gabe Gottes besteht, dieses Himmelreich und sein Schatz? Wenn wir das wüssten! Dazu braucht es ein waches Herz, vielleicht auch schon einige enttäuschte Hoffnungen, zerstörte Illusionen, aber ein immer noch waches Herz, gegürtet und wie eine brennende Lampe (Lk 12,35). Die Samariterin wurde bereits enttäuscht, eigentlich fast immer. Ob unschuldig oder aus eigener Schuld? Wer will das beurteilen?! Aber ihr Herz ist immer noch wach, weil sie immer noch an den Schatz glaubt, glauben kann. Und da begegnet ihr einer, der selbst Durst hat und zu wissen scheint, worin die Gabe Gottes besteht. Die sprudelnde Quelle wird aufgedeckt. Als letztes sagt Jesus zu ihr: *„Ich bin es, ich, der mit dir spricht."* (Joh 4,26)

Ob die Samariterin das alles verstanden hat? Wir wissen es nicht. Aber sie geht, sie eilt und erzählt den Leuten in ihrem Dorf, wen sie getroffen, gefunden hat. Ihre Lampe brennt! Ihr Herz ist wach! Sie weckt die Anderen auf! *„Selig die Knechte, die der Herr wach findet, wenn er kommt. Amen, ich sage euch: Er wird sich gürten, sie am Tisch Platz nehmen lassen und sie der Reihe nach bedienen."* (Lk 12,37)

Haben nicht auch wir, jetzt in dieser Stunde, Platz genommen an seinem Tisch, werden nicht auch wir von ihm bedient, wir hören sein Wort, wir empfangen die hl. Eucharistie, wir sprechen mit ihm.

Kleine Herde, wenn du wüsstest, worin die Gabe Gottes besteht. Ja, Warten fällt uns Menschen schwer, die Sehnsucht verblasst, inzwischen suchen wir woanders, anderes drängt sich in den Vordergrund: leichtere, schnellere Versprechen, Sehnsüchte …

Wenn wir wüssten, worin die Gabe Gottes besteht?! Sonntag für Sonntag dürfen wir Platz nehmen an seinem Tisch, an dem die Lampe am Brennen gehalten wird, die Flamme neu entfacht, wo die sprudelnde Quelle freigelegt wird, manchmal unter großer Anstrengung.

Es stimmt schon, wo dein, wo euer Schatz ist, da ist auch dein Herz. Bitten wir den Bräutigam, dass er uns immer und immer, Sonntag für Sonntag Platz nehmen lasse an seinem Tisch und dass wir tiefer und tiefer erkennen, „worin die Gabe Gottes besteht". Amen.

Liedvorschläge:

- GL 357: *Wie schön leuchtet der Morgenstern*
- GL 358: *Ich will dich lieben*
- GL 364: *Schönster Herr Jesu*
- GL 368: *O lieber Jesu, denk ich dein*
- GL 377: *O Jesu, all mein Leben bist du*
- GL 497: *Gott tief verborgen*

Christoph Müller, Kleingarnstadt

Evangelisch: 8. Sonntag nach Trinitatis
Jesaja 2, 1-5: Wir sind weitsichtig! Und sehen die gute Zeit schon jetzt

a) Der Sonntag

Unser Sonntag liegt für viele Regionen in den Sommerferien. An einigen Orten werden auch Nicht-Gemeindeglieder zum Gottesdienst kommen. Dies möge bedacht werden: sie sind Mit-Christen, Mitbürger der Heiligen und Gottes Hausgenossen (Eph 2,19) und mögen deshalb nicht als Gäste angesprochen werden! Wenn Unbekannte den Gottesdienst mitfeiern, dann erfüllt sich schon eine Intention unseres Predigttextes (V. 3)!

Vom Wochenspruch (Eph 5,8f) her ist das Licht-Motiv prägend, das auch zum Evangelium gehört. Die Lesungen[1] des Sonntags und auch das Wochenlied sind von

[1] Die Lesungen sind erst im 20. Jahrhundert dem 8. Sonntag nach Trinitatis zugeordnet worden. Zuvor waren Epistel = Apg, 16,16-33 und Evangelium = Mt 12,46-50; Jesaja 2, 1-5 gehörte zuvor zum Epiphaniastag. vgl. Fendt, Leonhard: *Die neuen Perikopen der Eisenacher*

hoher Bekanntheit. Dieses Vertraute möge eine hohe Geborgenheit im Gottesdienst vermitteln. So wird dann auch der Zuspruch in allen Lesungen zur ‚herzlichen Anrede' werden!

b) Der Bibeltext

V. 1 ist ein redaktioneller Einschub, der eigentliche Text sind die Vv. 2-5. Der Textausschnitt hat eine Parallele in Micha 4, dort aber mit einem abweichenden Schluss (Mi 4,4). Für eine spätere Einbindung unserer Perikope in das Jesajabuch gibt es keine eindeutigen Argumente. Die Sprache ist typisch für Jesaja (Wildberger). Auch die Überschneidungen in Form und Sprache im Jesajabuch zeigen an, dass hier Jesaja selbst zu Wort kommt.[2]

Der Text verdeutlicht JHWHs Willen: Er will Frieden für alle Völker, das ist kein Partikularfrieden, wie die zweimalige Angabe „Haus Jakob" vermuten lassen könnte. Dieser umfassende Friede ist mit der Zeitangabe (zur letzten Zeit) und mit der Zurechtweisung durch JHWH verbunden. So ist dieser Friede ein Werk Gottes und rührt nicht aus dem Willen gutmütiger Menschen her. Die Spirale von Gewalt und Krieg hat ein Ende, wo die Orientierung auf Gott vollzogen ist, wo man sich von Gott Rechtsspruch sagen lässt. Das Subjekt bleibt hier auf allen Ebenen Gott! Bei der in V. 3 angezeigten Wallfahrt geht es nicht um ein geographisches Ziel, vielmehr ist die Quelle der ethischen Belehrung und die Anerkennung Gottes und seiner Worte das Ziel. Wo Gott von den Völkern anerkannt ist und er zwischen den Völkern steht, da, nur da wird der neue Friede ohne Waffen gelebt werden können. Darum ist V. 5 der Kernsatz des Ganzen! Es gilt diesem Aufruf, dieser Einladung zu folgen und nicht selbstzufrieden zurückzubleiben.

c) Der Predigttext

Schnell könnte man den so vertrauten Satz aus V. 4 zum Kernsatz erheben. Dieses Bild, dass aus Waffen Ackergeräte werden, ist verlockend. Es geht aber in diesem Text um die Anerkennung der Weisungen Gottes, auch fremde Völker werden sich davon ansprechen und leiten lassen. Und eine Folge dieser Anerkennung ist dann eine friedvolle Situation zwischen vielen, nicht zwischen allen Völkern! Dies geschieht, wenn der Zeitenwechsel (V. 2) kommt. Dieser Zeitenwechsel ist für uns Christen eingetreten mit dem Kommen Jesu. Auch die Erhöhung des Berges (V. 2), *„da des HERRN Haus steht"*, ist eingetreten. Dieser Berg, der nun der Höchste und für alle Deutungen lenkend ist, ist der Hügel von Golgatha!

Unserem Text sind Phänomene eines Weltfriedens fremd, wie sie im Marxismus oder im Islam zu hören sind. Dieser umfassende Frieden, den Jesaja erwähnt, ist eine Folge der Anerkennung und Würdigung Gottes durch viele („Gottesfriede"); dieser Friede ist fern von Ideologie und nahe an Demut und Spiritualität[3]. Hier möge also keine Flucht folgen in Aussagen zu kriegerischen Auseinandersetzungen unserer Zeit.

Kirchenkonferenz von 1896. Tübingen 1941. In der kath. Tradition gehört unser Jes.-Text als atl. Lesung zum 1. Advent/Lesejahr A.

[2] Anders Otto Kaiser: *Das Buch des Propheten Jesaja*. Göttingen [5]1981 (ATD 17/1), S. 60-67.

[3] Siehe dazu das Themenheft: *Communio*. Internationale katholische Zeitschrift 47 (2018), Heft 2: Gottesfriede und Weltfriede.

Die einzige Deutung, die mir möglich erscheint, ist, dass Kriegstreiber eben keine Bindung zum HERRN anzeigen und seinen Weisungen nicht folgen, dafür aber eigene Machtgelüste und Landgewinne erhaschen wollen.

d) Predigtentwurf

Liebe Gemeinde,

unser Predigttext enthält einen berühmten Satz! In dem Aufstehen gegen das SED-Regime hat dieser Satz eine gehobene Wichtigkeit gehabt, denn aus dem Bild dieses Satzes wurden Aufkleber in Herrnhut hergestellt, die viele an ihren Jacken und Mäntel trugen: „Schwerter zu Pflugscharen". Aber dieser Satz ist nicht das Prägende in unserm Text aus dem Jesajabuch. Achten wir also nun auf den ganzen Text und lassen uns nicht vorschnell einengen von diesem vertrauten Satz.

(*Vorlesen des Predigttextes, V. 2-4*)

Eine Veränderung steht an! „Es wird zur letzten Zeit /am Ende der Tage" folgendes geschehen – so beginnt Jesaja seine Anrede. Eine Zeitenwende, nicht von Menschen initiiert, sondern von Gott selbst den Menschen gegeben. Und wir werden gleich entdecken: Dieser Eingriff Gottes hat schon seinen Anfang genommen. Wenn nun dieser Wandel schon begann und seine Vollendung aber noch aussteht, dann werden wir heute weitsichtig. Wir können weit vorausschauen auf das, was uns zugesagt wird, was da kommen wird, weil Gott das so will. Wir stehen also nicht im Ungewissen, sondern können das Kommende schon beim Namen nennen.

Mit Jesaja sehen wir also in die Zukunft. Das ist nun nicht Wahrsagerei, sondern von Gott so vorbereitet. Was da nun kommen wird und wozu wir mitzumachen eingeladen werden, das wollen wir nun aus dem Predigttext herauslesen.

Zuerst beginnt der Text mit einem Hinweis auf eine Zeitenwende. Das aber ist nicht eine Zeitenwende, wie nun in der Politik der Begriff genutzt wird. „Zur letzten Zeit" wird folgendes geschehen, so schreibt hier Jesaja. Gemeint ist: Wenn das Gottesreich vollendet ist, wenn kein Mensch mehr regiert, sondern alle unter Gott gestellt wurden, dann, ja dann geschieht Folgendes. Das also ist der Blick in die Zukunft, der uns heute klar wird. Diese Welt mit all ihren Komplikationen wird aufgehen, hinübergehen in die neue Gotteswelt.

Und nun kommt hier eingebunden das Berg-Motiv. Dies beginnt, wenn ein Bergzug in Jerusalem die höchste Bedeutung und Wichtigkeit erhält. So schreibt Jesaja es.

Liebe Gemeinde, dieser hier genannte Beginn der neuen Welt Gottes war schon und ist uns gut vertraut. Dieser Berg von höchster Bedeutung ist der Berg von Golgatha. Hier stirbt Jesus am Kreuz, weil Gott dies so wollte. Damit solidarisiert sich Gott mit allen Leidenden, Jesus versöhnt uns damit; keine Strafe kann uns von Gott fernhalten.

Damit ist klar: Die neue Zukunft, auf die Jesaja hinweist, begann am Karfreitag! Gottes neue Welt ist also nicht irgendwo weit in der Ferne, sondern sie hat schon begonnen! Oft ist uns Christen dies gar nicht bewusst. Schon jetzt können wir so manches aufspüren, das nicht typisch wir sind, sondern das Teil der neuen Gotteswelt ist. Markus macht dies in seinem Evangelium auffällig deutlich: Er berichtet, dass – gleich zum Beginn der Wirksamkeit Jesu – Jesus sagt: Das Reich Gottes ist angebrochen, darum vertraut der Nachricht, die euch fröhlich sein lässt (vgl. Mk 1,14f).

Nun folgen im Text zwei Aufforderungen, die uns gelten: *„Kommt, lasst uns dorthin gehen…* " und: *„Kommt nun, lasst uns wandeln im Licht des HERRN."*

Wenn uns klar ist, dass uns Gott nicht vertröstet auf einen „Sankt Nimmerleinstag", sondern wir schon jetzt Teil seiner neuen Welt sind, dann kommen wir doch dorthin, wo Er uns anspricht, uns aufbaut, stärkt und tröstet. *„Dass Er uns lehre Seine Wege und wir wandeln auf Seinen Steigen!"*

Hier wird nun ein jeder von Euch eingebunden. Und wir lassen uns etwas sagen von diesem Gott. Das geschieht mit unseren Lesungen im Gottesdienst. Jede Evangeliumslesung zeigt uns, wie stärkend Gott Menschen begegnet. Jede Lesung zeigt uns auf, dass tatsächlich Gottes neue Welt wirksam ist. Darum bekennen so manche Christen ja auch: *„HERR, Dein Wort ist meines Fußes Leuchte und ein Licht auf meinem Wege!"* (Ps 119,105)

Wir wollen gezielt Gottes Wort aufnehmen. So sind wir eingebunden in die Erkenntnisse des Jesaja, denn er sagt nun, dass aus vielen Völkern die Menschen sich ausrichten nach Gottes Zusagen und Ansagen. Wir sind also eingebunden in diese Prophetie. – Freilich: wie schwer es uns heute gemacht wird, mit Freude sich von biblischen Texten ansprechen zu lassen, zeigt ein Beispiel aus dem Gymnasium in Döblingen bei Wien: Hier wurden die Kinder gebeten aus einem Lieblingsbuch vorzulesen. Weil ein Junge seine Kinderbibel mochte, wollte er daraus vorlesen. Die Lehrerin hat dies unterbunden mit dem Hinweis, das würde andere Schüler verletzen. Harry Potter ist erlaubt, aber Bibel nicht! (Vgl. *Die Krone*, 04.06.2024)

Wir aber gehören zu denen, von denen Jesaja schon wusste: Weil wir diesen Geist annehmen, werden wir nicht böse, zerstörerische Worte und Gedanke aussprechen. Weil wir den Zusagen Jesu vertrauen, gehen wir vertrauensvoll mit Menschen um, und suchen nicht unsere Vorteile, nutzen Not und Schwächen anderer nicht aus. So spüren auch andere etwas von der Gegenwart der neuen Gotteswelt.

Damit wir dem treu bleiben, benötigen wir aber immer neu diese zwei Aufforderungen des Jesaja: *„Kommt, lasst uns dorthin gehen…* " und: *„Kommt nun, lasst uns wandeln im Licht des HERRN."*

Liebe Gemeinde, zwischen diesen beiden Aufforderungen steht nun dieser berühmt gewordene Satz, dass aus Schwertern Pflugscharen werden: *„Und er wird richten unter den Nationen und zurechtweisen viele Völker. Da werden sie ihre Schwerter zu Pflugscharen machen und ihre Spieße zu Sicheln. Denn es wird kein Volk gegen das andere das Schwert erheben, und sie werden hinfort nicht mehr lernen, Krieg zu führen."*

Es ist so wichtig, dass wir wahrnehmen, dass dieser Satz umrahmt wird von den zwei Aufforderungen. Da, wo wir Gottes Wort umfänglich umsetzen, da, wo wir Gott gehorchen und keinem anderen, da kommt der Friede Gottes auf. Ja, wir werden dafür eingebunden! Aber das ist kein Frieden, den wir machen! Was hier beschrieben wird, ist der Gottesfrieden. Der Gottessfrieden ist zu unterscheiden von einem politischen Frieden. Jeder politische Frieden ist so wichtig und geboten, aber ist nicht gleichzusetzen mit dem Frieden von Gott. Der Gottesfrieden beginnt zu wirken zuerst in und mit uns: Wo wir aus einem inneren Frieden heraus leben, wo wir ohne Neid, Zank, verletzendem Ehrgeiz, ohne Gewinnsucht leben, wo wir dankbar unseren Lebensort annehmen, da beginnt der Gottesfrieden. Wo Menschen so getragen sind von Gottes Zusagen, da werden sie keine Gewalt ausüben und darum sind nicht Kriegsgeräte ihr Handwerkszeug. Dieser Gottesfrieden wird spürbar werden, weil Menschen im Geiste Gottes bleiben. Wo wir Gott gehorchen und uns je und je neu ansprechen lassen von Seinem Wort, ihm treu bleiben, da gestaltet Gott mit uns ein Teil seiner neuen Welt. Darum die herzliche Einladung: Spürt auf, dass Gottes neue Welt begonnen hat. *„Kommt, lasst uns dorthin gehen…"* und: *„Kommt nun, lasst uns wandeln im Licht des HERRN."*

Liebe Gemeinde, Jesaja wollte uns die Augen öffnen, damit wir von Gottes Zukunft für uns wissen. Ja, wir wissen von seiner neuen Welt und benötigen deshalb keine Wahrsagerei und auch keine dunklen Untergangsstimmungen. Jesaja hat auf einen Berg hingewiesen, der den Wandel, die Gotteswelt, bringt. Und darum wissen wir, dass Gottes Neue Welt mit Jesus angebrochen ist. Und wir als bekennende Christen sind darin gut bewahrt und mit Aufgaben eingebunden. Amen.

e) Der Gottesdienst

Lieder:
EG 262: *Sonne der Gerechtigkeit*
EG 165: *Gott ist gegenwärtig*
EG 346,3: *Ach sucht doch den* (Strophe nach der Predigt)

Das vormalige Wochenlied 318 ist doch recht weit entfernt von den Lesungen des Sonntags.

Psalm: Ps 73 (EG 733). Dem Sonntag zugeordnet ist ein Ausschnitt aus Ps 48, doch dieser Psalm ist nicht im EG unter den Psalmgebeten aufgenommen.

Pastor Dietmar Schmidtmann, Wittichenau

Literatur:

- Wildberger, Hans: *Jesaja.* Neukirchen ²1980 (= BKAT 10/1), S. 75–91;
- Pannenberg, Wolfhart: *Diskussionsbeitrag zu H. W. Wolff: Schwerter zu Pflugscharen – Mißbrauch eines Prophetenwortes?* In: EvTh 44 (1984), S. 293–297.
- Levin, Christoph: *Jesaja 2,1-5. 8. Sonntag nach Trinitatis, 17.7.2005.* In: GPM 59 (2004/2005), S. 363–369;
- Rupprecht, Walter: *Jesaja 2, 1-5. Epiphanias.* In: CPH, Bd. 2, Stuttgart ³1972, S. 59–71.

15. August 2025

Katholisch: Hochfest Mariä Himmelfahrt
Offenbarung 11,19a; 12,1-6a.10; 1. Korinther 15,20-27a; Lukas 1,39-56: Urbild des Glaubens, Abbild der Kirche und als Vorausbild unserer Erlösung

Maria ist in aller Munde – aber haben wir sie auch vor Augen, wie der Evangelist Lukas sie malt und die Hl. Schrift sie uns vorstellt? Das Hochfest der Himmelfahrt Mariens zeigt uns in vielen Bildern, wie sie ist und was wir in der Gemeinschaft mit ihr erhoffen dürfen. In den Bildern begreifen wir mehr als in Worten, wie sie an unserer Seite steht, wenn wir Gott suchen.

Die Mutter Gottes mit dem Kind auf der Mondsichel – unter dem Auge Gottes, das ist ein Bild, das uns die zweite Lesung dieses Hochfestes in der Apokalypse vor Augen stellt. So, wie Er sie sieht, will sie von uns angeschaut werden: als Urbild des Glaubens, als Abbild der Kirche und als Vorausbild unserer Erlösung: Mariä Himmelfahrt lässt uns schauen, dass alles Erste ewig ist, alles Ursprüngliche echt und alles Wahre schön. Maria braucht kein „update", das morgen schon von gestern ist. Wer sie für eigene Interessen verzweckt, verfehlt das Ziel, für das sie steht.

Mariä Himmelfahrt – das ist der „Blick zurück nach vorn", ein Fest des Bleibenden, das wir jedes Jahr feiern, um in ihr die Kirche so zu sehen, wie Gott sie im Ja-Wort Marias auf den Weg gebracht hat. Auch im Blick auf das jährlich große Fest der Himmelfahrt Mariens lassen sich die Worte Papst Benedikts XVI. verstehen: *„Große Dinge werden durch die Wiederholung nicht langweilig. Nur das Belanglose braucht die Abwechslung und muss schnell durch anderes ersetzt werden. Das Große wird größer, indem wir es wiederholen und wir selbst werden reicher dabei und werden still und werden frei."*

Das Hochfest der Himmelfahrt Mariens lässt uns schauen, wie der Glaube vom Hören kommt und die Kirche aus einem Schweigen erwächst, das Gott am Werk weiß. Wo Maria in menschliche „Updates" gefasst und gezwängt wird, drohen der Glaube kurzsichtig und unsere Erwartung kurzfristig zu werden. Mariä Himmelfahrt zu feiern, schafft einen größeren Horizont. Das Fest zeigt uns: Es braucht die Leidenschaft der Liturgie und die Kontinuität der Kirche, um in irdischer Zeit das himmlische Ziel nicht aus dem Blick zu verlieren.

In vielen Bildern und Gemälden unserer Kirchen ist diese Ausrichtung zu sehen, die im Beten das Bleibende schaut, im Hören die Hoffnung immer wieder neu ortet und im Schweigen auch Schweres erträgt und mitträgt. Geht man geistlich durch den Tag, gewinnt alle Zeit des Lebens ein Ziel. So wird bewusst, wie sie angeschaut werden will, damit der Alltag des Lebens immer wieder zum Anruf einer Liebe werden kann, die aushält und austrägt, die antwortet und anspricht, was zu hoffen ist.

I. Maria – der Mensch im Verborgenen

In Bayern hat mich ein spätgotischer Schlussstein, der ursprünglich aus der Pfarrkirche in Irlbach kommt, besonders angesprochen. Er besteht aus einer Vierpassform, in der

Maria mit dem Jesuskind thront. Wenn am Abend in klösterlichen Gemeinschaften der Tag ausklingt mit der Komplet, an deren Ende der marianische Gruß des *„Salve Regina"* erklingt, kommt gleichsam schon aus der Feier der Eucharistie am folgenden Morgen auch der Blick auf den neuen Tag, mit dem Christen sich im Gebet schon am Abend unter den Schutzmantel Marias begeben. Dieses Beten wird so zum Sinnbild dafür, dass Glaube und Leben eine transparente Verborgenheit brauchen, in der das Große keimen und wachsen kann. Diese Diskretion ist Kontemplation! Hier sind wir in der *„Schule von Nazareth"*, wo Maria die Botschaft des Engels empfängt und wo sie – in der Kraft des Hl. Geistes – ihr Ja im Glauben zum Leben sprechen lernt.

Papst Paul VI. hat seinerzeit bei seinem Besuch im Hl. Land so treffend ins Wort gebracht, was im Beten und im Blick auf Maria mitschwingt. Er sagt: *„Das Haus von Nazareth ist eine Schule, in der man beginnt Christi Leben zu verstehen. Es ist eine Schule des Evangeliums. Hier nämlich lernen wir vor allem sehen, hören, betrachten und verstehen, welch' große und geheime Kraft in dieser schlichten, demütigen und kostbaren Offenbarung des Sohnes Gottes steckt. Nach und nach lernen wir vielleicht auch, Ihm nachzufolgen. Hier lernen wir mit Leichtigkeit die Weise und den Weg der Christuserkenntnis. Hier wird uns besonders klar, wie sehr man auf die ganze Umwelt achten muss, in der Sein Wohnen unter uns eingebettet ist. Zeit, Ort, Gebräuche, Sprache, heilige Riten und endlich alles, wodurch Jesus sich der Welt offenbarte. All' das kommt hier zu Wort; hier erhält es für uns sein Gewicht. Hier, in dieser Schule, sieht man, wie notwendig eine geistliche Ordnung ist, wenn man der Lehre des Evangeliums folgen und Jünger Christi sein möchte."*

Im Blick auf jenes Bild, das Maria mit dem Kind zeigt, haben wir vor Augen, was die Kirche zum Haus Gottes und zur Schule des Evangeliums macht, was den Bau begründet und zusammenhält: ein Herz, das in Gott Heimat hat und Christus aufnimmt, ein Schweigen, das beredt ist und ein Sprechen, das im Fiat Marias den O-Ton den Lebens findet. In dieser Schwingung kann der geistliche Mensch emporsteigen und – gleichsam aus der Schule des Glaubens – auf die Wege des Lebens kommen, um ein Zweites im Fest dieses Tages zu begreifen:

II. Maria – die Gefährtin am Weg

Oft findet man Darstellungen der Gottesmutter mit einem Blick, der nach innen geht, und mit Händen, die das Herz halten. Maria steht hier gleichsam am Weg der Gänge, die Menschen im Laufe eines Tages und ihres Lebens immer wieder durchschreiten. Maria am Weg – von einer Aufgabe zur nächsten, von einem Termin zum anderen, von der Arbeit zum Gebet; das ist die Frau aus dem Volke, die Gottesmutter an der Seite der Menschen. So, wie sie bei der Hochzeit zu Kana am Rand steht und wachsam aufnimmt, was in der Mitte fehlt, ist sie zugegen, wo wir den Mangel an Glauben in der Kirche und in uns selbst mit uns schleppen. Sie nimmt wahr, woran uns mangelt. Sie bewegt in ihrem Herzen und fühlt mit, wie uns zumute ist. Sie birgt mit ihren Händen, was uns abhanden gekommen ist.

Maria steht mit unseren Mühen unter dem Kreuz und blickt auf ihren Sohn. In dieser Aussicht reift die Einsicht: *„Nur wer fühlt, was er sieht, gibt, was er hat!"* Als Maria nur noch ihren toten Sohn in den Händen halten kann, wird ihre Hingabe zum Himmel erhoben. Im Anblick der Mutter unter dem Kreuz öffnet sich der Horizont des österlichen Glaubens, wie ihn Papst Benedikt XVI. im Blick auf das heutige Fest ins Wort gebracht hat: *„Maria war die erste, die den zum Kind gewordenen Sohn Gottes in ihre Arme geschlossen hat; jetzt ist sie die erste, die an seiner Seite in der Herrlichkeit des Himmels ist. Was wir heute feiern, ist ein großes Geheimnis und vor allem ist es ein Geheimnis der Hoffnung und der Freude für uns alle: In Maria sehen wir das Ziel, zu dem all' jene unterwegs sind, die es verstehen, ihr Leben an das von Jesus zu binden; die es verstehen, ihm nachzufolgen, wie Maria es getan hat. So spricht dieses Fest von unserer Zukunft, es sagt uns, dass auch wir an der Seite Jesu in der Freude Gottes sein werden und es lädt uns ein, Mut zu haben, zu glauben, dass die Kraft der Auferstehung Christi auch in uns wirken und uns zu Männern und Frauen machen kann, die jeden Tag danach trachten, als Auferstandene zu leben und in der Finsternis des Bösen, das in der Welt ist, das Licht des Guten tragen."* In dieser Blickrichtung sehen wir dann ein Drittes:

III. Maria – die Frau am Ziel

In der Schule großer Beter lernen wir, mit deren Augen zu schauen. Ihre geistliche Führung ist dann wie eine Sehschule des Glaubens. Ein oft zu sehendes Altarbild zeigt den Hl. Benedikt in der Verehrung der Gottesmutter. Seine Innigkeit ist anziehend. Seine Hinwendung zu Maria bewegt uns dazu, geistlich voranzuschreiten. Aber Fortschritt in dem Sinn, dass der Mensch an sein Ziel kommt, gibt es nur, wo es auch die Rückendeckung eines fürbittenden Betens gibt, das uns hält.

So haben wir beim Beten die Gottesmutter gleichzeitig im Rücken, die uns sozusagen anschiebt, uns mit ihr auf Christus zuzubewegen. So, wie der Hl. Benedikt Maria mit Christus auf manchen Altarbildern von den Engeln im Himmel umgeben sieht, sind wir zu dieser Heimat unterwegs. Wir sehen hier mit eigenen Augen den Trost, den der Dichter Novalis einmal so ins Wort gekleidet hat: *„Wohin gehen wir? – Immer nach Hause!"*

Von dieser Ausrichtung angeschoben und bewegt, gezogen und geführt zu werden, lässt uns begreifen, was Papst Benedikt XVI. im Blick auf die Gottesmutter sieht: *„Maria bietet dem Volk Gottes, das in der Geschichte zur Ewigkeit pilgert, stets ihre Fürsprache und Mittlerschaft an. Erneut spüren wir in uns eine tiefe Dankbarkeit gegenüber Maria, der Mutter Jesu. Sie ist das vollkommene Bild der Kirche, die der Welt das Licht Christi schenkt. Sie ist der Stern der Evangelisierung. „Respice stellam", sagt uns der Hl. Bernhard: ‚Schau auf den Stern, du, der du die Wahrheit und den Frieden suchst; richte den Blick auf Maria, und sie wird dir Jesus zeigen, Licht für jeden Menschen und alle Völker.'"*

Mariä Himmelfahrt – das ist Ostern mitten im Sommer; Lichtblick im Dunkel von Kirche und Welt; Einblick in das Verborgene; Weitblick auf dem Weg – und Aufblick zum Himmel. Der *„Mensch im Verborgenen"*, die *„Gefährtin am Weg"* und die *„Frau am Ziel"* leuchten im heutigen Fest. Mariä Himmelfahrt ist deshalb kein verkürztes und verzwecktes „Update" von etwas Vergangenem, sondern die „Preview" unserer Zukunft - so wie die Kirche heute im Lied diesen österlichen Aufschein besingt:

„Sagt an, wer ist doch diese,
die auf am Himmel geht,
die überm Paradiese
als Morgenröte steht.

Sie kommt hervor von ferne,
es schmückt sie Mond und Sterne,
die Braut von Nazareth.“

Amen.

Kurienbischof Prof. Dr. Franz-Peter Tebartz-van Elst, Rom

17. August 2025

Katholisch: 20. Sonntag im Jahreskreis
Jeremia 38, 4-6. 8-10; Hebräer 12, 1-4; Lukas 12, 49-53: Frieden und Spaltung

Liebe Brüder und Schwestern im Herrn!

Wir alle sind in der Gefahr, uns einen Jesus nach eigenen Vorstellungen zurechtzumachen: Das geistige Bild, das wir von Jesus Christus haben, wird bewusst oder auch unbewusst nach eigenen Maßstäben geformt. Am Ende würde dann ein „Christus des Glaubens“ stehen, der mit dem wirklichen Jesus, so wie er auf Erden gelebt und gewirkt hat, nur mehr wenig zu tun hätte.

Damit dies nicht geschieht und wir der Versuchung widerstehen können, uns ein Christusbild nach eigenen Vorstellungen zu machen, hat uns Gott sein Wort geschenkt: Die Heilige Schrift bezeugt auf gültige und zuverlässige Weise, „was Jesus, der Sohn Gottes, in seinem Leben unter den Menschen zu deren ewigem Heil wirklich getan und gelehrt hat bis zu dem Tag, da er aufgenommen wurde“ (2. Vatikanisches Konzil, Dei Verbum, Nr. 19). Die Evangelien „sind das Hauptzeugnis für Leben und Lehre des fleischgewordenen Wortes, unseres Erlösers“ (Nr. 18).

In Einheit mit der Heiligen Schrift und der apostolischen Überlieferung wird uns so durch das Lehramt der Kirche das Wort Gottes kundgemacht, sodass wir in unserem Glauben auf zuverlässigem Fundament stehen und nicht irgendwelchen „*Fabeleien*“ (1 Tim 1,4; 2 Tim 4,4; Tit 1,14) oder „*klug ausgedachten Geschichten*“ (2 Petr 1,16) folgen.

Immer wieder korrigiert so das Wort Gottes selber unser Bild von Jesus, dem Christus. Dies ist auch im Evangelium des heutigen Sonntags der Fall. Vielleicht sind wir sogar etwas verstört und verunsichert, wenn Jesus von sich selber sagt, er sei nicht gekommen, den Frieden zu bringen, sondern die Spaltung (Lk 12,51) oder gar das Schwert (Mt 10,34). Meint er jetzt gar, wir sollten gewaltsam seine Lehre verteidigen oder sie anderen mit Waffengewalt aufzwingen? Diese Missverständnisse hat es in der Kirchengeschichte leider auch gegeben. Jesus schildert im Evangelium dieses Sonntags anschaulich die Spaltungen, welche seine Lehre hervorrufen kann: Sogar die eigenen Verwandten und Hausgenossen sind uneins darüber, was sie für wahr halten und wem sie im Glauben folgen sollen. Wie kann Jesus das also gemeint haben? Ist er plötzlich nicht mehr der Friedensfürst? Ist sein Evangelium keine Botschaft des Friedens und der Liebe mehr, sondern der Spaltung oder gar des Hasses?

Es geht dem Herrn offenbar um etwas anderes: Dort, wo die Wahrheit und der Friede in Konkurrenz zueinander treten, möchte Jesus keinen Frieden um jeden Preis. Auf Dauer auf die Wahrheit zu verzichten würde nämlich gerade die Fundamente eines echten und bleibenden Friedens untergraben. So kann es vorkommen, dass das Wort Gottes Ablehnung hervorruft und zu Spaltungen Anlass gibt. Und diesen Zustand gilt es fürs erste zu ertragen, auch wenn er kein Ziel darstellt!

Die Worte Jesu sind also ein Trost und eine Bestärkung für alle jene, die um seines Namens willen und um seines Wortes willen Verfolgung leiden. Gott ist auf ihrer Seite; das Wort der Wahrheit bleibt siegreich, auch wenn dem Wort Gottes Gewalt widerfährt. Nicht die an Christus Glaubenden sollen also Gewalt anwenden oder gar Unfrieden stiften, sondern das Zeugnis für die Offenbarung Gottes ist mitunter Situationen des Missverständnisses, der Ablehnung, ja sogar des Hasses ausgesetzt. Und gerade hier bewährt sich die christliche Liebe!

Jesus spricht auch noch vom Feuer, das er gekommen ist, auf die Erde zu werfen, und von dem er wünscht, dass es schon brenne. Wir dürfen hier an das Feuer des Heiligen Geistes denken. Er ist der Geist der Wahrheit, der zugleich die Liebe wirkt. Es ist der Geist des Friedens Christi und der Versöhnung. Möge uns Gottes Heiliger Geist auf die Fürbitte der Jungfrau und Gottesmutter Maria eben dieses Feuer der göttlichen Liebe im Herzen entzünden und zu Taten der Liebe antreiben! Amen

Prof. Dr. Josef Spindelböck, Sankt Pölten

Evangelisch: 9. Sonntag nach Trinitatis
Philipperbrief 3, 4b-14: Von Hoch- und Tief-Zeiten unseres Lebens

Es gibt Zeiten in unserem Leben, da ziehen wir Bilanz. Das können Hoch-Zeiten des Lebens sein, etwa ein runder Geburtstag, ein Konfirmationsjubiläum, der Schulabschluss eines Kindes. Auch die Ferienzeit ist für viele manchmal so eine Bilanzzeit. Aber auch Tief-Zeiten des Lebens zwingen uns manchmal, Bilanz zu ziehen: Eine Krankheit, die uns aus der Bahn wirft und die Zukunft verändert, Krisen in der Familie, Probleme im Beruf.

Bilanzieren – da stehen wir vor grundlegenden Fragen: Was ist uns gelungen? Worin haben wir versagt? Was wollten wir besser machen? Was ist wirklich wertvoll in unserem Leben? Was sind die Grundpfeiler in meinem Leben, die mich tragen? Jedem werden hier spontan ganz verschiedene Antworten einfallen.

Paulus hat sich – wie wir heute – gefragt: **Was macht das Leben lebenswert?** Wie würden wir antworten? Ausreichend Geld, damit man sich etwas leisten kann, damit Wünsche in Erfüllung gehen, Ansprüche befriedigt werden können? Sichere Rente, bezahlbarer Pflegeplatz, wenn ich ihn brauche...? Ein Beruf, der erfüllt, ein sicherer Arbeitsplatz, ein gutes Arbeitsklima, Anerkennung und Wertschätzung bei den Arbeitskollegen? Eine Familie, Beziehungen, in der Alt und Jung in guter Harmonie miteinander leben? Kinder, die bei uns in Geborgenheit aufwachsen und zu selbständigen und verantwortungsvollen Menschen heranwachsen in einer gesicherten Zukunft?

Was macht das Leben lebenswert? Der Glaube, der inneren Halt gibt und eine tiefe Geborgenheit, der auch in Krisenzeiten hilft, nicht aus der Bahn zu geraten. Eine Lebenshaltung, die sich an Jesus orientiert und weder engherzig über andere urteilt noch haltlos im Strom der Zeit mitschwimmt.

Was macht das Leben lebenswert? Vielleicht auch nur die Bescheidenheit und der Wunsch, mit Anstand durch das Leben zu kommen und niemandem zur Last zu fallen. Andere Menschen auf unserer Welt wären schon glücklich, einmal nachts ruhig schlafen zu können ohne Angst vor Gewalt, Bomben und Krieg. Einmal am Tag genug essen können, um satt zu werden. Einmal einen Schluck frisches Wasser aus einer Quelle trinken dürfen.

Vielleicht fallen Ihnen aber auch ganz andere Beispiele ein, vielleicht sind uns persönlich ganz andere Dinge wichtig. Und vielleicht hat der eine oder andere schon die Erfahrung gemacht, dass etwas, was wir für ganz wichtig und unbedingt erstrebenswert hielten, plötzlich gar keine Rolle mehr spielte für unser Leben.

Der Apostel Paulus berichtet von dieser Erfahrung. Auch er zieht Bilanz. Und er stellt fest: Worauf er früher stolz gewesen ist, das ist ihm jetzt ganz und gar nicht mehr wichtig. Er zieht Bilanz in einer Krisenzeit, in der er wegen seines Glaubens im Gefängnis sitzt. Aber er sehnt sich nicht nach früheren besseren Zeiten zurück, ganz im Gegenteil. Es sind sogar harte Worte, ein hartes Urteil, das Paulus hier über sein früheres Leben fällt. Dreck war mein Leben, Mist, Unrat, sinnlos und umsonst.

Dabei war es gar kein schlechtes Leben, auf das Paulus zurückblickt. Im Gegenteil, bei ihm war doch alles in Ordnung, in bester Ordnung sogar. Schon von Anfang an. Auf seine Herkunft konnte er stolz sein. In religiöser Hinsicht wurden alle Vorschriften exakt befolgt. Ein grundanständiges Leben hat er geführt. Was sich gehörte war bei Paulus seit seiner Jugend perfekt.

Eine hervorragende Ausbildung hat er genossen, die zum Besten gehörte, was in seiner Zeit möglich war. Seine Eltern hatten ihn nach Jerusalem zu dem berühmten Lehrer Gamaliel geschickt. Als Pharisäer gehörte er zu einer damals sehr anerkannten, wegen ihrer Disziplin und Grundsätze geschätzten Gruppe. Zudem hatte er eine im Römischen Reich anerkannte Rechtsstellung: er war Bürger des Römisches Reiches und damit geschützt vor willkürlicher Behandlung. Und er trat aktiv für seine Überzeugungen ein; was er für richtig erkannt hatte, dafür engagierte er sich auch. Familie, Nation, Religion, Lebensführung und aktiver Einsatz für seine Überzeugungen, - das alles ergäbe einen perfekten Lebenslauf, beste Referenzen für eine Bewerbung. Paulus hätte sicher nur Spitzenbeurteilungen zu erwarten. Wenn er sich auf äußere menschliche Vorzüge berufen wollte, dann könnte Paulus mit jedem anderen mithalten. Davon ist er überzeugt.

Und doch bedeutet ihm all dies plötzlich nichts mehr, ja, er hält es nicht nur für nutzlos, er hält es sogar für einen Schaden. Was war anders geworden, seit er Christus kennenlernte? Seit sich Christus ihm vor Damaskus in den Weg stellte? Seitdem Christus diesen perfekten Lebenslauf durchbrochen hat?

Eines kann man sicher nicht sagen: nämlich dass Paulus von einem ungläubigen zu einem gläubigen Menschen geworden ist. Nein, er wollte Gott ernsthaft dienen, immer, vorher, als er die Christen noch verfolgte, und nachher, als er nichts sehnlicher wollte, als Christus zu verkündigen. Er wollte Gott ernsthaft dienen, und er tat dies mit ganzer Kraft, mit vollem Einsatz, vorher und nachher.

Was ist anders geworden?

Äußerlich ist seine Lage sicherlich nicht besser geworden. Ein anerkannter, allseits geachteter, von manchen auch gefürchteter Mann, stellt sich gegen sein bisheriges Leben. Er handelt sich Anfeindungen ein. Seine bisherigen Freunde sind enttäuscht von ihm, wenden sich von ihm ab. Die er bisher verfolgt hatte, misstrauen ihm. Er landet öfter im Gefängnis, als ihm lieb sein kann. Er nimmt auf seinen Reisen schlimme, lebensgefährliche Strapazen auf sich.

Und doch möchte er um nichts auf der Welt tauschen. Jesus Christus, meinen Herrn, erkannt zu haben, das ist mir unendlich viel wichtiger als alles andere, sagt er. Gott soll mich finden als einen Menschen, der Gerechtigkeit nicht aus dem Tun des Gesetzes, sondern durch den Glauben an Christus hat.

Hier liegt der Schlüssel für seine neue, seine geänderte Einstellung zum Leben. Hier liegt der Schlüssel dafür, dass ihm alle bisherigen Vorteile als Nachteile erscheinen und dass ihm die äußeren Nachteile der neuen Situation nichts ausmachen: Seine Gerechtigkeit kommt aus dem Glauben an Christus.

In der Begegnung mit Christus wurde Paulus deutlich: Die immerwährende Suche nach Anerkennung, die Jagd nach Selbstbestätigung ist überflüssig, ja schädlich. Gott erkennt uns als seine Kinder an, wir müssen es uns nicht immer selber beweisen, uns vergewissern, es anderen zeigen, was wir wert sind. Wir sind geliebt, sind anerkannt, gelten etwas bei Gott. Leistungen nach außen, wie auch jetzt so manches Schulzeugnis, sind wichtig, aber nicht lebensnotwendig und lebenserhaltend. Auch mit schlechten äußeren Noten in Schule, Beruf, Familie sind wir etwas wert.

In diesem Grundvertrauen können wir leben, ohne uns ständig um die Aufrechterhaltung der äußeren Fassade bemühen zu müssen. Von diesem Grundvertrauen getragen können wir die Aufgaben unseres Lebens anpacken, ohne dass wir uns ständig um uns selber drehen müssen.

Ein gern gesungenes Lied bringt dies mit folgenden Worten zum Ausdruck:

Meine Zeit steht in deinen Händen.
Nun kann ich ruhig sein, ruhig sein in dir.
Du gibst Geborgenheit, du kannst alles wenden.
Gib mir ein festes Herz, mach es fest in dir.
Sorgen quälen und werden mir zu groß.
Mutlos frag ich, was wird morgen sein.
Doch du liebst mich, du lässt mich nicht los.
Vater, du wirst bei mir sein.
Hast und Eile, Zeitnot und Betrieb
nehmen mich gefangen, jagen mich.
Herr, ich rufe: komm und mach mich frei.
Führe du mich Schritt für Schritt.

In dieser neuen Grundhaltung bekommt auch das Leiden, so manche Schattenseiten des Lebens oder das, was wir Schattenseiten nennen oder als Schattenseite empfinden, einen anderen Stellenwert:

Paulus versteht sein Leiden als Teilhabe an den Leiden Christi. Am Leiden Christi teilhaben, Christus gleichgestaltet werden, das berechtigt zu der Gewissheit, auch an der Auferstehung Christi, an dem Sieg Gottes über das Leid teilzuhaben. Paulus weiß sich im Leid mit Christus verbunden – und er weiß auch von der Überwindung des Leides durch Christus.

Teilhabe am Leiden Christi. Dahinter steht keine krankhafte Leidenssehnsucht. Sondern dahinter steht die persönliche Erfahrung von Paulus, dass ihn Christus im Leid trägt. Dass er ihm nahe ist, auch in schweren Zeiten, auch im Gefängnis, auch wenn andere ihm misstrauen, ihn ablehnen und verfolgen.

Es ist Christen nicht verheißen, dass ihnen die Schattenseiten des Lebens erspart bleiben. Aber wir haben einen Herrn, der diese Schattenseiten des Lebens selber durchlebt hat und der uns deshalb zur Seite steht, auch in schwerer Zeit.

Und viele haben es erlebt und erleben es heute noch, dass ihre Verbundenheit mit Christus gerade durch schwere Zeiten gefestigt wurde, mehr als in den problemlosen Zeiten, die doch eher zur Oberflächlichkeit verführen.

Paulus konnte sagen: *„Nichts kann uns scheiden von der Liebe Gottes, weder Tod noch Leben, weder Engel noch Mächte noch Gewalten, weder Gegenwärtiges noch Zukünftiges, weder Hohes noch Tiefes noch eine andere Kreatur."*

Schenke Gott, dass auch unser Glaube zu solcher Gewissheit wachsen darf. Gerade jetzt, wo manche Halbzeitbilanz oder Ferienbilanz ziehen. Amen.

Pfarrer Martin Reutter, Ansbach

24. August 2025

Katholisch: 21. Sonntag im Jahreskreis Jesaja 66,18-21; Hebräer 12, 5-7. 11-13; Lukas 13,22-30: Worauf es wirklich ankommt

Liebe Brüder und Schwestern im Herrn!

Das gegenwärtige Leben in unserer Gesellschaft ist gekennzeichnet durch ein Übermaß an Informationen und durch einen ständigen und inzwischen sogar weltweiten elektronischen Austausch von Inhalten. Dies bringt viele Vorteile und Chancen mit sich, aber natürlich auch so manche Schwierigkeiten und Gefahren, ja auch eine gewisse Überforderung.

Denn wie gelingt es uns Menschen noch, das Wichtige vom Unwichtigen zu unterscheiden, wenn wir so viel erfahren können? Bleiben wir da nicht allzu leicht an der Oberfläche des Wissens hängen? Können hier nicht auch in Sekundenschnelle falsche Informationen verbreitet werden, welche die Menschen in die Irre führen und manipulieren („Fake-News")? Wie erlernen wir den richtigen Umgang mit den neuen digitalen Medien?

Versetzen wir uns zweitausend Jahre zurück, in die Zeit Jesu. Wir dürfen den kulturellen und bildungsmäßigen Stand der Menschen der damaligen Zeit nicht unterschätzen, denn das Judentum war und ist eine Hochreligion, und im Römischen Reich war die hellenistische Kultur wirksam; es gab sowohl wissenschaftliche als auch künstlerische Höchstleistungen. Wichtige Informationen wurden ausgetauscht; ihre Übermittlung benötigte aber eine längere Zeit als heute. Es gab Gebildete, welche in der Lage waren, Schriftstücke zu lesen und zu verfassen. Viele aber waren einfach darauf angewiesen, dass man ihnen mündlich erzählte, was geschehen war und wichtig erschien. Jesus selber war als Sohn Gottes allwissend, aber er war auch als Mensch entsprechend den Möglichkeiten seiner Zeit vielseitig gebildet, vor allem in der jüdischen Religion und der zeitgenössischen Kultur. Hier hat sicher sein gesetzlicher Vater, der heilige Josef, einen großartigen Beitrag geleistet bei der Ausbildung Jesu, als er in Nazareth heranwuchs, und bestimmt auch seine Mutter Maria.

Dennoch hat uns Jesus selber keine schriftlichen Zeugnisse hinterlassen; er hat vielmehr zu den Aposteln und Jüngern gepredigt, und diese haben sowohl mündlich als auch schriftlich all das weitergegeben, was Gott uns durch seinen Sohn um unseres Heiles willen anvertraut hat.

Die zentrale Botschaft Jesu handelt vom Himmelreich! Denn dort sollen sich bei der Vollendung der Welt alle Menschen einfinden, wo immer sie herkommen. Ob es Juden sind oder Heiden, ob sie gebildet oder ungebildet sind, ob sie aus niedrigem Stand kommen oder aus höherem: Gott macht hier keinen Unterschied, sondern er bietet allen das Heil an im Werk der Erlösung unseres Herrn Jesus Christus. Das Reich Gottes ist kostbar, ja es besitzt einen unschätzbaren Wert für einen jeden von uns. Darum soll unser Sinnen und Trachten auf das Himmelreich ausgerichtet sein, dessen Wirksamkeit durch die Person Jesu schon gegenwärtig ist. Das Himmelreich ist nahe!

Wir treten ein in das Reich der Liebe Gottes, indem wir an den Sohn Gottes glauben und ihm vertrauen. Das Tor erscheint eng, und deshalb sollen wir uns – wie der Herr sagt – mit allen Kräften bemühen hinein zu gelangen. Gewiss: Es ist zuerst Gnade, dass uns Gott in sein Reich ruft. Er ruft uns aber als freie Menschen, die ihr Ja-Wort geben können und sollen. Die Tür ist offen, doch die Zeit hier auf Erden ist begrenzt. Nehmen wir also unsere Chance wahr und antworten wir mit Glaube und Liebe auf die Einladung unseres Herrn Jesus Christus!

Die Weisheit, welche von Gott kommt, lässt uns die rechten Unterscheidungen treffen: Was ist wesentlich für unser Leben und was nicht? Worauf sollen wir uns ausrichten, worum sollen wir uns bemühen? Auf diese Weise „filtern" wir unsere Informationen, denn nicht alles ist gleich wichtig für uns.

Wir können wohl auch sagen: Oft wissen wir über die irdischen Dinge besser Bescheid als über das, was für das ewige Leben von Bedeutung ist. Sollten wir uns daher nicht auch vermehrt mit den Inhalten unseres katholischen Glaubens befassen? Die wichtigste Wahrheit ist jene über Gott selbst, der sich uns durch seinen Sohn Jesus Christus im Heiligen Geist geoffenbart hat. All das bekennen wir im Glaubensbekenntnis. Darüber etwas näher nachzudenken, lohnt sich bestimmt. Und wer es ausführlicher haben will: Es gibt sowohl den Jugendkatechismus wie auch den großen „Katechismus der Katholischen Kirche“ (KKK). Da können wir unseren Glauben noch besser kennenlernen.

Wenn wir uns um eine lebendige Verbundenheit mit Gott im Gebet und in Werken der Liebe bemühen, dann erfahren wir die Nähe des Reiches Gottes. Dies alles erfüllt uns mit Freude und dankbarer Hoffnung. Wir sind gemeinsam unterwegs zu Gott, und so wollen wir einander begleiten als Kinder Gottes und dürfen uns dabei der Fürbitte der Gottesmutter Maria, des heiligen Josef und aller Heiligen des Himmels anvertrauen. Amen.

Prof. Dr. Josef Spindelböck, Sankt Pölten

Evangelisch: Israel-Sonntag/Gedenktag der Zerstörung Jerusalems Lukas 19, 41-48: Von der großen Liebe Gottes, dem Ernst des Gerichts und der Rettung in Christus

Liebe Gemeinde,

Dort wo man vom Ölberg den schönsten Blick auf Jerusalem hat, dort erinnert heute eine Kirche in Form einer Träne daran, was unser Predigttext erzählt: „Dominus flevit“ heißt sie: „Der Herr weinte“. Bis heute ist der Blick vom Ölberg ein „Muss“ für jeden Israelreisenden. Auch wenn das Stadtbild heute ein ganz anderes ist als vor rund 2000 Jahren – dieser Blick war und ist atemberaubend schön.

Doch dort, wo andere überwältigt sind von diesem Anblick, da weint Jesus. Wo viele Menschen ihn begeistert empfangen, ihre Kleider auf dem Weg ausbreiten und ihm zujubeln: *„Gelobt sei, der da kommt, der König, in dem Namen des Herrn!“* – da gehen diesem Herrn die Augen über vor Trauer und Schmerz. Wo andere fröhliche Wallfahrtslieder singen, da schaut er traurig auf diese Stadt.

Jesus weint. Er weint, weil er mehr sieht als seine Jünger. Er weint, weil er tiefer sieht als die Vielen um ihn herum. Es ist nicht der schwere Weg ins Leiden und in den Tod, der auf ihn wartet, der ihn hier weinen lässt. Jesus weint hier nicht wegen sich und seines Schicksals. Er weint über Jerusalem. Er weint über die Menschen in dieser Stadt, die Gottes große Liebe nicht erkannt haben. Er weint, weil sie nicht erkennen wollen, was Gott ihnen schenken möchte. Und Jesus weint, weil er das Gericht kommen sieht – das Gericht über Jerusalem.

Lukas, der Evangelist, ist der Einzige, der uns davon berichtet, dass Jesus über Jerusalem weinte. Er zeigt uns den Herrn, der weint – damit wir durch diesen Herrn etwas erkennen, was für unser Leben sehr wichtig ist. Auf drei wichtige Dinge fällt unser Blick bei dem, was Jesus hier redet und tut - drei Dinge, die wichtig sind auch für uns:

1. Wir sehen die große Liebe Gottes.
2. Wir sehen den Ernst des Gerichtes.
3. Wir sehen, dass Gott ausräumen will.

1. Wir sehen die große Liebe Gottes

Nur zweimal wird uns in der Bibel davon berichtet, dass Jesus weint: Jesus weint über seinen toten Freund Lazarus und hier, als Jesus über das Tod-geweihte Jerusalem weint, das seinem Gericht entgegengeht.

Wenn Jesus über Jerusalem weint, dann sicher nicht wegen der Kulturgüter, wegen der prachtvollen Bauten, Mauern und Paläste, die bald nur noch Ruinen sein werden. Nein, Jesus weint um die Menschen. Die Menschen, die in Jerusalem wohnen, und die Menschen, für die Jerusalem der Inbegriff ihrer Hoffnung ist: Er weint über sein Volk, die Juden. Bis heute ist für das jüdische Volk diese Stadt Jerusalem das Ziel all ihrer Wünsche und Sehnsüchte. Egal, wo Juden in der Welt leben. Beim Passafest im Frühjahr grüßen sie sich mit den Worten: „Im nächsten Jahr feiern wir das Passafest in Jerusalem."

Jesus weint um diese Menschen, um sein Volk. Um jeden Einzelnen weint er. Es geht Gott immer um den Einzelnen. Er bleibt nie auf Distanz, sondern wird immer ganz persönlich.

Aber – warum weint Jesus? Er weint, weil er jeden Einzelnen seines Volkes liebt. Wer liebt, der weint, den lässt die Not des anderen nicht kalt. Jesus weint Tränen der Liebe. An seinen Tränen können wir Gottes große Liebe zu seinem Volk, zu seinen Menschen erkennen. Die Liebe Gottes zu diesem Volk hat eine lange Geschichte: Es war seine Liebe, die ihn dieses Volk Israel erwählen ließ. Es war seine Liebe, dass er sie aus der Knechtschaft befreite und in ihr Land führte. Es war seine Liebe, dass er mit ihnen einen unvergänglichen Bund schloss. Es war seine Liebe, dass er ihnen seine Gebote, seine guten Ordnungen gab und durch die Propheten ihnen immer wieder den rechten Weg zeigte. Doch sein größter Liebesbeweis aber war, dass er seinen einzigen, geliebten Sohn sandte. Gott liebt seine Menschen und sehnt sich nach ihnen. Aber die Tränen Jesu zeigen, dass seine Menschen Gottes Liebe nicht verstehen und dass sie seine Wege nicht erkennen: Würdest doch auch du erkennen, was zum Frieden dient.

Aber Jerusalem erkennt nicht, was zum Frieden dient. Das Wort „Friede", Schalom, steckt im Namen Jerusalem, aber Gottes Frieden finden sie nicht. Den, der am Kreuz Frieden gemacht hat, den erkennen sie nicht. Es ist vor ihren Augen verborgen.

Jerusalem, warum bist du so blind? Warum siehst du die Liebe Gottes nicht? Warum erkennst du nicht, wie er sich dir zuwendet, um dir zu helfen?

Die Tränen Jesu zeigen: Gott liebt seine Menschen und es bricht ihm das Herz, wenn sie nicht zu ihm kommen, wenn sie seine Rettung nicht annehmen, wenn sie in Sünde und Tod bleiben. Diese große Liebe Gottes gilt auch uns! Jesus ist der Messias Israels – und er ist der Heiland der ganzen Welt. Gott sehnt sich auch nach uns, den Heiden, er will auch uns retten. In Jesus wendet sich Gott auch uns mit seiner Liebe zu.

Wenn Israel damals Gottes Liebe nicht erwidert hat, dann sollen wir uns nie und nimmer über dieses Volk erheben. Dazu geben die Tränen Jesu uns nicht das Recht. Doch wir wollen uns von Gott fragen lassen, ob wir denn erkennen, was zum Frieden dient. Ob wir für uns schon erkannt haben, dass Jesus allein unser Friede ist und dass wir ihn brauchen und ob wir ihm mit unserem ganzen Leben vertrauen.

Gottes Liebe wartet auf uns – er sehnt sich auch nach uns. Und ihm bricht es das Herz, wenn wir nicht kommen. An Jesu Tränen sehen wir, wie sehr Gott sein Volk

Israel und alle Menschen liebt und sich nach ihnen sehnt. Heute am Israelsonntag erinnern wir uns daran, dass Gott sein Volk Israel immer noch liebt. Sein Bund ist unumstößlich. Gott möchte, dass sie ihren Messias Jesus erkennen.

Es sind wenige, aber es gibt sie, Menschen aus dem Volk Israel, die in Jesus zum Frieden mit Gott gefunden haben und die sich in Israel in Gemeinden sammeln. Messianische Juden nennen sie sich und sie folgen ihrem Messias Jesus nach – genau wie wir. Ihr brennender Wunsch ist, dass auch noch andere aus ihrem Volk Jesus als den erkennen, der er ist: der Heiland Israels und der ganzen Welt.

2. Wir sehen den Ernst des Gerichts

Jesus weint, weil er um den Ernst des Gerichtes weiß. Er weiß, dass das Gericht über die Stadt Jerusalem und ihre Menschen kommen wird. Zuerst wird die Belagerung kommen und dann die Zerstörung. Wie die Früchte am Baum reif werden und schließlich herunterfallen, so ist Gottes Gericht über seine Menschen gereift. Die Zeit wurde reif zum Gericht. Die Schuld, die sie anhäuften, wurde mehr und mehr.

Jesus zeigt uns den Ernst des Gerichtes Gottes. Gott ist ein heiliger Gott. Er lässt nicht einfach fünf gerade sein, er kann die Sünde nicht ignorieren. Gott ist ein heiliger und gerechter Gott, ein Gott, der die Sünde hasst, ein Gott, der richtet. Sein Zorn lässt Menschen vergehen. Jesus weint, weil er um den Ernst des Gerichtes weiß.

Viele Menschen wollen dieses Gericht nicht wahrhaben. So war es damals und so ist es bis heute: Da sagen Menschen: „Gott ist doch ein Gott der Liebe! Dann kann das mit dem Gericht nicht stimmen. Das passt nicht zusammen!" Und damals wie heute meinen Menschen: „Uns kann nichts passieren. Wir sind doch Gottes Volk – Gott ist doch mit uns!" Aber, ob wir es wahrhaben wollen oder nicht: Gott ist es ernst mit seinem Gericht.

Im Jahr 70 nach Christus kam für Jerusalem der Untergang. Die Römer belagerten die Stadt, hungerten sie aus und dann brach die Katastrophe herein: Der Tempel brannte, die Paläste gingen in Flammen auf und die Mauer wurden geschleift. Gott meint es ernst mit seinem Gericht. Er hat sein geliebtes Volk Israel nicht verschont und er wird auch uns nicht verschonen. Gott wird einmal die Welt richten.

Und dieses Gericht wird ein ewiges Gericht sein, bei dem es um ewiges Leben oder um ewige Verlorenheit gehen wird. Gott ist ein heiliger Gott – aber er ist auch ein gnädiger Gott. Er will nicht, dass wir verloren gehen, sondern er will retten. Gottes Gericht ist kein Schicksal, dem wir nicht entgehen könnten. Nein, Gott will retten. – Es gibt eine offene Tür, um dem Gericht zu entgehen, es gibt einen Zufluchtsort, an dem wir geborgen sind vor Gottes Zorn und Gericht: unter dem Kreuz seines Sohnes Jesus Christus.

Er hat unsere Schuld auf sich genommen, er hat Gottes Zorngericht über unsere Sünde getragen, damit wir frei ausgehen. Wer zu ihm gehört, wer getauft ist, wer ihm seine Sünde bekennt, wer ihm vertraut, der ist gerettet. Jesus sagt es uns: Wer mein Wort hört und glaubt dem, der mich gesandt hat, der hat das ewige Leben und kommt nicht in das Gericht, sondern ist vom Tode zum Leben hindurchgedrungen. Es gibt einen Zufluchtsort, es gibt Rettung. Gott will retten. Durch die ganze Bibel geht Gottes Rettungsruf. Und geht die Einladung umzukehren von den falschen Wegen in seine offenen Arme.

Jesus weint, weil er um den Ernst von Gericht und Gnade weiß, den sein Volk und bis heute viele Menschen nicht erkannt haben. Wer blind ist, jubelt; wer von Gottes Zorn weiß, weint. Darum weint Jesus.

Für uns ist heute noch „Zeit der Gnade“ – Zeit, umzukehren in die offenen Arme Gottes, Zeit bei Jesus Christus Rettung zu finden. Gott lädt uns ein, uns Jesus Christus anzuvertrauen, bei ihm die Schuld loszuwerden. Eines Tages wird auch bei uns die „Zeit der Gnade“ um sein.

3. Wir sehen, dass Gott ausräumen will

Der Weg Jesu führt ihn in den Tempel. Dort hat Gott seinem Volk versprochen, seinen Namen unter ihnen wohnen zu lassen. Dort ist der Ort, wo er sich von ihnen finden lässt, wo sie mit ihm reden können. *„Mein Haus soll ein Bethaus heißen.“*

Aber Jesus findet nicht ein Bethaus vor, sondern eine Räuberhöhle. Da sind Händler, Geldwechsler und Verkäufer. Sie alle hatten einen guten Grund, im Tempel zu sein. Schließlich brauchten die vielen Pilger, die von weit her kamen, eine Gelegenheit, Opfertiere zu kaufen, Geld zu wechseln und sich zu versorgen. Aber darüber ist das Wichtigste aus dem Blick geraten. Darum räumt Jesus aus. Darum eifert er, darum treibt er die Händler hinaus.

Gott hat einen Anspruch, uns allein zu haben. Gott spielt nicht mit, wo wir zwar ihn, aber dann auch noch vieles andere neben ihm wollen. Er hat einen Absolutheitsanspruch. Schon im ersten Gebot sagt er es. Und alles, was wir neben Gott stellen, neben ihm noch haben wollen, das wird letztendlich zwischen Gott und uns treten und uns von ihm trennen. Gott aber will unser Leben ganz haben, er will uns nicht mit anderen teilen. Darum räumt Jesus aus, was Menschen neben Gott stellen. Der Weg zu Gott soll wieder frei sein, es soll nichts zwischen uns und ihm stehen. Gott räumt aus.

Manche stellen beim Frühjahrsputz die ganze Wohnung auf den Kopf – bis in die letzte Ritze hinein wird geputzt und geschrubbt, damit alles wieder blitzt und strahlt. Einmal im Jahr muss das sein – sagen sie. So muss Gott auch bei uns immer wieder ausräumen und uns reinigen. Alles Trennende soll verschwinden, ihm allein sollen wir gehören. Gott muss in seiner Kirche immer wieder ausräumen. Die Reformatoren sagten: *„Ecclesia semper reformanda est“* – eine Reformation reicht nicht! Die Kirche muss immer wieder, ja ständig reformiert werden, weil so schnell etwas anderes als das kostbare Evangelium von Jesus Christus wichtig wird.

Und Gott muss auch in unserem Leben immer wieder ausräumen. Es schleicht sich so vieles ein, was sich zwischen Gott und uns stellt. In einem Lied von Manfred Siebald heißt es: „O Heilger Geist, kehr bei uns aus – so vieles muss aus uns verschwinden.“ Ja, wir brauchen es, dass Gott bei uns immer wieder ausfegt, dass er uns reinigt.

Lassen wir Jesus doch auch bei uns alles ausräumen, was wir neben Gott stellen. Lassen wir ihn doch auch Hochmut und Neid hinausräumen, Geiz und Hass. Gott will auch bei uns ausräumen, denn er will in uns wohnen. Amen.

Pfarrer Johannes Weigel, Bautzen-Kleinwelka

31. August 2025

Katholisch: 22. Sonntag im Jahreskreis
Jesus Sirach 3,17-18.20.28-29; Hebräer 12,18-19, 22-24a; Lukas 14,1,7-14: Wahrer Gott und wahrer Mensch

Liebe Schwestern und Brüder,

Das Evangelium der heutigen Heiligen Messe zeigt uns Jesus beim Essen. Wir fragen uns: War das so wichtig, dass es ausgerechnet im Evangelium eigens erwähnt werden musste? Meine lieben Freunde, es war sicherlich angemessen, denn durch die Erwähnung, dass Jesus aß wie auch – so steht es an anderen Stellen des Evangeliums – dass er schlief, müde wurde, Hunger und Durst hatte, sollen die Christen aller Generationen begreifen, dass Jesus Christus ein ganz normales menschliches Leben geführt hat wie jeder andere Mensch auch. Jesus Christus, der Mensch gewordene Gott, tut nicht so, als wäre er Mensch, sondern er ist Mensch; Menschen essen, trinken, schlafen, freuen sich, werden enttäuscht, lieben und weinen. Es gehört zu unserem katholischen Glauben, dass Gott in Jesus Christus eine menschliche Natur in sich voll aufgenommen hat. Jesus Christus ist wahrer Mensch, uns in allem gleich geworden außer der Sünde (vgl. Hebr 4,15).

Aber halt! Jesus ist auch wahrer Gott. Er ist die Zweite Person der Dreifaltigkeit. Wie kann man beides vereinbaren? Das ist die Frage, die wir uns heute stellen wollen. Wie kann man das rein Menschliche mit dem Göttlichen in Einklang bringen? Wollen wir das wirklich wissen, dann lasst uns auf Christus schauen! Wie hat Jesus sein Menschsein mit seinem Gottsein in Verbindung gebracht? Wenn er etwas rein Menschliches tat – wie essen, trinken, sich freuen, leiden, arbeiten, sprechen –, was geschah dann mit seiner Gottheit? Zog sie sich etwa zurück? Hörte Jesus dann vorübergehend auf, Gott zu sein? Natürlich nicht! Auch das gehört zu unserem Glauben, meine lieben Freunde: Göttliches und Menschliches gehen in Jesus immer Hand in Hand. Sie sind untrennbar. Unser Glaube lehrt uns, dass es in Jesus Christus zwei Naturen gibt, die menschliche und die göttliche, doch nur eine Person: die göttliche. Das heißt, alles, was Christus tut, ob es etwas rein Göttliches oder rein Menschliches ist, wird von seiner Gottheit sozusagen verantwortet. Mit anderen Worten: Die Gottheit Jesu trägt alle seine Handlungen, ganz gleich ob sie von seiner göttlichen oder von seiner menschlichen Natur herkommen. Jesus ist immer Gott und immer Mensch! Darum können wir ohne Weiteres sagen: Nichts geschieht in Christus, das nicht mit seiner Gottheit zu tun hätte und sei es auch etwas rein Menschliches. Nichts, aber auch gar nichts! Weil Jesus der Mensch schlechthin ist – soll es in jedem Menschen ebenso sein. Kurz formuliert: Es gibt im Menschen, und zwar in einem jeden Menschen, keine gottfreie Zone – außer der Sünde natürlich! Alles, was ein Mensch tut oder lässt, hat mit Gott zu tun. Um es auf den Punkt zu bringen: Es gibt nichts im Menschen, das nicht mit Gott zu tun hätte, nichts, das nicht sozusagen in Gott ruhte, denn in Jesus Christus gibt es nichts, das nur menschlich, aber nicht auch zugleich göttlich wäre.

Bei diesem Stand der Dinge stellt sich die Frage nach dem Verhältnis, in dem Göttliches und Menschliches, Natürliches und Übernatürliches, Religiöses und Irdisches im Menschen zueinanderstehen bzw. stehen sollen. Soll das Menschliche angesichts der Größe des Göttlichen wie „das fünfte Rad am Wagen" angesehen werden? Oder soll vielmehr das Menschliche, das wir als das Unmittelbare wahrnehmen, das Göttliche quasi verdrängen, so dass wir uns von den irdischen Dingen ganz absorbieren lassen dürften? Würde es nicht genügen, lediglich bei Gelegenheit ein wenig den Kontakt mit Gott zu halten? Meine lieben Freunde, beide Denkweisen sind offenkundig verkehrt. Nein, so geht es nicht! Das Göttliche und das Menschliche sind wohl zwei verschiedene Realitäten, wie auch die göttliche und die menschliche Natur Jesu Christi verschieden sind, doch beide Naturen gehören in der göttlichen Person Jesu zusammen. Darum soll es im Menschen auch so sein. Menschliches und Göttliches sind verschieden und gehören dennoch zusammen, ohne dass die Eigenheit des jeweiligen Bereichs durch die Zusammengehörigkeit mit dem anderen auch nur im Geringsten geschmälert wird. Denn sowohl das Menschliche wie auch das Göttliche haben eine je eigene Gesetzlichkeit, einen eigenen Rhythmus, eine eigene Natur. Dennoch gehören beide Bereiche zusammen, jeder an seinem Platz und ohne Übergriffe auf den Bereich des anderen. Wie geht das? Wie können Religiöses und Irdisches in Harmonie zusammenleben ohne Übergriffe des einen auf den anderen Bereich? Die Antwort ist klar: Das harmonische Zusammenwirken von Menschlichem und Göttlichem im Menschen kommt zustande, wenn der Mensch sich daran gewöhnt, das Menschliche aus der Perspektive Gottes zu sehen und zu tun. Dies nicht nur gelegentlich, sondern so kontinuierlich wie nur möglich. Jesus Christus hat sein menschliches Leben so geführt, dass er sozusagen seine göttliche Kraft in seine menschlichen Handlungen eingelassen hat, ohne dadurch zu bewirken, dass das Menschliche aufhörte, menschlich zu sein. Im Gegenteil, das Hineinwirken des Göttlichen in das Menschliche brachte das Menschliche zur Vollendung. Weil in Jesus beide Instanzen, das Göttliche und das Menschliche, harmonisch zusammenwirkten, deshalb soll es auch im Menschen so sein.

Fazit: Es gibt in Jesus Christus nichts Menschliches, das nicht mit seiner Gottheit zu tun hätte. Das Menschliche ist nicht von seiner Gottheit zu trennen. Nicht einmal nach seiner Himmelfahrt hat Jesus beim Eintritt in den Himmel seine Menschheit abgelegt. Er bleibt in Ewigkeit mit der Menschheit verbunden. Wenn in Jesus das Menschliche und das Göttliche zusammengehören, soll es in jedem Menschen auch so sein, ist Jesus doch, wie Paulus sagt, der „Erstgeborene unter vielen Brüdern" (Röm 8,29), d.h. der Mensch schlechthin. Darum gibt es im Menschen keinen Bereich, zu dem Gott nicht dazu gehörte. Gott gehört zum Menschen, wie die Luft zum Atmen gehört.

Darum können wir Gott in den Angelegenheiten unseres Alltags entdecken, wie der Mann des Evangeliums, der eines Tages einen Schatz in einem Acker fand (vgl. Mt 13, 44-46). Haben wir Gott in der konkreten Situation entdeckt, in der wir uns nun befinden, dann haben wir das „säkulare Christentum" entdeckt. Das ist offenkundig der neue Stil, den das Christentum in unserer gegenwärtigen Zeit zweifellos braucht. Was ist das, das „säkulare Christentum"? Das „säkulare Christentum", meine lieben Freunde, meint den Lebensstil der Urchristen! Die Urchristen – jene Menschen, welche die Apostel noch kennengelernt und die mit Maria, der Mutter Jesu, vertrauten Umgang gehabt haben – wussten, dass Gott nicht nur da oben ist, wo die Sterne leuchten, auch nicht nur in der Eucharistie, die sie so innig verehrten. Sie wussten, Gott ist überall, in der Arbeit, in der Ruh, in den mitmenschlichen Beziehungen, in der menschlichen Liebe. Überall wo wir sind und ganz gleich, was wir tun, da ist Gott, der in Jesus Christus während seines sichtbaren Lebens auf Erden Ähnliches erlebt hat wie auch wir jetzt. Darum haben wir jetzt die Chance, uns aus Liebe zu ihm ähnlich zu verhalten, wie er sich damals verhalten hat. Auf dieser Weise bringen wir sozusagen Jesus in unseren Alltag hinein, oder noch genauer ausgedrückt, wir entdecken, dass er da ist und sich von uns ein ähnliches Verhalten erhofft, wie er es damals an den Tag gelegt hat. Wenn wir Christen so täten, dann würden wir die Welt langsam aber sicher verändern! Wie damals die Urchristen es getan haben.

Möge Maria, Mutter der Kirche und eines jeden Menschen, uns dabei helfen, dass wir Gott in all dem, was wir tun, begegnen. Amen.

Monsignore Dr. Cesar Martinez, Köln

[Aus: Cesar Martínez, *Gott – meine Zuversicht.* Christiana-Verlag im Fe-Medienverlag, Kisslegg im Allgäu 2024, S. 224-227. Wir danken dem Autor und dem Verlag für die freundliche Erlaubnis zum Abdruck in unserer Zeitschrift.]

Evangelisch: 11. Sonntag nach Trinitatis
Hiob 23, 1–17: Revolutionär des Gottesglaubens

Historisch-kritische Hinweise

Das Buch Hiob gehört zur weisheitlichen Literatur der nachexilischen Zeit. Diese wird auch als Krisenliteratur bezeichnet, da sie das Zerbrechen des Tun-Ergehen-Zusammenhangs reflektiert.[1] Das Buch dürfte „erst im Laufe des 5.-3. Jh. v. Chr. in weisheitlichen Kreisen entstanden sein. Es ist das Produkt einer langen Kompositions- und Redaktionsgeschichte, nicht das literarisch einheitliche Werk eines Autors."[2]

Der Aufbau des Buches unterscheidet zwischen dem narrativen Rahmen und dem Dialogteil, die beide unterschiedlichen Redaktionsstufen angehören. Den narrativen Rahmen bilden Prolog und Epilog. Diese „sind in Kunstprosa abgefasst, d.h. in einer sich zahlreicher poetischer Stilmittel bedienenden, aber nicht metrisch strukturierten Sprache. Insgesamt lässt sich die Rahmenerzählung als eine *lehrhafte Novelle oder weisheitliche Lehrerzählung* bezeichnen."[3]

---

[1] Vgl. Baumann, 142.
[2] Witte, 9.
[3] Witte, 8.

Die beiden Hauptteile unterscheiden sich voneinander auch in Hinblick auf die Hauptfigur, die sie vor Augen der Leserschaft malen. Während der Hiob des narrativen Rahmens als ein mustergültiger frommer Dulder dargestellt wird, ist der Hiob des Dialogteils ein leidenschaftlicher Kläger und Ankläger.[4] Letzterer geht sogar so weit, dass er es nicht scheut, Gott als Feind, Gewalt- und Unrechttäter zu bezeichnen.[5] Das Buch Hiob „kumuliert Gottesbilder der Gewalt wie kein zweites Buch im Alten Testament".[6] Und gehört trotzdem, oder vielleicht gerade deswegen (!?), zum festen Bestandteil des biblischen Kanons.

Assoziationen und Motive für die Predigt

Hiob ist ein unbescholtener gottesfürchtiger Mann. Und er ist ein reicher Patriarch. Als ein Gerechter vor Gott wird er gesegnet mit Wohlstand und Gesundheit. Das passt zum Denken in einfachen klaren Strukturen: den Guten das Gute, den Bösen das Böse – der sogenannte Tun-Ergehen-Zusammenhang. Doch dann wird Hiob zum Spielball einer Wette zwischen Gott und dem Satan. Sein Glaube sei ja nur da, weil und sofern es ihm gut geht – behauptet der Satan. Sobald es schlecht um ihn stünde, würde auch seine Frömmigkeit dahinschwinden. Gott lässt sich auf die Wette ein. Alles darf Satan tun, um Hiob vom Glauben abzubringen, nur am Leben muss er ihn lassen.

„Beinahe gehört es in der Bibel zum guten Ton, wenn man auf einen Hügel steigt, seine Faust gen Himmel schüttelt und dem Weltschöpfer ordentlich seine Meinung sagt." - So beschreibt Hannes Stein den freiheitlichen Charakter des jüdischen Glaubens.[7] Der Israelit und die Israelitin stehen selbst in ihrer Sündhaftigkeit aufrecht vor Gott und leben ihren Glauben, wenn nötig, auch als eine kritische Auseinandersetzung. Das tun sie nicht trotz, sondern dank ihres Glaubens. Laut diesem wurde der Mensch als Ebenbild und Partner Gottes geschaffen und also von Gott genau so gewollt. Vor allem der dialogische Teil des Hiobbuches ist eine radikale Manifestation dieses kritisch-diskursiven Charakters der Gott-Mensch-Beziehung, eine sprachgewaltige Kostprobe der herrschafts- jedoch nicht respektfreien Kommunikation zwischen Mensch und Gott.

Somit sind der jüdische und später folglich auch der christliche Glaube auf die Würde des Menschen angelegt. So verlangt auch Hiob nicht primär nach dem Ende seines Leids, sondern nach Erklärung und Darlegung dessen Sinnes. Er fordert ein Gespräch. Gott ist mir Rechenschaft schuldig! Er stellt Gott zur Rede, da er sich weigert, sich als lebloses und würdeloses Objekt behandeln zu lassen. Rebellierend tritt er heraus aus der Ohnmacht der Vergegenständlichung und insistiert, kämpft für sein Recht auf Begründung, auf Verteidigung, ja auf Diskurs und klagt somit seine Würde ein. Und: Indem Hiob seine Würde einklagt, vollzieht er sie zugleich.

Dass Gott nicht antwortet, dass er sich vor ihm verbirgt, empört ihn, und so macht er sich auf die Suche nach diesem schweigenden deus absconditus, dem verborgenen Gott, um dessen Schweigen zu brechen, ihn zur Rede zu bewegen. Denn ein Gott, der Kommunikation und Beziehung verweigert, wird zu einem Ungeheuer, dessen gleichgültige Willkür ihn zum Feind des Menschen und zum Gewalttäter machen

---

[4] Vgl. Baumann, 139.
[5] Vgl. Baumann, 142.
[6] Baumann, 146.
[7] Stein, 124.

würde. Der apathische Gott der Spätantike oder das kalt-gleichgültige Universum des atheistischen Materialismus können uns als Beispiele einer resignierten Existenz angesichts des Ungeheuren dienen. Diese Konsequenz hat Hiob vor Augen und protestiert gegen sie mit aller Kraft. Denn nicht nur seine Würde, sondern auch Gottes Göttlichkeit droht durch den kommunikativen Beziehungsabbruch abhanden zu kommen.

Hiobs Klage und Rebellion bewirkt geradezu eine Explosion der Sprache und deren Bilder. Und sein verzweifelter Mut lässt ihn sogar mehrfach die Grenzen dessen überschreiten, was viele bereits als Blasphemie bezeichnen würden. Das alles wagt das Buch Hiob, indem es für das Klagerecht kämpft und die Menschenwürde Leidender verteidigt.[8] Zugleich richtet sich sein Protest gegen die Sinnlosigkeit, welche sich in Folge von Gottes Abwesenheit der menschlichen Wirklichkeit bemächtigen würde.

Unter der wütenden Verzweiflung Hiobs bleibt stets eine Tiefenschicht des Glaubens spürbar, eines Glaubens daran, dass man das alles Gott zumuten kann, ja zumuten muss. Zudem kämpft er mit Gott um dessen eigene Würde und Göttlichkeit. In dieser Hinsicht ist das Buch eine dramatische Hymne auf die unüberbietbare Größe der Menschlichkeit sowie der Göttlichkeit.

Vielleicht braucht Gott unseren Widerspruch – sagte sinngemäß Bischof Christian Stäblein auf dem 39. Evangelischen Kirchentag in Hannover. Nach einem solchen Gott verlangt Hiob: Gott, der in seiner Größe und Souveränität weder Diskurs noch Widerspruch scheut. Gott, der die mündige Freiheit des Menschen nicht fürchtet, sondern begrüßt und dieser um seinetwillen bedarf. Hiobs Anspruch zeichnet das Bild eines Gottes, der allein *Gott* genannt zu werden verdient. Denn hinter einem mündigen Menschen kann nur ein Gott stehen, der frei macht – auch von sich selbst. Hiob glaubt Gott als einen solchen und will von diesem Glauben nicht ablassen. Und deswegen hört er nicht auf, ihn als einen solchen anzurufen. Darin unterscheidet sich sein Gottesbild von der Gottesvorstellung seiner vier theologischen Freunde. Es kommt hier zum Konflikt zweier Gottesbilder. So markiert und bezeugt das Hiobbuch eine sich anbahnende Wende in der Entwicklung des Gottesbildes, die in der jüdischen Glaubenstradition bereits ihre Wurzeln hat. Und diese Entwicklung innerhalb des jüdisch-christlichen Monotheismus auf einen radikal menschlichen Gott hin ist auch dank des Buches Hiob nicht mehr aufzuhalten.

Recht hat Hiob gesprochen – sagt Gott zum Schluss und disqualifiziert damit zugleich die Argumente seiner Freunde, welche für sklavische Demut vor einem unmenschlichen Himmelsdiktator plädierten. Indem Gott Hiob antwortet, gesteht er ihm seine Würde zu und erhebt ihn damit über „den Staub“ (Hi 42, 6).[9] Er macht ihn zum Menschen im vollen Sinne.

Ja, vielleicht braucht Gott unseren Widerspruch. Denn durch ihn vollzieht sich zugleich auch *Seine* Würde, die Würde der wahren Göttlichkeit, deren Größe durch die radikale Freiheit seiner Geschöpfe nicht geschmälert, sondern demonstriert und realisiert wird. So wächst er an uns und wir an ihm. Nur wer wächst, kann nicht übertrumpft werden. Deswegen bleibt der lebendig menschliche Gott stets unüberbietbar.

Dr. theol. Katarína Kristinová, Oranienburg

---

[8] Vgl. Zenger, 405.

[9] Vgl. Baumann, 151.

Lied-Empfehlungen:

Wochenlied: EG 299: *Aus tiefer Not schrei ich zu dir*
Weitere Vorschläge: EG 365: *Von Gott will ich nicht lassen*; EG 357: *Ich weiß, woran ich glaube*; EG 199: *Gott hat das erste Wort*; EG 157: *Lass mich dein sein und bleiben*; EG 138: *Gott der Vater steh uns bei*

Literaturhinweise:

- Gerlinde Baumann: *Gottesbilder der Gewalt im Alten Testament verstehen.* Darmstadt 2006;
- Hannes Stein: *Endlich Nichtdenker! Handbuch für den überforderten Intellektuellen.* Frankfurt am Main 2004;
- Markus Witte: Art. *Hiob/Hiobbuch*, in: *Das Wissenschaftliche Bibellexikon im Internet* (www.wibilex.de), 2007, unter: https://www.die-bibel.de/ressourcen/wibilex/altes-testament/hiob-hiobbuch (dort: Artikel als PDF!), aufgerufen am 07.05.2025;
- Erich Zenger: *Ijob – ein Lebensbuch für Leidende und Mit-Leidende*, in: Ders.: *Mit Gott ums Leben kämpfen. Das erste Testament als Lern- und Lebensbuch.* Hg. v. Paul Deselaers und Christoph Dohmen, Freiburg im Breisgau 2020, 399-406.

Zudem empfohlene Literatur:

- Alexander Deeg, Andreas Schüle: *Die neuen alttestamentlichen Perikopentexte. Exegetische und homiletisch-liturgische Zugänge.* Leipzig ^{2}2018;
- Jürgen Ebach: *Beredtes Schweigen. Exegetisch-literarische Beobachtungen zu einer Kommunikationsform in biblischen Texten.* Gütersloh 2014;
- Joseph Roth: *Hiob. Roman eines einfachen Mannes.* (Berlin 1930) Frankfurt am Main 2014;
- Heinz Zahrnt: *Wie kann Gott das zulassen? Hiob – der Mensch im Leid.* München (1985) ^{6}1996.

7. September 2025

Katholisch: 23. Sonntag im Jahreskreis Weisheit 9,13-19; Philemon 9b-10.12-17; Lukas 14,25-33: Christus dem Herrn mit ganzem Herzen nachfolgen

Liebe Brüder und Schwestern im Herrn!

In unserem Leben hier auf Erden folgt ein Tag dem anderen. Den gestrigen Tag haben wir bereits zurückgelassen, doch bleibt er in unserer Erinnerung. Der morgige Tag steht uns noch bevor und ist uns nicht bekannt. Doch die jeweilige Gegenwart begleitet uns stets, und in der Stunde des Jetzt will uns auch Gott in seiner Liebe begegnen.

Die alttestamentliche Lesung aus dem Buch der Weisheit spricht davon, dass Gott uns Menschen in seiner Weisheit belehrt. Wie wenig wissen wir doch – und dies bleibt wahr auch trotz des Fortschrittes der Wissenschaften und so vieler neuer Erkenntnisse! Kaum wird eine bestimmte Frage beantwortet, so ergeben sich viele weitere neue Fragen, die auf eine Antwort warten. Das Forschen nimmt kein Ende, und letzte Sicherheit lässt sich in diesem Bereich menschlicher Erkenntnis oft schwer gewinnen.

Doch wo es um Gott geht und um unser Heil, da kommt uns Gott selbst entgegen in seiner Offenbarung! Er spricht zu uns Menschen auf vielfache Weise: im Alten Bund durch die Propheten, im Neuen Bund durch seinen Sohn Jesus Christus, den er zu uns gesandt hat. Dieser wiederum sendet seine Apostel aus, die als ihre Nachfolger die Bischöfe eingesetzt haben. So wird in der einen, heiligen, katholischen und apostolischen Kirche das Wort Gottes verkündet und glaubend angenommen, welches uns Gott selbst in seinem Sohn Jesus Christus mitgeteilt hat. Dies darf und soll uns mit Freude erfüllen!

Was aber ist die Botschaft des Gotteswortes im heutigen Evangelium? Jesus lädt die Menschen dazu ein, ihm nachzufolgen und so in die Gemeinschaft mit ihm einzutreten. Auch wir gehören zu ihm kraft der heiligen Taufe. Und für die Nachfolge Christi gilt auch für uns dasselbe wie für die Menschen zur damaligen Zeit. Jesus möchte die Menschen zur Teilhabe am Reich Gottes hinführen. Unsere ewige Vollendung in der Herrlichkeit Gottes ist das Ziel!

Den Weg dahin gehen wir mit Jesus, dem Urheber und Vollender unseres Glaubens. Er sagt von sich selbst, dass er der Weg, die Wahrheit und das Leben ist. Ihm nachzufolgen bedeutet, das Leben mit ihm zu teilen in Freuden und Leiden. Wenn er dazu aufruft, das tägliche Kreuz zu tragen, dann heißt dies, dass Gott alle Wege mit uns geht und uns nicht allein lässt. Unsere eigenen Kräfte würden nicht ausreichen. Der gute Wille ist wichtig, doch entscheidend ist es, auf die Gnade Gottes zu vertrauen, die uns im Heiligen Geist zum Guten bewegt und das Ausharren auf diesem Weg zum ewigen Leben ermöglicht.

Jesus spricht im Gleichnis davon, dass jemand, der einen Turm bauen will, zuerst plant und überlegt, ob seine Mittel ausreichen. Ähnlich ist es bei einem König, der als Heerführer in den Krieg zieht. Reichen die Mittel nicht, bittet er um Frieden und zieht Verhandlungen vor.

Was empfiehlt Jesus denen, die ihm nachfolgen? Was erwartet er von ihnen? Vielleicht erschrecken wir hier, aber eigentlich ist es etwas Beglückendes und Schönes: Wir sollen alles Übrige, was uns etwas bedeutet, im Verhältnis zu Gott und seinem Reich geringachten. Es geht darum, zuerst das Reich Gottes zu suchen und Gott über alles zu lieben.

Wenn dann jemand fragt, was ihm dann noch selbst bleibe und ob er nicht im Leben zu kurz komme, so ist das eine falsche Logik. Es geht ja um die Ganzhingabe der Liebe an Gott, und wo diese Liebe im Spiel ist, da hört der Mensch auf zu rechnen und verschenkt sich ganz. Erst dann wird unser Herz frei und froh. Wenn wir Gott ganz angehören, dann können wir auch unseren Angehörigen und den übrigen Menschen in neuer Weise in Liebe begegnen. Und bestimmt kommen wir selber nicht zu kurz, denn die letzte Hingabe der Liebe an Gott schenkt wahre Erfüllung!

Blicken wir auf die Gottesmutter Maria und ihren Bräutigam, den heiligen Josef, und bitten wir sie um ihre Fürbitte bei Gott! Maria hat ihr Leben zu einer Gabe der Liebe gemacht und war allezeit verbunden mit ihrem Sohn, dem Erlöser der Menschen. So werden auch wir den Frieden im Herzen und im Himmel das wahre Glück finden, wenn wir Jesus Christus nachfolgen! Amen.

Prof. Dr. Josef Spindelböck, Sankt Pölten

Evangelisch: 12. Sonntag nach Trinitatis Apostelgeschichte 3,1-10: Im Namen Jesu Christi „auf die Beine gestellt"

I.

Eigentlich ist es eine banale Situation, die sich unendlich oft abspielt und die – zumindest in meinem Umfeld – jedermann kennt: man geht zur Kirche und auf dem Weg dahin begegnet man einem oder mehreren Bettlern, die genau wissen, dass jene, die sich auf dem Weg zum Gottesdienst befinden, ihr Herz geöffnet haben und daher auch eher bereit sind den Geldbeutel zu öffnen. Meistens kennt man sie schon; es sind ja eh' immer wieder dieselben. Manche ärgern einen: sie sind körperlich gesund, könnten eigentlich arbeiten, stehen aber den ganzen Tag müßig herum und stehlen dem Herrgott die Zeit. Andere wiederum sind krank oder behindert; oder aber es sind Kinder, die von ihren Eltern zum Betteln missbraucht werden. Das war und ist ein großes soziales Problem (nicht nur in Rumänien) vor allem unter Vertretern der Roma-Gemeinschaft (aber nicht ausschließlich), wobei zwischenzeitlich einerseits vom Staat und andererseits von den Kirchen und einer ganzen Reihe von NGOs nicht wenig für diese – am Rande der Gesellschaft sich befindenden – Menschen getan wird. Oft ist ja die finanzielle Not nur das Symptom bzw. die Spitze des Eisbergs, während die eigentlichen Probleme weitaus tiefer liegen: Zerrüttung der Familien oder Arbeitslosigkeit, Alkoholismus oder Drogenkonsum. Oft ist es ein Gemisch von all diesen Dingen.

Solche Fälle rühren natürlich das menschliche Gewissen an. Und damit dies Gewissen beruhigt wird, aber vor allem, damit man ihrem Anblick – der unsern Lebensvollzug, unsere „heile Welt" stört – entkommt, gibt man einem solchen Menschen etwas und geht schnell weiter. Die Betonung liegt auf *schnell*. Bettler sehen ihren Wohltätern kaum ins Gesicht, wie es auch bei jenem behinderten Mann in unserer Geschichte der Fall ist. Manche schämen sich vielleicht für ihre Situation und halten ihren Blick gesenkt. Andere aber machen sich gar nicht mehr die Mühe aufzusehen, weil sie wissen, dass jene, die ihnen etwas geben (zumindest die meisten unter ihnen), den Blick sowieso nicht erwidern würden, sondern nur schnell weiter gehen möchten. Zwischen Bettlern und Angebettelten gibt es selten Blickkontakt und noch viel seltener entsteht eine Beziehung zwischen ihnen. Denn es treffen im wahrsten Sinne des Wortes zwei Welten aufeinander, die unterschiedlicher nicht sein könnten. Das wird auch in dieser Geschichte deutlich: einerseits die „schöne Pforte" des Tempels in Jerusalem, ein Inbegriff von Ästhetik und religiöser Repräsentanz und andererseits der behinderte Bettler, ein „Häufchen Elend"; einerseits die heilvolle Gegenwart Gottes im Tempel, andererseits das nackte Elend außerhalb des Tempels.

II.

Die beiden Apostel Petrus und Johannes sind jedoch in der Lage die Schranken zwischen den beiden oben beschriebenen Welten zu überwinden. Es ist nicht die eigene Kraft, die sie dazu befähigt, sondern es ist die Kraft des Osterglaubens, die Kraft des auferstandenen Christus: „Das Wunder der Heilung und die dadurch veranlasste Heilsverkündigung erwachsen aus der betenden Gemeinde, die auf den Namen Jesus Christus gegründet ist."[1]

Unsere Geschichte erzählt, dass Petrus den Bettler aufforderte, ihn und Johannes anzusehen. Nachdem unzählige Menschen schon an ihm vorbeigegangen waren, ohne ihn eines Blickes zu würdigen (selbst wenn sie ihm etwas gaben), kommen nun die beiden Apostel, die nicht die materielle Not des Bettlers im Blick haben (die sowieso nur ein Symptom seiner bemitleidenswerten Situation ist), sondern die ihn in holistischer Weise als Mensch betrachten.

Das kann aber nur auf dem Prinzip der Gegenseitigkeit funktionieren: nicht nur Petrus und Johannes sehen ihn an, sondern die beiden wollen und müssen vom Bettler auch angesehen werden. Im Gegensatz zu Jürgen Roloff – „Man wird hierin weder den Ausdruck aufkeimenden Glaubens an die Macht der Wundertäter, noch auch – psychologisierend – eine Geste des Wiedererkennens sehen dürfen. Der Zug soll nur die erzählerische Spannung erhöhen"[2] – finde ich diesen Blickkontakt für den weiteren Verlauf der Geschichte äußerst wichtig, da so erst deutlich wird, dass sich der Bettler helfen lässt. Gott greift nur dann in unser Leben ein, wenn wir das möchten. Manchmal weiß man also gar nicht, wie viel Gutes man einem Menschen allein schon dadurch tut, wenn man ihm das Gefühl gibt, ihn als Gegenüber zu akzeptieren, ihn als Menschen ernst zu nehmen.

Zu allen Zeiten, aber heute vielleicht mehr denn je, war und ist die Gesellschaft an materiellen Dingen orientiert. Doch es gibt weitaus Wertvolleres und das weist über den Horizont dieser Welt hinaus. Von den ersten Christen wird berichtet, dass sie in einer Gütergemeinschaft lebten bzw. ihre Vermögenswerte und Besitztümer dem gemeinsamen Wohl zur Verfügung stellten (Apg. 2,45). Vor diesem Hintergrund ist die Aussage des Petrus verständlich: *„Silber und Gold habe ich nicht."* (Apg. 3,6a) Was den beiden Aposteln zur Verfügung steht und sie anzubieten haben, hat jedoch eine ganz andere, eine viel höhere Qualität.

Es sind nicht nur Petrus und Johannes, sondern es ist die ganze Urgemeinde „…die keine Reichtümer anhäuft, aber über mehr verfügt, das sie anbieten kann: Den heilenden Lebensraum ihrer Gemeinschaft, in die auch der geheilte Lahme auf-

---

[1] Brigitte Seifert: *Göttinger Predigtmeditationen*, 373.

[2] Jürgen Roloff: *Die Apostelgeschichte*, 69.

genommen wird, der mit den Aposteln für die Heilkraft des Namens Jesu Zeugnis ablegt."[3]

Von den ersten Christen wird uns berichtet, dass sie Tag für Tag im Tempel sind (Apg 2,46), da für sie die Gegenwart Gottes damit verbunden ist. Auf dem Weg dahin werden die beiden Apostel zu „Grenzgängern". Durch den Glauben an die Auferstehung sind sie bereits dieser Welt enthoben, leben andererseits aber natürlich in dieser Welt: Christen sind eben „in" dieser Welt, aber nicht „von" dieser Welt. Und so sind sie in der Lage, *„im Namen Jesu Christi"* (Apg 6b) das Wunder der Heilung zu vollziehen. Aber genauso wichtig ist, dass der ehemals Gelähmte – als Reaktion auf seine Heilung – Gott die Ehre gibt. Wesentlich ist die Feststellung, dass er ganzheitlich geheilt worden ist: er ist nicht nur seine Behinderung losgeworden, er ist auch im übertragenen Sinn „auf die Beine gestellt worden".

III.

Ob in unserer Zeit, bzw. in unserer Welt noch Platz für solche Wunder ist? Dieser Frage könnte die Predigt nachgehen. Die Welt, in der wir heute leben, ist sehr stark vom Menschen selber bestimmt; vor allem durch die hochentwickelte Technik einerseits, aber auch durch die Individualisierung andererseits. Denken wir z. B. an den Betrieb in einem Krankenhaus in der heutigen Zeit. Wo sollte da noch ein Heilungswunder – wie in Apg 3,1-10 beschrieben – zustande kommen? Wo Patienten wie bei der Abfertigung sitzen oder liegen? Wo kaum noch jemand sich nach dem seelischen Befund des Patienten erkundigt: z. B. ob der Patient sein Leiden im Kontext seines gesamten Lebens eingebettet sehen kann; oder ob jemand – wenn er/sie an einer unheilbaren Krankheit leidet – sein Leben mit Gott und mit seinem Umfeld (der Familie oder dem Freundeskreis) ins Reine gebracht hat oder bringen möchte.

Trotz alledem geschehen auch heute noch Wunder. Es muss nicht unbedingt so spektakulär zugehen wie in dieser Geschichte. Dort, wo Menschen ganzheitlich, d. h. an Leib und Seele, geholfen wird und wo der Dienst im Namen Jesu Christi getan wird, da ist das Wunder schon geschehen. Altgewohntes wird plötzlich unwesentlich, Neues kommt in Gang. Wie es dazu kommt, bleibt ein Geheimnis. Wir glauben fest daran, dass es der allmächtige Gott ist, in dessen Gnade wir alle stehen und dessen Gegenwart zu finden jeder Mensch eingeladen ist.

Dr. Hans Bruno Fröhlich, Stadtpfarrer & Dechant in Schäßburg

Literaturhinweise:

- Rudolf Pesch: *Die Apostelgeschichte* (EKK V/1). Zürich, Einsiedeln, Köln 1986;
- Jürgen Roloff: *Die Apostelgeschichte* (NTD 5). Göttingen 1988;
- Göttinger Predigtmeditationen, 2. Vierteljahresheft. Göttingen 2000, 54. Jg., Heft 3, Beitrag von Dr. Brigitte Seifert, 372–379.

[3] Rudolf Pesch: *Die Apostelgeschichte*, 140.

14. September 2025

Katholisch: Fest der Kreuzerhöhung
Numeri 21, 4b-9; Philipper 2,6-11; Johannes 3,13-17: Mit dem Kreuz in die Herzmitte des Menschen und der Kirche schauen

Liebe Schwestern und Brüder,

Die meisten von uns werden das wohl berühmteste Fadenkreuz des deutschen Fernsehens kennen. Es begegnet uns nahezu jeden Sonntag um 20:15 Uhr in der ARD im Vorspann zur Krimireihe „Tatort". Den Tatort gibt es nunmehr zwar seit 1970; der berühmte Vorspann hat sich aber bis heute so gut wie nicht geändert.

Ein Fadenkreuz soll den Fokus legen auf ein bestimmtes Objekt, nicht nur bei einer Waffe oder in einem Fernglas. Es geht darum, alles Drumherum auszublenden und diesen einen Punkt zu finden und in den Blick zu nehmen, auf den es ankommt.

Ganz ähnlich ist es auch beim Kreuz des Herrn. In jeder Kirche findet es sich; jede Zeit, jede Epoche, jede Stilrichtung hat ihren ganz eigenen Umgang mit dem Kreuz gefunden. Mal archaisch, mal modern, mal mit dem leidenden Herrn, mal mit dem Gott-König, mal ganz ohne Corpus. Dabei erregt das Kreuz bis heute Anstoß, wie wir aus immer wieder aufflammenden Diskussionen wissen; sogar Gerichtsurteile rechtfertigen oder verbannen das Kreuz aus öffentlichen Räumen. Bereits Paulus wusste über das Kreuz zu sagen, dass es für Juden ein Ärgernis und für die Griechen eine Torheit darstellt (vgl. 1 Kor 1,23). Und heute verbinden wohl nicht wenige Zeitgenossen den Begriff Kreuz zuerst einmal mit dem Knotenpunkt einer Autobahn oder als Zeichen der religiösen Enge und Intoleranz, wie die peinlich herbeigeführte Diskussion um das krönende Kreuz auf dem rekonstruierten Berliner Stadtschloss eindrucksvoll bewiesen hat.

Liebe Freunde, die erste Lesung, als alttestamentliche Analogie zum Evangelium, präsentiert uns die an einer Stange befestigte Schlange, zu der jene, die als Strafe für ihren Ungehorsam eine Bisswunde davontrugen, aufschauen mussten, um noch einmal mit dem Leben davonzukommen (vgl. Num 21,4b-9). Mose, der Prophet, handelt in Gottes Auftrag und fokussiert die Blicke im Getümmel auf die Kupferschlange. Es geht um das Anschauen, das Hinschauen, als will er sagen: Schaut, wieder ist es die Lüge der Schlange, die nach wie vor in euren Herzen ist und behauptet, Gott sei das Problem, ihr seid besser dran ohne ihn. Die Schlange erinnert daran, dass wir bis heute der Versuchung ausgesetzt sind, unsere Blicke schweifen zu lassen zu allem, was glänzt, was leuchtet, was schön scheint, um uns ablenken zu lassen von dem Einen, der uns seine Liebe ins Herz gelegt hat und uns zur inneren Herzensschau einlädt.

Die schönste Umschreibung für Kontemplation ist die Hinwendung ins Innere, die Anschauung Gottes in der Tiefe des eigenen Herzens; auch ein Mönch weiß, wie schwer die Konzentration, die Fokussierung auf das Wesentliche ist – so vieles lenkt ab.

Doch, und das will uns diese Episode des durch die Wüste ziehenden Gottesvolkes auch sagen: die Anschauung allein reicht nicht. Der fromme, der unterwürfige, ja auch der flehentliche Blick ist zu wenig. Es braucht die Transformation ins Leben hinein, ins Leben aus dem Glauben! Die frommste eucharistische Anbetung, ja auch das schönste Hochamt kann fruchtlos bleiben, wenn wir nicht umsetzen, was wir erkennen. Sagt nicht Jesus selbst einmal zum suchenden Thomas: „Selig, die nicht sehen, und doch glauben!“ (vgl. Joh 20,29)

Es sind die großen Zeugnisse derer, die jahrelang ohne Anbetung, ohne Eucharistie oder Gottesdienstfeier gelebt haben und doch den Glauben nicht verloren haben, sondern die Kreuzeshoffnung vielmehr noch in den dunkelsten Kerkern menschengemachter Höllen verkündet haben.

Liebe Schwestern und Brüder, es ist eben nicht der Blick auf das Kreuz, der rettet, es ist der Weg über, bzw. durch das Kreuz, welcher rettet. Das *finale grande* war eben nicht die elendige Strafe des Kreuzestodes, sondern die Auferstehung Jesu ins Leben der Gottesfülle hinein, damit alle, die glauben, das ewige Leben haben (vgl. Joh 3,16). Das Kreuz wandelte sich durch den Heiligen vom Unheils- zum Heilszeichen der Schöpfung, fortan ist und bleibt das Kreuz Dreh- und Angelpunkt aller Zeiten, das Zeichen, in dem wir siegen können als Kirche im vereinten Glauben an den einen Gott. Das Kreuz verbindet auf der horizontalen Linie alle, die den Weg des Lebens vor uns gegangen sind und heute mit uns und dann nach uns gehen. Auf der vertikalen Linie verbindet die Schöpfung mit dem Schöpfer, der alles für uns hingegeben hat, in dem er Mensch wurde, damit wir vergöttlicht würden, wie Papst Leo der Große einmal sagte.

Liebe Freunde, das alles klingt fromm und theologisch und das ist es auch. Doch wie gelingt es mir, uns, der Kirche, diese Theologie in unserem konkreten Leben lebendig werden zu lassen? Der Philosoph Heinrich Spaemann hat einmal gesagt: „Was wir im Auge haben, das prägt uns, dahinein werden wir verwandelt. Und wir kommen, wohin wir schauen.“

Dieses Wort bringt es auf den Punkt, gibt einen essenziellen Hinweis und lädt zum Hinterfragen ein! Hat unsere Zeit, haben wir eine Idee davon, wohin wir kommen wollen mit so viel Irrsinn in unserer Welt, in unserer Gesellschaft, ja, auch in unserer Kirche und womöglich auch in unserem eigenen Leben? Nicht nur der sonntägliche Tatort, nein, so viele alltägliche Blickfänger lenken ab, verwurzeln im Diesseits, suggerieren endliche Genügsamkeit statt göttlicher Perspektive und ewiger Wahrheit.

Verstehen Sie mich nicht falsch: Die Schöpfung Gottes ist und bleibt gut. Er hat sie uns als sein Geschenk überantwortet mit allem, was sie für uns bereithält. Aber doch nur, um sie weiterzudenken auf seine ewige Liebe hin. Alles im Himmel, alles auf der Erde und unter der Erde ist letztlich ein Fingerzeig auf den Schöpfer hin (vgl. Phil 2,10). Wir, jede und jeder von uns, sind ein Fingerzeig auf den Schöpfer hin. Das ist unsere genuine Berufung als Getaufte und Gefirmte – das ist die Blick-, Marsch- und Zielrichtung, das ist die DNA der Kirche und auch unsere. So gesehen, so geglaubt und gelebt wird sogar jeder Fehler und jede Sünde zu einem wirkmächtigen Hinweis auf Gott, weil er vergibt, heilt, versöhnt und ins Leben zurücksendet, in welchem er selbst seine Spuren hinterlässt, so verquer die Wege auch aussehen mögen.

Zwei Dinge bleiben so gesehen jedoch eine ungeheure Herausforderung. Zum Einen braucht es die Kraft, in allen Dingen die dahinterliegende Schöpfermacht zu sehen, um sich nicht abzukoppeln von Gott und anzudocken an irreführendes, was nicht rettet, nicht befreit, sondern nur fesselt und den Menschen kleinmacht. Der zweite Aspekt ist meines Erachtens aber noch schwerer. Er ist vom heiligen Benedikt zusammengefasst in einem zugleich einfachen wie übermenschlichen Wort: An Gottes Barmherzigkeit niemals verzweifeln. Und er wusste, wovon er sprach. Dort nämlich, wo unsere menschliche Geduld mit anderen und uns selbst an die Grenzen kommt, wo wir den anderen oder uns selbst eben nicht mehr anschauen können, sondern den Blick abwenden, dort, wo Menschen anderen das Menschsein absprechen, da schaut der Herr ins Herz hinein und sieht die Sehnsucht, die Fragen und den Glauben, den nur er allein kennt und sehen kann. Er war, er ist und bleibt der Barmherzige; diese Barmherzigkeit ist zu groß für uns, darum dürfen wir nicht an ihr verzweifeln, sondern müssen den Mut aufbringen, uns ihr immer wieder zur Verfügung zu stellen.

Liebe Schwestern und Brüder, wer das Kreuz fokussiert, fest im Blickt hat und es immer wieder anzuschauen sucht, der schaut in die Herzmitte des Menschen, in die Herzmitte der Kirche, in die Herzmitte Gottes und er wird erkennen: Dieses Herz ist und bleibt offen für alle. Aus diesem geöffneten Herzen kommt das Leben durch die Sakramente, die Heilszeichen der Kirche, die wir hier und jetzt feiern dürfen. Dieses Geschenk ist für uns und will geschaut, geglaubt und gelebt werden! Und warum das alles? Weil Gott die Welt so sehr liebt, dass er seinen einzigen Sohn hingab, damit jeder, der an ihn glaubt, nicht verloren geht, sondern ewiges Leben hat (Joh 3,16). Amen.

Pater Philipp Meyer OSB, Abtei Maria Laach

Evangelisch: 13. Sonntag nach Trinitatis
Markus 3, 31-35: Familie in Gefahr

Vorüberlegungen

Meine Frau ist Baptistin, ich bin Lutheraner. Die augenfälligen Unterschiede zwischen Freikirche und Landeskirche betreffen die Musik (Orgel statt Gitarre und Piano), die Kleidung (Amtstracht statt Zivil), die Finanzierung (Kirchensteuer/spendenbasiert). Ein weiterer Unterschied wird erst bei genauerem Hinsehen deutlich: Familie hat in bibeltreuen Gemeinden einen sehr hohen Stellenwert. In der Volkskirche dagegen ist das Familienbild ähnlich wie in der westlich geprägten Gesellschaft im Umbruch. Es ist schade, dass in vielen evangelisch-landeskirchlichen Gemeinden die Bereitschaft schwindet, auf diesem Gebiet nach biblischen Leitlinien zu fragen.

Predigt

In vier Wochen ist in der Familie meiner Frau (zu der ich nach Wiederheirat gehören darf) ein großes Treffen angesagt. Alle vier Kinder samt Ehepartnern und deren Kindern kommen in einer Fewo-Anlage in Holland für ein verlängertes Wochenende zusammen, zwei Dutzend Personen. Die Mutter bzw. Großmutter hält seit Jahrzehnten die Familie zusammen mit ihren Gebeten und ihrer Einsatzbereitschaft. Sie hat erlebt: Es lohnt sich, dafür zu kämpfen. Aber es kostet Kraft und Ausdauer.

Das haben wir bitter nötig in einer Zeit, wo die Familie in die Krise gekommen ist. Wir sehen und erleben zunehmend Unordnung und Überforderung. Gewiss, manche deuten die Not als Tugend. Sie sehen die Abwärtsbewegung als Aufwärtsbewegung. Das Durcheinander wird geleugnet und als Vielfalt gepriesen.

Dabei ragen zwei Vorurteile heraus. Das eine ist die Behauptung: Die Kirche oder die Christenheit oder die Bibel vertritt ein Familienidyll, ein romantisches Ideal, das einer vergangenen Zeit angehört. Sie nimmt die heutigen Lebensformen, wie Alleinerziehende, Singles, Wohngemeinschaften, eingetragene gegen- oder gleichgeschlechtliche Partnerschaften nicht angemessen zur Kenntnis.

Dieser Vorwurf hat die großen Kirchen verunsichert. Und er hat ihr Vertrauen in die Heilige Schrift verunsichert. Dabei ist der Vorwurf unberechtigt. Der wahre Sachverhalt ist vielmehr der:

Der Bibel ist nichts Menschliches fremd. Alle denkbaren Sehnsüchte der Menschen, vor allem das Gelingen wie das Scheitern dieser Sehnsüchte, kommen hier vor. Dementsprechend finden wir die gegenwärtigen Fragen und Nöte und die Antworten darauf in diesem Buch. Ein genauer Blick in die Bibel hilft, unsere Schwierigkeiten auf diesem Gebiet zu bewältigen. Wir müssen uns nur damit beschäftigen!

Nehmen wir die hier vorliegende Szene. Maria ist alleinerziehend. Josef kommt nur in der Kindheitsgeschichte Jesu vor. Ich vermute, dass er früh gestorben ist. Jesus selbst zieht mit seinen Jüngern durch die Lande. Sie wohnen in Kapernaum. Es ist eine Art Männer-WG oder enge Nachbarschaft. Die erste Familie, von der die Bibel erzählt, wird von großem Leid erschüttert. Kain bringt seinen Bruder um. Allein muss er seine Zukunft meistern. Dieser erste Single in der Bibel ist ein unglücklicher Single. Es gibt andere, wie Paulus, die ein fröhliches Ja zu ihrer Lebensform gefunden haben. Die Dauer vieler Ehen in biblischer Zeit war ungewollt kurz. Weil die Sterblichkeit hoch war. Man war bedroht von Hunger, Krankheiten, Kriegen. Das ganze Buch Ruth ist durchzogen vom Leiden daran. Beide Hauptpersonen, Ruth und Noomi, haben hier ihre Nöte. Noomi verliert den Mann und beide Söhne. Einst hatte sie Familie, nun ist sie Witwe. Ruth, eine Generation jünger, ist kinderlos, ihr Mann stirbt. Die Singlesituation ist Alltag in der Bibel. Daher der besondere Schutz für Witwen und Waisen, der in den Geboten angemahnt wird. Die Bibel ist also reich an unterschiedlichsten Lebensformen, in denen sich der Mensch bewähren muss und Gottes Hilfe erfahren kann, wenn er sie denn begehrt. Aber diese Lebensformen sind nicht beliebig.

Das ist nämlich die klare Aussage der Bibel. Sie hebt Ehe und Familie besonders heraus. Nicht, als ob Verheiratete oder Eltern bessere Menschen wären. Es geht vielmehr darum: Die Familie (die Bibel gebraucht dazu das Wort *Haus*) ist der beste

Raum, in dem Kinder behütet aufwachsen. Sicher kann das auch schief gehen kann, das gesteht die Bibel ganz offen in der allerersten Familiengeschichte: Kain erschlägt Abel. Aber der Grundsatz bleibt in Kraft. Die Sünde hebt Gottes gute Weisung nicht auf.

Die Ehe wiederum ist die Verbindung, zu der hin Mann und Frau geschaffen sind. Die Ehe ist der Raum, in dem sich Sexualität entfalten soll. Die Ehe ist der Raum, wo Gott versprochen hat, dass wir sexuell beglückt werden, mehr und tiefer als im unverbindlichen oder halbverbindlichen Miteinander. Das Verhängnisvolle an den modernen Alternativen, die zur Ehe ins Feld geführt werden, ist nicht das Vorhandensein alternativer Lebensweisen wie: Alleinstehend sein, alleinerziehend, zu mehreren, wohnen ohne eine Familie zu sein. Das gab es immer. Verhängnisvoll ist, wenn das Ausleben von Sexualität freigegeben wird in der Weise, das gesagt wird, mach, was du willst, Hauptsache du fühlst dich gut und Liebe ist im Spiel. Der vom Schöpfer gewiesene Raum für Sex ist die Ehe und außerhalb ihrer muss man sich enthalten, also dass man das noch nicht oder nicht mehr auf sich nimmt.

Natürlich gilt man mit solchen Überzeugungen schnell als Exot oder Fossil. Natürlich ist das nicht easy und wir brauchen dazu Gottes Kraft, um alternativ zum herrschenden Trend ein Nein zu behaupten gegen die Beliebigkeit. Und ich finde das toll, wenn Christen so leben, wie neulich eine Freundin von uns erzählte. Sie ist zehn Jahre älter, alleinstehend und ich gönne ihr wirklich von Herzen eine feste Partnerschaft. Aber sie sagte ihrem Freund ganz klar: Zusammenziehen ist nicht, wenn, dann möchte ich heiraten. Warum, meinte er, das können wir doch auch so machen. Wenn die Bibel in der genannten Weise Ehe und Familie heraus hebt, dann bedeutet dieses zugleich: wer mutwillig aus Ehe oder Familie ausbricht, sich seiner Verantwortung entzieht, der verfehlt sein Glück, der verschlechtert sich. Das ist letztlich die tiefe Absicht, die gute Absicht des göttlichen Gebots. Gott will uns doch nicht vergattern. Sein Gebot hilft vielmehr, dass wir Orientierung kriegen im Wirrwarr. In der Beliebigkeit, wo in immer neuen Wiederholungen propagiert wird: Wer ausbricht, kann sich verbessern. Wer ausbricht, tauscht ja nur eine unverbindliche Lebensform gegen eine andere aus. Deshalb ist es ganz wichtig, dass Christen hier positiv widerstehen und Mut machen zu Ehe und Familie.

Und nun blicken wir noch einmal auf die Szene in Kapernaum, wo der Besuch aus Nazareth abgewiesen wird. Jesus weist seine Verwandten ja zurück. Das ist aber kein Nein zur Familie. Später wird er einmal Petrus zurückweisen. Er spricht von seinem bevorstehenden Leidensweg. Entsetzt ruft Petrus: Meister, das widerfahre dir nur nicht! Jesus stößt ihn zurück: Hinweg mit dir, du Satan, denn du meinst nicht, was göttlich, sondern was menschlich ist. Das ist kein Nein zu Petrus. Die Zurückweisung Jesu kommt hier, weil Wichtigeres vorgeht. Jesus will sich nicht abbringen lassen vom Weg ans Kreuz. Und die Zurückweisung zeigt auch, dass durch die Familien, durch die Ehen, durch die Wohngemeinschaften manchmal ein Riss geht. Denn Jesus verbindet. Aber Jesus trennt auch.

Genau unter diesem Vorzeichen kündigt das Johannesevangelium das Kommen Jesu an: (*Joh 1,10-12 vorlesen*) Hier ist gesagt: Jesus kam bei seinem Kommen hier auf Erden in sein Eigentum. Die einen nehmen ihn auf, die andern nicht. Das ist nun das tragische. Jeder von uns findet sich ja in einer Familie vor, so oder so, ob Single, verliebt oder verheiratet. Niemand lebt ohne eine Familie, ob sie nah ist oder fern. Und da kommt die leidvolle Erfahrung: Die einen nehmen Jesus auf, die andern nicht. Jesus trennt. Jesus trennt die, die zu ihm gehören und die, die nicht zu ihm gehören. Da können wir ganz nebenbei auch gleich die Frage klären, ob denn alle Menschen auf dieser Erde Gottes Kinder sind. Die Bibel verneint es. Sie sagt genau wie in dieser Erzählung auch sonst, von alleine sind wir nicht Gottes Kinder. Nur die ihr Leben Jesus übergeben haben und nach seinem Willen leben wollen, werden so genannt. Das ist natürlich unbequem und wird gern abgeschwächt. Viele hätten es lieber, es ginge nach dem Reim „alle Kinder dieser Erde sind vor Gottes Angesicht eine riesige Familie, ob sie's wissen oder nicht".

Das ist Ideologie. Ideologien möchten die Gegensätze gern vertuschen, die unter den Menschen vorhanden sind und die nicht ins Bild passen. Das zieht sich durch vom alten Kaiser Wilhelm (August 1914: „Ich kenne jetzt keine Parteien mehr, ich kenne nur noch Deutsche.") bis zu den Olympischen Spielen: „Dabeisein ist alles." In Wahrheit trennt das Treppchen Sieger und Verlierer. Aber diese schmerzhaften Unterschiede werden gern unter den Tisch gekehrt. Etwa im Ideal einer Volkskirche, in der von Geburt an alle, ob arm oder reich, dem rechten Glauben angehören, die einen halt aktiv und die andern passiv. Alles Wunschvorstellungen!

Die Wahrheit ist: Jesus trennt. Jesus trennt die, die zu ihm gehören und die, die nicht zu ihm gehören. An anderer Stelle sagt er einmal: Wer Vater oder Mutter mehr liebt als mich, der ist meiner nicht wert. Oder über seine Wiederkunft: Da werden zwei in einem Bett liegen, der eine wird gerettet und der andere nicht. Das stellt er fest. Und das lässt sich zu allen Zeiten feststellen und bestätigen. Ich denke an Situationen, wo junge Leute zum Glauben kommen und sich auf einmal zu Hause rechtfertigen müssen. Weil sie einen Teil ihres Taschengeldes in die Kollekte tun. Solange sie sonntagmorgens um 10 Uhr zum Fußball gingen, hat sich keiner aufgeregt. Aber seitdem es zur gleichen Zeit in die Kirche geht, gibt es jedes Mal einen Heidenkrawall. Da werden junge Leute geködert. Wenn du dich nicht konfirmieren lässt, zahl ich dir den Führerschein. Und das Auto gleich dazu.

Vor einigen Wochen war das Friedensgebet der Religionen in Assisi. Die Kreuze wurden zugehängt. Klar. Das Kreuz bewirkt, dass sich die Geister scheiden. Jesus will das eigentlich nicht. Er predigte: „Kommet her zu mir alle." Er weinte über ganz Jerusalem. Er blickte nicht hochmütig herab auf seine Gegner, er betete für sie, selbst am Kreuz noch. Selbst als Jesus am Kreuz stirbt, geschieht noch diese Trennung. Unter denen, die doch zusammenhalten sollten, den beiden Verbrechern neben ihm. Der eine flucht. Der andere fleht: *„Herr, gedenke an mich, wenn du in dein Reich kommst!"* Trennung unter dem Kreuz. Aber unter dem Kreuz gibt es auch ein neues Miteinander. Jesus sagt, schon sterbend, zu Johannes: *„Siehe, das ist deine Mutter."* Er sagt zu Maria: *„Siehe, das ist dein Sohn!"* Da stiftet Jesus Familie.

Wenn man durch Taufe und Glauben zu Jesus gehört, gehört man zu einer geistlichen Familie. Das ist auch eine Art Blutsverwandtschaft, das hängt dann am Blut Jesu. Das ist etwas Wunderbares mit dieser geistlichen Familie. Wissen dürfen, ich darf einen Vater im Himmel haben, selbst wenn ich vielleicht den eigenen nie richtig kennengelernt habe, weil er nie Zeit hatte. Oder wenn die eigenen Eltern auseinander sind, vor Konfirmationen stellt sich ja mitunter diese schwierige Frage, wer wird kommen? Und mancher Jugendliche würde furchtbar gerne auf alle Geschenke verzichten, wenn die Eltern noch beieinander wären, und wenn man dann zusammen fröhlich Konfirmation feiern könnte. Aber nun ist es schon lange nicht mehr so und man hat sich wohl auch damit abgefunden. Wie schön ist es dann, wenn eine Konfirmandin oder Konfirmand es erlebt, ich gehöre zu einer geistlichen Familie, und wenn wir dann aus der Kirche rausziehen und machen den Bogen rechts rum vors Gemeindehaus, und die jungen Leute aus dem Jugendkreis sind die ersten, die gratulieren – mit einem kleinen Geschenk und Küsschen, das gibt‘s auch manchmal. Ist das nicht wunderbar, zu erleben, ich gehöre ja zu einer geistlichen Familie, ich habe einen Vater im Himmel, und dieser Vater ist herrlicher als alle irdischen Väter.

Im 2. Buch Mose stehen eine gute und eine schlechte Nachricht. Die schlechte lautet: Die ohne Gott leben, stehen in einer Sündenkette, die reicht bis in die 3. und 4. Generation. Man schmiedet als ungläubiger Mensch, der Gott nicht gehorchen will, als ungläubige Familie wieder ein neues Glied an diese Kette und bindet wieder seine Kinder.

Die gute Nachricht: Jesus ist gekommen, um alle Ketten zu zerbrechen. Und die Segenskette ist, so steht es im 2. Buch Mose, unendlich länger als die Unheilskette. Da werden Menschen hineingestellt, und es reicht bis in das tausendste Glied. So will Jesus das mit uns, wenn er sagt, wer meinen Willen tut, ist mir Bruder und Schwester. Er will wieder heil machen, was kaputt ist, und uns in diese Segenskette hineinstellen.

Lasst uns wieder zu Jesus gehen, damit wir heil werden, auch in unseren Ehen und Familien. Damit sie Orte werden der Geborgenheit und des Heils. Damit wir leben können, zusammen leben. Und lasst uns zu Jesus gehen, damit die Familie der Kinder Gottes in unserer Ortsgemeinde eine wirkliche Familie wird. Eine in der man sich lieb hat und zusammenhält. In der man offen ist für viele, die noch dazukommen können. Die einst getrennt waren und nun verbunden sind durch Jesus.

Pastor Joachim Musiolik, Sulingen

21. September 2025

Katholisch: 25. Sonntag im Jahreskreis
Amos 8, 4-7; 1. Timotheus 2, 1-8; Lukas 16, 10-13: Gott kritisiert Gier und Reichtum

Liebe Schwestern und Brüder,

Die Steuereinnahmeschätzung musste nach unten korrigiert werden; erwartete Einnahmen bleiben aus – ein Wirtschaftswachstum wird erwartet und angestrebt. Ein Sondervermögen von immenser Höhe wird einkalkuliert für die Infrastruktur des Landes und für die Verteidigung. Schulden bestimmen Gegenwart und wohl auch Zukunft dieser und der kommenden Generationen.

Kriege und Übergriffe bedrohen das Miteinander in der Völkerfamilie. Die Armen werden ärmer, sind nicht von vornherein im Blick der Verantwortlichen, erst recht nicht im Fokus der Superreichen und Besitzenden. Die Erfahrung, die der Prophet Amos damals in Jerusalem angeprangert hat, ist bis heute aktuell geblieben: Die Produktinhalte in werbewirksamen Verpackungen werden kleiner und gleichzeitig steigen die Preise! – Als wenn er es auch für unsere Tage angemahnt hätte: *„Hört dieses Wort!"* So beginnt Amos seine Rede in der heutigen Lesung.

Amos, ein Viehzüchter und Maulbeerfeigenbaumpflanzer, wird um das Jahr 760 v. Christus aus dem Südreich Juda in das Nordreich Israel gesandt.

Er erinnert an Gott und an dessen Gebote. Aber er klagt auch die Menschen seiner Zeit an. Eine Hauptanklage richtet sich gegen die unwürdigen Zustände in Staat und Gesellschaft, im Gerichtswesen und in den wirtschaftlichen Bezügen.

Weil die oberen Schichten die Menschen aus ungesicherter sozialer Lage zu bloßen Objekten ihres Erwerbs-, Macht- und Genussstrebens herabwürdigen, ist die Anklage Gottes, die Amos verkündet, unmissverständlich, hart und unerbittlich.

Denn über all den Segnungen des Wohlstandes haben die Israeliten offensichtlich Jahwe, also Gott und Seine Gebote, vergessen. Sie sind dem Geld, dem Mammon, verfallen. Sie leben an ihren Möglichkeiten vorbei. Ihr blindes Raffen erzürnt Gott und Er legt seinem Propheten Amos das Wort der Kritik und des Tadels, der Verurteilung und der Strenge in den Mund.

Nicht der Wohlstand oder der Reichtum sind problematisch, sondern die Gier des Menschen danach, sein Egoismus und sein Hang, die Schwachen auszunutzen und nicht selbst zur Mitte des Lebens zu finden.

Am Ende verkündet Amos das Ende Israels, das uns in der Lesung vorenthalten wurde. Dort heißt es: *„An jenem Tag, Spruch Gottes, des Herrn, lasse ich am Mittag die Sonne untergehen und bereite am helllichten Tag über die Erde Finsternis aus. Ich verwandle eure Feste in Trauer und alle eure Lieder in Totenklage."* (8,9-10) Unheil reiht sich an Unheil.

Aber selbst jetzt lässt Gott nicht ab von Seinem Volk. Denn Er will nicht den Untergang der Menschen, sondern ihr Heil. So beendet Amos seine Rede mit einer Verheißung. Und es heißt bei ihm: *„Dann wende ich, Jahwe, das Geschick meines Volkes Israel. Sie bauen die verwüsteten Städte wieder auf und wohnen darin. Sie pflanzen Weinberge und trinken den Wein. Sie legen Gärten an und essen die Früchte. Und ich pflanze sie ein in ihren Boden und nie mehr werden sie ausgerissen."* (9, 14f)

Trotz der Verheißung, trotz der Treue Gottes, die Amos verkündet, ist er als Prophet den Mächtigen und vor allen den Reichen ein Dorn im Auge und eine lebende Mahnung. So wird er als Anstifter zum Aufruhr denunziert und muss das Land verlassen. Wir hören nichts mehr von ihm.

Was aber bleibt?

Die Erinnerung an einen Mann, der Gottes Ruf bedingungslos folgte und nicht nach seinem eigenen Wohlergehen fragte.

Ein Mann, der den Mut hatte, seinen Mitmenschen die Wahrheit zu sagen und nicht ein laues *„Ist schon nicht so schlimm, Gott hat uns alle lieb"*. Die entscheidende Frage, die Amos den Israeliten damals und uns heute stellt, ist, ob wir in unserem Leben beginnen, Gott zu lieben und ob sich diese Liebe ausdrückt in der Liebe und

Wertschätzung der Armen, der Hungerleider, der „Zu-kurz-Gekommenen“, der Versager und derer, die vor den Ansprüchen der Gesellschaft scheitern müssen.

Dazu werden wir an diesem Sonntag eingeladen, dass wir bereit sind, den Armen zu helfen, dass unsere Gottesliebe und unsere Gottesdienste sich in der Liebe zu den Armen und Bedrückten bewahrheiten, die wir nicht selten aus dem Blick verlieren und abqualifizieren. Wir müssen unser Herz offen halten für die Notleidenden, für die Fremden, die Heimat suchen, für die an den Rand Gedrängten, für die Einsamen und Leidenden.

Heute sind wir gerufen, unsere Lebensmaxime neu zu setzen; vom Armen aus zu denken, vom Benachteiligten. Eigene Meinungen nicht absolut setzen, sondern den anderen zum Leben zu verhelfen – bei all den großen Schwierigkeiten, in die wir weltweit geraten sind. Das Wort des heiligen John Henry Kardinal Newman mahnt uns – so wie Amos: *„Habe keine Angst, dass dein Leben eines Tages endet! Fürchte mehr, dass du versäumst, es richtig zu beginnen!“*

Ob wir es jetzt heute neu beginnen wollen? Amen.

Pfarrer Heinrich Schmidt, Kirchhundem

Evangelisch: 14. Sonntag n. Trinitatis
1. Mose 28, 10 – 19: Heiligt euer Leben – Bleibt hartnäckig im Glauben!

(Dazu Bildkarte Marc Chagall, „Jakobs Traum“, erhältlich beim Gottesdienst-Institut Nürnberg)

Liebe Schwestern und Brüder in unserem Herrn Jesus Christus,

Das wünsche ich euch von Herzen: dass ihr solche Orte findet. Darüber stolpert. Über ihnen einschlaft und sie träumt. Mit ihrem Bild im Herzen aufwacht und sie dann mit in den Tag nehmt. Solche Orte, an denen der Himmel eine Brücke zur Erde schlägt. Und die Erde eine Leiter zum Himmel. Eine Leiter dort hinein, wo Engel auf und ab steigen, – und letztlich den Blick freigeben – oder vielmehr das Ohr – dorthin, wo Gott ist. Der dann aus der Höhe zu dir spricht: *„Siehe, ich bin mit dir und will dich behüten, wo du hinziehst … Ich will dich nicht verlassen, bis ich alles tue, was ich Dir zugesagt habe.“*

Das wünsche ich euch von Herzen: dass ihr solche Orte findet. Wie sie der Maler Marc Chagall gemalt hat: Wir sehen sie, die Brücke zwischen Himmel und Erde. Wir sehen Engel. Wir ahnen aber noch viel mehr. Es scheint auf im Traum-Blau und Traumviolett des Himmels. Und des Himmelreichs. Und man weiß nicht recht: Was es ist? Sind es Erinnerungen? Sind es Sehnsüchte? Ist es Rückschau? Oder Vorhersehen und Ahnen?

Ich wünsche euch von Herzen, dass ihr solche Orte findet und dann in euch tragt, wo euer Leben durchlässig wird für Gott. Wo der Boden unter den Füßen plötzlich heilig ist. Weil ER heilig ist. Und euch heilig wird. Wo man sich beim Aufwachen, beim Innehalten, beim Gewahr-Werden – das kann mitten im Leben sein – plötzlich die Augen reibt und wie Jakob sich fragt und sich sagt: *„Fürwahr, der HERR ist an dieser Stätte und ich wusste es nicht?!"*

Muss man dazu ein besonders guter Mensch sein? Nein, das war Jakob nicht. Als sich ihm die Himmelsleiter erträumt, war er auf der Flucht. Gerade erst hatte er seinen zugegebenermaßen etwas tollpatschigen Bruder übers Ohr gehauen. Der wollte sich nun rächen und ihn töten. Jakob musste fliehen.

Muss man – um eine Himmelsleiter zu träumen – ein besonders kluger, weiser Mensch sein? Nein, das war Jakob auch nicht. Zu diesem Zeitpunkt jedenfalls noch nicht. Es wird nicht mehr lange dauern, da wird nun umgekehrt er übers Ohr gehauen werden; von seinem zukünftigen Schwiegervater.

Muss man ein besonders gottesfürchtiger Mensch sein? Nun, ja, ich glaube, Jakob ist bei recht gottesfürchtigen Eltern aufgewachsen – ähnlich wie viele noch von uns. Aber: Der Traum von der Himmelsleiter ist eine *junge* Geschichte. Jakob ist jung, ungestüm, voller Tatendrang, Gewitztheit, Selbstbewusstsein; fühlt sich zu etwas Großem berufen, ohne recht zu wissen, was das ist – und genau dahinein spricht zu ihm dieser Traum. Die Stimme Gottes.

Ja, Jakob ist sehr wie wir. Nicht selbstverständlich, und schon gar nicht von vornherein weiß er, dass er es mit Gott zu tun bekommt. Und mit ihm zu tun hat. Erst im Nachhinein merkt er: Da hat ja Gott zu mir gesprochen. Da ist ja *ER* am Werk gewesen. Jakob, der eigentlich gerade davonrennen will - von daheim, von den Eltern, von ihrem Glauben, von ihrem Gott, ... – dieser Jakob wird von Gott gefunden. Nicht am Schlafittchen gepackt und festgehalten, sondern mit einer Zusage: Wenn du ausziehen willst oder ausziehen musst, dann geh ich mit dir. Und über dir soll nicht geschlossene Wolkendecke sein, sondern der Himmel ist offen über dir.

Da, in diesem offenen Himmel, werden nicht nur Glocken für Jakob läuten, es fallen nicht Goldstücke heraus wie im Sterntalermärchen. Marc Chagall träumt in diesen Himmel bereits Christus am Kreuz hinein: die Verheißung, die Rettung geht nicht an der Verletztheit der Welt vorbei; nicht am Leid des eigenen Lebens. Und ist für uns in der großen Heilsgeschichte Gottes nicht ohne Christus zu denken. Aber mit dem Bild eines offenen Himmels im Herzen und der Stimme der Verheißung im Verstand beginnt in Jakob das Wissen zu wachsen: um einen heiligen Ort, um einen heiligen Gott. Der, weil er heilig ist, und also nicht vereinnahmt werden kann, der darum also aus dem Himmel spricht, auch das eigene Leben heiligen will.

Darum: Heiligt euer Leben. Nein, ich meine nicht das Anstapeln guter Werke. Das geht vor Gott so simpel ja eh nicht. Nein, ich meine damit: Bleibt hartnäckig im Glauben. Darin, nach Gott zu suchen. Ja, das kann in der Natur sein – aber nicht nur, auch die Natur ist zweideutig. Sucht Gott zuerst in seinem Wort. Nehmt euch Zeit für ihn. Warum? Sonst verblasst der offene Himmel. Sonst wird plötzlich alles andere so unheimlich mächtig. Aber Menschen, Dinge, Karrieren, Einkaufswünsche, Urlaube, ... sie alle können letztlich nicht helfen. Darum können sie – gesammelt, benutzt oder absolut gesetzt – keine Tiefe geben. Es ist umgekehrt: Nur in Gott kann ich zu all dem anderen um mich herum und kann ich in meinen Beziehungen zu Orten, zu Menschen, zur Natur, zu meiner Arbeit Tiefe gewinnen. In der liebenden Hingabe Christi angesehen, kann sogar Tiefe gewinnen, was schwer auf mir liegt. Dann kann Tiefe gewinnen, was mir *nicht* gelingt. Was zerbricht in meinem Leben.

Jakob wird viele Jahre später an diesen Ort des offenen Himmels zurückkehren. Auf der Rückkehr in sein Land. Auf dem Rückweg zur Versöhnung mit seinem Bruder. Auf der Heimreise zum Frieden mit der Vergangenheit und dem Frieden zur Zukunft. Zur Erfüllung der Verheißungen Gottes.

Liebe Schwestern und Brüder in Christus, ich wünsche euch von Herzen, dass ihr solche Orte findet: an denen der Himmel eine Brücke zur Erde schlägt. Und die Erde eine Leiter zum Himmel. Wo Gottes behütende Engel auf- und niedersteigen und Gott über euch spricht. So dass man sich die Augen reibt: *„Fürwahr, der HERR ist an dieser Stätte und ich wusste es nicht?!“*

Gott rettet im Leben nicht vor Ungemach. Er rettet irgendwann ja auch nicht vor dem Sterben. Aber: In Christus rettet er hindurch!! In einen dann wieder offenen Himmel hinein. Das ist nicht wenig, sondern viel! Ein Wunder! So dass wir uns auch dort die Augen reiben: *„Fürwahr, der HERR ist an dieser Stätte und ich wusste es nicht?!“* Amen.

Pfarrerin Cornelia Meinhard, Georgensgmünd

28. September 2025

Katholisch: 26. Sonntag im Jahreskreis Amos 6,1a.4-7; 1 Timotheus 6,11-16; Lukas 16,19-31: Der arme Reiche

Ein reicher Mann liegt auf dem Sterbebett. Es fällt ihm sehr schwer, Abschied von dieser Welt zu nehmen. Er lässt sich noch seine wunderschöne Sammlung von Goldmünzen bringen, um sie ein letztes Mal anzuschauen, und seufzt: „Ach, könnte ich sie doch mitnehmen…“ Daraufhin bekommt er die Antwort: „Dort, wohin Sie gehen, würden sie schmelzen.“

Soweit der Witz oder die Anekdote. Hoffen wir für diesen armen reichen Mann, dass damit nur das Fegefeuer gemeint war. Die heutigen Lesungen konfrontieren uns jedoch ganz ernsthaft mit diesen Themen. Im Evangelium hören wir eine der eindrücklichsten Gleichniserzählungen Jesu: das Gleichnis vom reichen Mann und dem armen Lazarus. Wir werden heute mit der Frage nach unserer Verantwortung für die Armen konfrontiert – aber auch mit der Frage nach Himmel und Hölle, nach Tod und ewiger Bestimmung. Es ist kein bequemes Evangelium, aber ein notwendiges.

Eins vorweg: Wir dürfen dieses Gleichnis nicht zu oberflächlich verstehen. Jesus ist kein Kommunist. Wie Leo XIII. in seiner Enzyklika *„Rerum novarum“* schreibt, und wie es auch vom späteren kirchlichen Lehramt bestätigt wurde: Das Privateigentum gehört zum Naturrecht. Es darf nicht einfach aufgehoben werden. Jesus aber ermahnt uns, dass Besitz – und insbesondere Reichtum – mit besonderer Verantwortung verbunden ist. Er warnt seine Jünger: *„Leichter geht ein Kamel durch ein Nadelöhr als ein Reicher in das Himmelreich."* Dabei muss man den Begriff „Reicher" im Kontext verstehen. Wer viel besitzt, hat es – wie man schon am Beispiel des reichen Jünglings sieht – unter Umständen schwerer, die nötige innere Freiheit davon zu haben. Aber man kann auch arm sein und dennoch – oder gerade deshalb – so auf materielle Güter fixiert sein, dass man seine Hoffnung eher auf sie als auf Gott setzt. Der Reichtum, der uns am Eintritt in das Himmelreich hindern kann, besteht nicht nur aus Geld oder Gold, sondern aus allen unseren „Schätzen" – allem, was uns wichtiger ist als Gott.

In wenigen Tagen feiern wir den Gedenktag des heiligen Franz von Assisi. Er hat die Worte Jesu „Selig die Armen im Geiste" radikal umgesetzt. Doch auch Franziskus wusste: Materielle Armut kann nötig sein, ist aber an sich noch kein Verdienst und macht noch niemanden heilig. Man kann arm und zugleich gierig sein, nach Gütern lechzen. Arm im Geiste sind vielmehr jene, die nicht auf sich selbst, sondern auf Gott hoffen, die weder an materiellen noch an geistigen Gütern festhalten, sondern vor Ihm mit leeren Händen stehen und alles von Ihm erwarten. Mit der Gründung des Dritten Ordens zeigte Franziskus, dass man diese Seligpreisung in jedem Stand leben kann – auch mit dem, was das Leben in der Welt erfordert, wenn man es in Demut und Freiheit gebraucht.

Was im Evangelium ebenfalls auffällt: Der Reiche hat keinen Namen. Er lebt anonym im Luxus. Lazarus aber, der Arme, hat einen Namen – und was für einen: „Lazarus" bedeutet „Gott hilft". Vor Gott zählen nicht Reichtum oder Erfolg, sondern ob wir unser Herz für andere öffnen. Der Prophet Amos spricht in der ersten Lesung scharf gegen jene, die in Selbstzufriedenheit leben und das Unrecht übersehen.

Aber Jesus geht noch weiter. Dieses Gleichnis ist eine der deutlichsten Aussagen Jesu über die Hölle. Der Reiche stirbt, und es heißt, er kommt an einen Ort der Qual, wo er sich in Flammen windet. Es ist eine ernste Mahnung. Jesus warnt uns immer wieder eindringlich vor dem breiten, bequemen Weg, der ins Verderben führt. Er spricht mehrfach vom Gericht, von der Möglichkeit, das Heil zu verfehlen. Das ist heute nicht populär. Viele sprechen lieber nur von Gottes Liebe. Aber Gottes Liebe umfasst auch seine Gerechtigkeit. Die Barmherzigkeit Gottes ist unendlich – aber sie setzt unsere Umkehr voraus. Wer die Barmherzigkeit Gottes will, muss den Weg der Umkehr gehen. Wer ihn ablehnt, entscheidet sich selbst gegen das Heil. Der heilige Johannes Paul II. sagte: „Die größte Barmherzigkeit Gottes besteht darin, dass Er uns ernst nimmt."

Ein zweiter, oft übersehener Aspekt ist die Bewusstseinslage der Verstorbenen. Viele evangelische Christen vertreten die Lehre vom sogenannten Seelenschlaf: Die Toten seien in einem Zustand des Nicht-Bewusstseins und warteten auf die leibliche Auferstehung. Doch dieses Gleichnis zeigt uns etwas anderes. Lazarus ist bei Abraham – und sie sprechen. Der reiche Mann bittet, klagt, fleht. Es gibt Bewusstsein, Erinnerung, Kommunikation. Und zwar deutlich vor der Auferstehung am Ende der Zeiten, denn die Brüder des Reichen leben ja noch. Die Kirche hat deshalb immer gelehrt: Die Seelen der Verstorbenen leben weiter, sind sich bewusst und können – wenn sie bei Gott sind – auch für uns eintreten. Deshalb bitten wir die Heiligen um ihre Fürsprache. Wer also sagt, die Heiligen könnten uns nicht hören, widerspricht nicht nur der Tradition, sondern auch den Worten Jesu selbst.

Drittens spricht Jesus in diesem Gleichnis auch unsere Haltung zum Glauben an. Der reiche Mann bittet, Lazarus möge doch einen seiner Brüder warnen. Aber Abraham antwortet: *„Sie haben Mose und die Propheten. Auf die sollen sie hören."* Und als der Reiche drängt, heißt es: *„Wenn sie auf Mose und die Propheten nicht hören, werden sie sich auch nicht überzeugen lassen, wenn einer von den Toten aufersteht."* Wie aktuell ist diese Aussage! Auch heute hören viele Christen mehr auf Gerüchte, Erscheinungen oder besondere Erfahrungen als auf das Evangelium selbst. „Dort wurde die Hostie rot", „dort ist Maria erschienen", „dort hat jemand den Himmel gesehen" – das kann beeindrucken. Aber unser Glaube steht auf anderem Fundament. Wir haben Schrift, Tradition und das Lehramt der Kirche. Das ist der feste Grund. Wunder können bestätigen, aber nicht ersetzen. Und Jesus sagt es deutlich: Wer das Herz verschließt, wird sich auch durch Wunder nicht überzeugen lassen. Es geht nicht um ständige neue Beweise, sondern um die Antwort des Herzens.

Was also tun wir mit diesem Evangelium? Zunächst: Wir nehmen Jesu Worte ernst. Wir nehmen ernst, dass es Konsequenzen hat, wie wir leben. Die Gleichgültigkeit des Reichen ist seine Schuld, nicht seine Kleidung. Er hat Lazarus gesehen – und ignoriert. Er hat gelebt, als wäre alles für ihn gemacht. Sein Herz war verschlossen. Der heilige Johannes Chrysostomus hat einmal gesagt: „Wenn du im Tempel den Leib Christi ehrst, dann verachte ihn nicht, wenn er draußen friert und nackt ist." Lazarus liegt vor unserer Tür. Nicht nur in Gestalt der Armen, sondern auch in all jenen, die unser Wort, unsere Nähe, unsere Geduld brauchen. Wir werden nicht gerettet, weil wir arm oder reich sind, sondern weil wir in der Liebe Gottes leben.

Dann aber tun wir das, was Jesus uns immer wieder zeigt: Wir kehren um. Wir bitten um Vergebung. Wir helfen dem Nächsten. Wir öffnen unser Herz. Und wir leben bewusst im Licht des Evangeliums. Wir lesen die Schrift, wir nehmen die Sakramente ernst, wir leben mit der Kirche.

Und noch etwas: Das Gleichnis endet offen. Es sagt nicht, was die Brüder des Reichen tun. Vielleicht ist einer von ihnen heute hier. Vielleicht bin ich es. Die Schrift ist uns gegeben. Jetzt ist die Zeit der Entscheidung. Jetzt ist die Zeit der Umkehr. Jetzt ist die Stunde des Heils.

Dr. Agnes Fromme, Hof

Evangelisch: 15. Sonntag nach Trinitatis
Petrus 5, 5b–11: Zuversicht auf Gott setzen

A. Zum Anliegen des Sonntags

Der 15. Sonntag nach Trinitatis hat als Headline einen Wochenspruch *„Alle eure Sorge werfet auf ihn, denn er sorgt für euch"* (1Petr 5,7), der aus unserem Predigttext stammt. Allerdings ist das ein wenig ungenau, denn 1Petr zitiert an dieser

Stelle eine Aussage aus dem Buch der Sprüche (Spr 3,34). Der Spruch aber muss in der Zeit des ausklingenden ersten Jahrhunderts jedenfalls ganz allgemein einen Nerv getroffen haben, denn auch der Jakobusbrief greift ihn auf (Jak 4,6). Und bis heute ist dieser Aufruf, sich nicht mit Existenzangst und Sorgen zu belasten, sondern in (religiös bedingter!) Gelassenheit gerade angesichts von bedrohenden Szenarien zu bleiben, von hoher Aktualität.

Im Evangelium des Sonntags (Mt 6,25-34) wird dieser Gedanke anhand der Beispiele der Vögel unter dem Himmel und der Lilien auf dem Felde erneut entfaltet und um den Gedanken erweitert, dass die menschliche Existenz nicht im Haben, sondern im Sein besteht. Ein Gedanke der auch die Sozialphilosophie und die Religionspsychologie, zumindest noch im 20. Jahrhundert, beschäftigt hat (siehe Erich Fromm).

Das Lied unseres Sonntags (*„Wer nur den lieben Gott lässt walten“*, EG 369) ist das einzig Überlieferte des Dichters Georg Neumark. Es ist aus einer Erfahrung der Bewahrung im Dreißigjährigen Krieg entstanden und trägt im Original den Titel: *„Trostlied, dass Gott einen jeden zu seiner Zeit versorgen und erhalten will. Nach dem Spruch: Wirf dein Anliegen auf den Herren, der wird dich wohl versorgen!“*

Das Anliegen des Sonntags ist daraus ersichtlich: Wir dürfen zu Trost und Gelassenheit, die aus dem Vertrauen zu Gott kommen, aufrufen, gerade auch angesichts von Bedrohungen oder Befürchtungen heutiger Tage. „Zuversicht auf Gott setzen“ – kann somit das Thema der Predigt sein.

B. Zum Predigttext

1Petr wurde gegen Ende des 1. Jahrhunderts in „Babylon“ (5,13), was in der Diaspora eine pejorative Bezeichnung für Rom war, verfasst. Adressiert ist er an eine Reihe von Gemeinden in Kleinasien (1,1-2), und der Verfasser, der sich selbst Petrus nennt, ist wahrscheinlich einer, der diesen Namen in Erinnerung an den „Fels der Kirche“ benützt. Dass Simon sich jemals mit diesem Ehrennamen, im Sinn eines Eigennamens, selbst bezeichnet hat, ist kaum anzunehmen.

Wichtiger für uns ist, dass in diesem Brief eine Theologie vertreten wird, die bis in die Terminologie hinein, in dem Ausstrahlungsbereich paulinischen Gedankenguts zu verorten ist. Das Wort „Gnade“, das nicht weniger als zehnmal vorkommt, oder auch das formelhafte „in Christus“, weisen darauf hin. Der Verfasser ist also ein Theologe, der aus einer deuteropaulinischen Tradition kommt. Das mag Luther auch bewogen haben, 1Petr in seiner Auslegung von 1523 als „eines der edelsten Bücher im Neuen Testament und das rechte lautere Euangelion“ zu bezeichnen.

Sehr interessant ist, dass die christlichen Gemeinden zu der Zeit von 1Petr bereits durch nachpaulinische Presbyterialverfassungen organisiert sind, in deren Rahmen den Ältesten besondere Hirtenaufgaben zukommen (5,11ff). Allerdings spielen im Vollzug des Gemeindelebens das allgemeine Priestertum (5,2.9) und, damit zusammenhängend, auch die Lehre von den Charismen eine Rolle (4,10-11).

Im Verhältnis der Gemeinden zur äußeren Welt jedoch ist die Situation zur Zeit der Abfassung des Briefes durch Leid und große Schwierigkeiten gekennzeichnet. Zwar war es noch nicht die Zeit regelrechter Verfolgungen, aber es war die Zeit von feindseliger Einstellung seitens der Obrigkeit. Die Adressaten werden verdächtigt und geschmäht und, weil sie Christen sind, manchmal sogar gerichtlich angeklagt (4,15-

19). Allerdings ist nicht ersichtlich, wie weit die Behörden in ihrer christenfeindlichen Haltung schon gegangen sind. Um der Verfolgung aber vorzubeugen liegt es dem Verfasser daran, unnötige Provokationen zu vermeiden um der Staatsmacht keinen Vorwand zu geben. Offenbar aber verfolgten die jüngeren Menschen in der Gemeinde einen etwas anderen Kurs als die wahrscheinlich konservativeren Ältesten (5,1-5a).

Die Adressaten, Junge wie Alte, sind Heidenchristen (1,14.18), die ermutigt werden, sich angesichts der Probleme und Schwierigkeiten, die sie wegen ihrem neuen Glauben haben, an das Leiden Christi zu erinnern und auf ihre Taufe zu besinnen. Daraus können sie Kräfte des Trostes und des Überlebens in ihrer Lage bekommen.

Wenn wir uns nun unserem Textabschnitt (5,5b-11) zuwenden, so merken wir, dass er sich abschließend und zusammenfassend, gerade den genannten Hauptthemen noch einmal widmet. Eingestiegen wird mit dem Aufruf zur Demut: rechte Demut weiß, dass Gott die Niedrigen erhöht und dass er ihnen Gnade gibt (5,5b). Denn die Gemeinde erfährt gerade in der Verfolgungssituation die „starke Hand Gottes", unter die man sich demütig beugen soll.

Die „gewaltige Hand Gottes" ist Zeichen für seine Allmacht. Sie wirkt, wie der Christ weiß, mehrfach: sei es in kraftvoller Hilfe „zu seiner Zeit", oder im Sinne von Züchtigung und Strafe (5,6). Solche Aussagen lassen, damals und auch heute, die Menschen fragen: Soll sich ein Christ in Verfolgungssituationen denn gar nicht wehren? Er soll, so 1Petr zunächst, hier und jetzt in der „Feuersglut" (4,12), mit der Fürsorge Gottes rechnen. Und das nicht in allgemeiner Sorglosigkeit, sondern in der spezifischen Sorge in der Lage der Bedrängnis. Nur so ist V. 7 zu verstehen.

Und ja: Widerstand ist möglich und nötig. Aber er besteht nicht im Bombardieren des Widersachers oder im Dreinschlagen gegen das Böse. Sondern es ist ein Widerstand ganz im Bonhoeffer'schen Sinne, es ist ein gewaltloser Widerstand *„fest im Glauben"* (5,9). Der Teufel ist eine dämonische Macht, der die Kraft zu allen Zeiten hätte, die Gemeinde Gottes zu verschlingen. Die Strategie der Bekämpfung dieser Macht ist Gewaltverzicht, bei gleichzeitig erhöhtem moralischen Widerstand. Demut, Unbekümmertheit und Gottvertrauen sind keine Schwächen, sondern die Waffen des *„Widerstandes im Glauben"* (5,8-9). Doch die Kraft für diesen Widerstand und die Festigkeit in diesem Glauben sind vom Menschen selber nicht zu „machen". Gott selbst wird *„stärken, kräftigen und gründen"* (5,12).

Trost schöpfen dürfen die verfolgten Christen in dieser Situation aus dem Wissen, dass es in der ganzen damals bekannten Welt den Glaubensgeschwistern nicht anders ergeht. Auch und gerade auch in der Verfolgung sind sie eine Solidargemeinschaft (5,9). Sie sind „in Christus", das heißt sie sind herausgerufen aus dem Bereich der Welt in einen Bereich „der Herrlichkeit", in dem, Gott sei Dank, andere ethisch-moralische Werte und Anschauungen gelten (5,10).

Somit ist es nur konsequent, dass der Verfasser mit einer Doxologie schließt, nach der die Macht allein Gott zukommt (5,11). Gott allein gehört die Stärke. Die Tage der Mächtigen aber sind gezählt.

C. Zur Predigt: „Zuversicht auf Gott setzen heißt..."

Mein Vorschlag ist, diesmal in der Predigt nicht einem homiletischen Schema, z.B. einem Dreischritt zu folgen, sondern am Text entlang zu predigen. Denn jeder Vers kann für sich zunächst aus der historisch-exegetischen Situation heraus erklärt und dann mit der präsentischen Lage in ganz aktuelle Bezüge gebracht werden. Weil das, was die Gemeinden zu der Zeit von 1Petr erlebt haben, in vieler Hinsicht durchaus mit der Situation heutiger Tage vergleichbar ist. Dabei können sich folgende Gedanken ergeben:

V. 5: Auch heute und auch in unserem Umfeld regiert die „Hoffart". Sie heißt Arroganz, Anmaßung und Hybris. Gott „widersteht" solchem politisch-ökonomischen Hochmut. Er belohnt aber die „Demut", sprich: die Herzlichkeit, den bereitwilligen Eifer für das Gute und die Anspruchslosigkeit. In dieser Haltung bleiben wir gerne zuversichtlich, selbst wenn es kurzfristig Nachteile bringt.

V. 6-7: Die Sorge und die Zukunftsängste sind Gegenwartsmächte. Sie machen den Menschen unfrei, weil sie mächtig sind und ihn unfähig machen zu denken und zu handeln. Hilfreich ist es, sich an dieser Stelle mit Kierkegaards *„Der Begriff Angst"* auseinanderzusetzen und eventuell daraus zu zitieren.[1] Zuversicht, die „auf Gott setzt", führt aus der Sackgasse heraus.

V. 8-9: Der Teufel, der umhergeht und uns verschlingt, hat heute viele Namen. Er könnte „Zeitgeist" heißen, oder „Wissenschaftsgläubigkeit". Er könnte aber auch ein Schreckensszenario sein, das uns vorgemalt wird. Oder er ist ein Verführer, der seine Autorität missbraucht und uns mit „Fake News" füttert. Dem gilt es zwar gewaltlos, aber nicht minder entschlossen Widerstand zu leisten. Bonhoeffer mit seiner „Widerstand und Ergebung"-Ethik kann uns an dieser Stelle eine Hilfe sein.

V. 10: Auch heute geraten Christen in Bedrängnis, ohne direkt verfolgt zu werden. Auch heute ist die Kirche umgeben von einem säkular-unfreundlich gesinnten Umfeld. Wenn wir auf die schwindenden Mitgliederzahlen der Kirche sehen, merken wir, dass der Zeitgeist viele und vieles „verschlingt". Doch haben wir die Zuversicht, dass der, der „eine kleine Zeit" leidet, danach von Gott neu „gestärkt, gekräftigt und gegründet" wird.

V. 11: Die Predigt kann durchaus mit einer selbst formulierten Doxologie schließen, die die Anerkennung des großartigen Wirkens Gottes in der Geschichte ausdrückt, die die Gegenwart ihm anvertraut und in der die Zukunft zuversichtlich in seine „gewaltige" Hand gelegt wird.

Dr. Thomas Pitters, Alberndorf i. R. (Österreich)

---

[1] Vgl. Søren Kierkegaard: *Der Begriff Angst.* Neuausgabe 2023. Übers. von Gisela Perlet. Mit Nachwort hrsg. von Uta Eichle, Stuttgart 2023.

BERICHTE

Acta et documenta

Rede zur Eröffnung der Tagung „Die christliche Zukunft des Libanon" in Budapest (28.02.2025)

Péter Szijjártó, Budapest,
Ungarischer Außenminister

Am Wochenende vom 28. Februar bis 01. März 2025 fand in Budapest eine internationale Tagung zur Zukunft christlicher Kirchen im Libanon statt. Zu der Tagung kamen Teilnehmer aus mehreren Ländern (Libanon, Zypern, Italien, USA, Ungarn) und Vertreter unterschiedlicher Konfessionskirchen.
Vorbereitet wurde die Konferenz von der Abteilung „Verfolgte Christen" im Staatsekretariat des Außenministeriums, ihr Leiter ist Tristan Azbej, der die Tagung moderierte. Begrüßt wurden die Teilnehmer vom ungarischen Außenminister Péter Szijjártó. Er sprach die Teilnehmer mit der hier abgedruckten Rede an. Wir danken der Ungarischen Botschaft in Berlin, die uns die Rede im Original und in einer Übersetzung zur Verfügung gestellt hat. Diese Übersetzung der Botschaft wurde von unserem Redaktionsmitglied Dietmar Schmidtmann durchgesehen und um einen Anhang ergänzt.
Der Außenminister sieht sich und die Ungarische Regierung in christlicher Verantwortung den Christen im Libanon gegenüber und sagt deshalb den Christen dort weitere Förderungen zu. Ziel ist es, dass jene Menschen dort ihr Land nicht verlassen müssen und es weiterhin im Libanon christliche Kirchen gibt. In Budapest wird die Regierung Ungarns ein Verbindungsbüro aufbauen, damit die Kirchen im Libanon konkrete Förderungen vermittelt bekommen. *Jürgen Henkel*

Da wir hier in Ungarn sind, erlauben Sie mir bitte, Sie in der ungarischen Sprache anzusprechen.

Exzellenzen, sehr geehrter Herr Botschafter, meine Damen und Herren!

Vielen Dank, dass Sie unsere Einladung angenommen haben, heute hierher zu kommen, um gemeinsam zu prüfen, welche Zukunft wir uns aus christlicher Sicht für den Libanon vorstellen können.

Wenn es einen Ort gibt, wo ich meine These „Wir leben in einem Zeitalter der Gefahr" nicht erklären muss, dann ist es dieser Ort (sc. diese Konferenz) hier. Denn wenn es irgendwo auf der Welt nur Zustimmung für meine These gibt, dann ist dies im Nahen Osten. Wir leben in einem Zeitalter der Gefahren. Und in einer Zeit der Gefahr werden gegenseitiger Respekt und ein kontinuierlicher Dialog immer wichtiger.

Zwischen Ungarn und dem Libanon bestand stets eine auf gegenseitigem Respekt basierende Zusammenarbeit.

Dies ermöglicht es uns nun, auch in dieser schwierigen Lage offen und ehrlich über sensible Themen zu sprechen.

Es gibt keinen besseren Zeitpunkt für diese Konferenz, denn in diesem Jahr feiern wir den 60. Jahrestag der Aufnahme der diplomatischen Beziehungen zwischen Ungarn und dem Libanon. Diese Beziehungen blieben auch inmitten der schwersten Herausforderungen lebendig.

Doch dieser heutige Anlass ist auch deshalb von besonderer Bedeutung, weil die Schwere der Herausforderungen nicht nachgelassen hat.

Wir stehen weltweit vor ernsten sicherheitspolitischen Herausforderungen und erst recht im Nahen Osten. Und die Sicherheitslage im Nahen Osten hat auch enorme Auswirkungen auf die Sicherheit Mitteleuropas. Deshalb ist es ein absolutes nationales Interesse Ungarns, dass im Nahen Osten Frieden, Ruhe und Stabilität herrschen.

Nun, nicht nur hier, sondern vor jedem Publikum ist klar, dass dem Libanon eine herausragende Rolle für die Stabilität im Nahen Osten zukommt. Diese herausragende Rolle kommt ihm auch deshalb zu, weil das Land Heimat einiger der bedeutendsten christlichen Gemeinschaften des Nahen Ostens und möglicherweise der Welt ist. Und so wie die gesamte Region, so wie der Libanon vor Herausforderungen steht, stehen auch die christlichen Gemeinschaften vor Herausforderungen.

Wir in Ungarn sind stolz auf unsere mehr als tausendjährige christliche Staatlichkeit (*keresztény államiságunka*). Daraus erwächst jedoch auch eine besondere Verantwortung. Wir fühlen uns für alle christlichen Gemeinschaften weltweit verantwortlich, insbesondere für diejenigen, die mit Schwierigkeiten oder sogar Verfolgung konfrontiert sind.

Leider erleben auch die Christen im Libanon große Schwierigkeiten. Daher ist es ein wichtiges Ziel von uns, den christlichen Gemeinden im Libanon zu helfen und die Unterstützung für sie aufrechtzuerhalten. Dabei muss immer eine entscheidende Frage gestellt werden: Worin genau soll diese Hilfe bestehen?

Ich denke, die richtige Antwort darauf ist: Wir müssen den christlichen Gemeinschaften im Nahen Osten helfen, damit sie nicht gezwungen sind, ihre Heimat zu verlassen. Wir müssen dafür sorgen, dass die Orte, die seit Jahrhunderten Heimat christlicher Gemeinschaften waren, nicht entchristlicht werden. Und daraus ergibt sich die Frage: Worin dürfen wir keine Fehler machen?

Ich denke, wir sollten keinen Fehler machen und leisten keine Hilfe in einer Weise, die letztlich dazu führt, dass christliche Gemeinschaften ihre Heimat verlassen. Die christlichen Gemeinschaften müssen vor Ort gestärkt werden, und das Programm „Hungary Helps" hat bisher Dutzende Millionen Dollar ausgegeben, um sicherzustellen, dass christliche Gemeinschaften im Nahen Osten, einschließlich des Libanon, in ihren Häusern bleiben und dort stark sein können. Dazu sind Investitionen zur Schaffung von Arbeitsplätzen erforderlich.

Dafür braucht es Schulen, damit Kinder einen Ort zum Lernen haben. Dafür sind soziale und gesundheitliche Einrichtungen erforderlich. Und es braucht Kirchen, damit die Gemeinschaften ihren Glauben leben können.

Arbeitsplätze, Schulen, Krankenhäuser, Kirchen – diese sind notwendig; und in den letzten sieben Jahren hat die ungarische Regierung im Libanon 38 Programme zu diesem Zweck umgesetzt. 38 Entwicklungsprogramme im Wert von 20 Millionen Dollar; besonders stolz sind wir darauf, dass wir hundert historische christliche Kirchen renoviert haben. Ich möchte Ihnen mitteilen, dass wir bereit sind, dieses Programm fortzusetzen.

Es gibt eine englische Redewendung – ich bin mir nicht sicher, wie man sie genau ins Ungarische übersetzen kann: „Elephant in the room." Das bedeutet: Es gibt eine offensichtliche Situation, die jeder kennt, über die aber niemand sprechen will. Und das bedeutet, dass eine Schlüsselfrage für die Zukunft des Libanon und der dortigen Christenheit darin besteht, wann und in welchem Umfang wir die Rückkehr der aus Syrien vertriebenen Menschen unterstützen können, die für den Libanon eine enorme Belastung darstellen. Da Millionen Menschen aus Syrien vertrieben wurden und die internationale Gemeinschaft das Land in dieser Hinsicht im Stich lässt.

Ich sitze seit elf Jahren am Tisch der Außenminister der Europäischen Union und seit etwas mehr als zehn Jahren höre ich, dass sich die Lage in Syrien verbessern werde, wenn Assad gehe. Nun ist Assad gegangen. Daher denke ich, dass es an der Zeit ist, dass die internationale Gemeinschaft die Rückkehr der syrischen Flüchtlinge aus dem Libanon aktiv unterstützt. Dafür müssen die notwendigen politischen, sicherheitspolitischen und wirtschaftlichen Voraussetzungen geschaffen werden.

Es ist an der Zeit, die politische Korrektheit beiseite zu lassen, ehrlich und offen über dieses Thema zu sprechen und dem Libanon diese enorme Last von den Schultern zu nehmen.

Wir danken dem Libanon dafür, dass er diese Last bisher getragen hat, wir danken der christlichen Gemeinschaft dafür, dass sie sich über ihre Verhältnisse engagiert, diese Last mitzutragen; doch jetzt ist es an der Zeit, dass der Libanon internationale Unterstützung erhält.

Abschließend möchte ich Ihnen auch sagen, dass wir diese Konferenz heute einberufen haben, um einen Mechanismus zu schaffen, der langfristig die Entwicklung des Libanon fördert, und zwar so, dass die christlichen Gemeinden den größten Anteil an dieser Entwicklung haben und den größten Mehrwert erzielen können.

Dafür sind selbstverständlich Ressourcen erforderlich. Wir sind bereit, unseren Beitrag dazu zu leisten. Wir hoffen, dass auch die libanesische Diaspora, Vertreter der Wirtschaft, libanesische Institutionen und Organisationen sowie internationale Akteure ihren Beitrag leisten werden, damit dieser Mechanismus zur langfristigen Unterstützung des Libanon eingerichtet wird.

Wir sind auch bereit, das Sekretariat für diese Institution (Mechanismus) hier in Budapest zu betreiben und die notwendige Infrastruktur bereitzustellen.

Exzellenzen, meine Damen und Herren, ich möchte Ihnen noch einmal unsere höchste Anerkennung aussprechen. Ich möchte noch einmal betonen, dass sich die christlichen Gemeinden im Nahen Osten weiterhin auf die Regierung Ungarns verlassen können.

Die ungarische Regierung unterstützt die christlichen Gemeinden im Nahen Osten weiterhin dabei, vor Ort zu bleiben und sich vor Ort zu stärken, denn die Wiege des Christentums (*a kereszténység bölcsője*) ist ohne Christen undenkbar. Und wir wollen es uns gar nicht vorstellen. Wir vergeben diese Arbeiten jetzt an Dritte und bauen eine Allianz auf.

Vielen Dank für Ihr Kommen und wir sind dankbar, dass wir in Zukunft gemeinsam für dieses edle Ziel arbeiten können.

Anmerkungen zu den Beziehungen zwischen Christen in Ungarn und im Libanon

(erstellt von Dietmar Schmidtmann, Wittichenau)

Diplomatische und kirchliche Gespräche und Begegnungen haben im Frühjahr 2025 die Verbindung Ungarns mit dem Libanon vielfältig bedacht. Im Vordergrund standen bei allen Begegnungen die Lebenssituation der Christen im Nahen Osten (vor allem Libanon und Syrien). Es gab also nicht nur diese eine herausgehobene Tagung mit Vertretern aus Wirtschaft und Kirche.

Über diese vom Ungarischen Außenministerium organisierte Beratung in Budapest informierten unterschiedliche Medien. Die Zeitung Varsánap („Sonntag“) stellte ein Interview mit Tristan Azbej ein, das den positiven Ausgang der Konferenz verdeutlicht.[1] Das deutschsprachige Nachrichtenportal ‚Ungarn heute‘ führte mit dem Staatssekretär Azbej ein Interview, darin verdeutlicht er abermals, warum Ungarn dem Libanon und deren Konfessionskirchen helfen will und dass er zugleich enttäuscht ist, weil die EU-Länder hier nicht mitziehen. Azbej:

> *„Die ungarische Regierung hat zwei Überlegungen zum Schutz verfolgter Christen. Eine davon ist eine wertebasierte Entscheidung, die andere ist das allgemeine humanitäre Prinzip. Als christliches Land können wir dem Leiden der Christen in anderen Teilen der Welt nicht gleichgültig gegenüberstehen. Christen werden derzeit in mehr als fünfzig Ländern angegriffen: (…) Das Prinzip der christlichen Solidarität hat uns dazu gebracht, als erste in der Welt eine Regierungsstelle zur Untersuchung der Christenverfolgung einzurichten. Dies geschah nicht nur in der Absicht, sich in den Weltforen für sie einzusetzen, sondern auch, um unsere eigene Hilfsaktion zu starten. Es handelt sich dabei um das Hungary Helps Programm. (…) Aber die Verfolgung von Christen ist eines der schwerwiegendsten humanitären und menschenrechtlichen Probleme unserer Zeit. Die großen internationalen Hilfsorganisationen kümmern sich nicht um die Bedürfnisse dieser Menschen, und in den großen Menschenrechtsforen der Welt wird nur selten über den Schutz der Rechte von Christen gesprochen. Unser Auftrag richtet sich nicht ausschließlich an Christen, aber unser allgemeines menschliches Mitgefühl gebietet uns, eine Gemeinschaft zu unterstützen, die völlig verlassen und von der Gleichgültigkeit der Welt umgeben ist.“*[2]

Ende März traf der ungarische Außenminister sich mit dem Vorsitzenden der libanesischen christlichen Partei „Freie Patriotische Bewegung“, Gibran Bassil. Auch hier betonte Außenminister Péter Szijjártó, dass beide Länder aufgrund ihrer langjährigen christlichen Prägung ihre Freundschaft stärken mögen.[3] Anlass für diese Begegnung

---

[1] Vasárnap, 06.03.2025, Artikel von Mátyás Susánszky.

[2] Ungarn heute, 18.04.2025; https://ungarnheute.hu/news/waehrend-der-westen-wegschaut-helfen-wir-verfolgten-christen-interview-mit-azbej-tristan-41655/

[3] Vasárnap (31.03.2025): Szijjártó Péter: A kereszténység rendkívül stabil alapot ad a magy-

war der 60. Jahrestag der Aufnahme diplomatischer Beziehungen zwischen Ungarn und Libanon.[4]

Ende Dezember 2025 kam es zu einer Begegnung des ungarischen Ministerpräsidenten Victor Orbán (FIDESZ) mit dem syrisch-orthodoxen Patriarchen Ignatius Ephräm II., der die schwierige Situation seiner Kirche auch nach dem Sturz des Assad-Regimes verdeutlichte. Der Patriarch bekam die Zusage, dass die Ungarische Regierung in den nächsten drei Jahren die Syrisch-Orthodoxe Kirche in Damaskus beim Bau einer neuen Kirche und bei der Entwicklung einer Bildungs- und Gemeindeinfrastruktur unterstützen wird. Dies soll auch dazu führen, dass syrische Christen wieder in ihre Heimat zurückkehren.[5]

Auch die Reformierte Kirche Ungarns hat eine Tagung für Frauen angeboten, wo Betroffene ihre Leidsituation in kriegerischen Auseinandersetzungen bedachten. Dazu kamen auch Frauen aus dem Libanon, andere Teilnehmerinnen kamen aus Siebenbürgen, Irland und der Schweiz: „Ungehörte Stimmen – Konferenz von Frauen, die in Kriegssituationen im Libanon leben." Vorbereitet wurde diese Begegnung von der Weltgemeinschaft Reformierter Kirchen. Inhaltlich ging es dort unter anderem darum, die christliche Versöhnungsbotschaft im Kontext der Kriegserlebnisse sich zu vergegenwärtigen.[6]

Im November 2024 waren zwei Pfarrer der reformierten Kirche des Libanon und Syrien Gast der ungarischen reformierten Kirchen. Sie haben sehr ausführlich über ihre katastrophale Situation berichtet. Dies führte dazu, dass die ungarisch-reformierten Kirchen ihre Solidarität zu den verfolgten in Syrien und Libanon verstärken wollen. [7]

ar-libanoni együttműködésnek (= Péter Szijjártó: Das Christentum bietet eine äußerst stabile Grundlage für die ungarisch-libanesische Zusammenarbeit.)

[4] https://index.hu/belfold/2025/03/31/magyarorszag-libanon-egyuttmukodes-kozel-kelet-szijjarto-peter-kulgazdasagi-es-kulugyminiszter

[5] Ungarn heute, 27.12.2024; https://ungarnheute.hu/news/ungarische-soforthilfe-fuer-die-christen-in-syrien-16889/.

[6] www.reformatus.hu/nemzetkozi-kapcsolatok/hirek/a-fajdalom-es-a-remenyseg-hangjai (abger. 07.04.2025).

[7] https://reformatus.hu/keres/?q=Libanon, Bericht von Zsikai M. Weberné (abger. 4.12.2024).

REZENSIONEN

Libri

Ambrosius von Mailand: ***Über die Buße.*** Einleitung und Übersetzung von Sebastian Moll. Johannes Verlag Einsiedeln, Freiburg i. Br. 2023, 148 S., ISBN 978-3-89411-463-3 (Christliche Meister 70)

Das Bußsakrament befindet sich in einer Krise", konstatierte Papst Johannes Paul II. im Anschluss an die im Jahre 1984 eigens zu diesem Thema einberufene Synode „Reconciliatio et Paenitentia". Viel hat sich seither an diesem Befund nicht geändert. In solchen Krisenzeiten kommt dem Rat der christlichen Meister besondere Bedeutung zu. Der heilige Ambrosius von Mailand (*339–†397), von 374 bis zu seinem Tod dort Bischof und aufgrund seines herausragenden theologischen Werks neben den hll. Augustinus, Hieronymus und Papst Gregor dem Großen einer der vier lateinischen Kirchenlehrer, hat mit seinem Buch *„De paenitentia"* zu jener Zeit ein bahnbrechendes Werk zum Thema vorgelegt, das bis heute als Standardwerk gilt und von Sebastian Moll nun neu ins Deutsche übersetzt wurde.

Ambrosius arbeitet sein Thema der Buße dogmatisch aus Sicht des Kirchenlehrers auf, gleichzeitig aber vor allem auch seelsorgerlich in seiner Funktion als Bischof. Dabei liefert er zeitlose Erkenntnisse für eine erfolgreiche Bußpastoral, die damit beginnt, dass die Kirche sich selbst nicht als eine „Kirche der Reinen", sondern als eine „Kirche der Sünder" begreift und nie genug die unendliche Langmut und Barmherzigkeit Gottes verkünden kann.

Ein Kernthema entsteht in der Auseinandersetzung des Mailänder Bischofs und Kirchenlehrers mit der nach Papst Novatian (*ca. 200–†ca. 258) benannten Bewegung der Novatianer, die sich selbst „katharoi" nannten, also „die Reinen". Diese hatten Bekennermut während der Christenverfolgungen gezeigt und sich geweigert, Götzenbilder anzubeten. Papst Novatian wurde abgesetzt und exkommuniziert, nachdem er reuigen Sündern, die in der Verfolgung schwach geworden waren, aber in die Gemeinschaft der Kirche zurückkehren wollten („Lapsi"), die Absolution verweigerte. Er selbst starb übrigens den Märtyrertod.

Das Buch handelt nun von der rechten Verhältnisbestimmung von Reue und Buße einerseits und der Möglichkeit der Absolution auch für Gefallene sowie Sünder, die Todsünden begangen haben. Die durchgehend biblisch (neu- wie alttestamentarisch) begründete Position des Ambrosius ist dabei durchaus sehr menschenfreundlich und verständnisvoll. Als einzige echte und unvergebbare Todsünde markiert er die Sünde wider den Heiligen Geist (Mt 12,31). Alle anderen Sünden könnten bei echter Reue und Buße vergeben werden. Den Novatianern unterstellt er geistlichen Hochmut, der die Gläubigen hoffnungslos mache. Dem stellt er die Gnade Gottes gegenüber. „Denn niemand kann anständig Buße tun, wenn er nicht auf Gnade hoffen kann." (S. 47) Immer wieder verweist er auf die Aussagen Jesu selbst, der betont habe, dass die Kranken des Arztes bedürften und nicht die Gesunden bzw. Gott nicht den Tod des Sünders, sondern dessen Besserung will. Und dass er nicht gekommen sei, die Gerechten zu rufen, sondern die Sünder (Mt 9,13).

Die Kirche habe die Vollmacht, aber auch den in Gehorsam auszuübenden Auftrag, Sünden zu erlassen oder zu behalten, wozu er auf Joh 20,22-23 verweist. Gott hat „sein Erbarmen allen verheißen und seinen Priestern die Erlaubnis zugestanden

(...), alle Sünden ohne jede Ausnahme zu erlassen“ (S. 50). Ambrosius argumentiert einerseits sehr seelsorgerlich und wirklich pastoral, teilt aber auch kräftig gegen Novatian aus, dem er vorwirft, Bußwilligen entgegen der Aussage Jesu (Mt 11,29-30) eine schwere Last und ein hartes Joch aufzulegen. Die gefallenen Sünder kehrten zwar mit „verminderter Ehre zurück, dafür aber mit überschäumendem Eifer“ (S. 58). Ambrosius argumentiert mit den Gleichnissen vom verlorenen Sohn und dem verlorenen Schaf, aber auch dem Hinweis, dass im Himmel über einen Sünder, der Buße tut, mehr Freude herrscht, als über 99 Gerechte, die der Buße nicht bedürfen (Lk 15,7). Auch auf den Apostel Paulus selbst verweist er, der über die Steinigung des Stephanus erfreut war und vor seiner Bekehrung dann Christen verfolgt hatte. Und Ambrosius verweist auf Johannes (Joh 3,17-18: „*Wer an ihn glaubt, der wird nicht gerichtet; wer aber nicht glaubt, der ist schon gerichtet.*“) Alttestamentlich rekurriert er vor allem auf den Propheten Jeremia.

Ambrosius diskutiert auch die Gegenposition, die sich an Hebr 6,4-6 festmacht, wo eine zweite Buße kategorisch ausgeschlossen wird. Ungenau ist aber die Angabe Psalm 23,3 (S. 67), die hier angegebene Stelle ist Psalm 24,3.

Besonders eindrucksvoll sind Ambrosius‘ Ausführungen über Sünde und Leidenschaften mit der klaren Unterscheidung zwischen Versuchung und Begehren bzw. ausgeübter Sünde: „... nehmen wir an, der Blick sei auf etwas gefallen, aber die Leidenschaft nicht darauf gerichtet. Hingesehen zu haben ist nämlich noch kein Verbrechen, aber man hüte sich davor, dass es der Beginn eines Verbrechens werde. Das fleischliche Auge hat hingesehen, aber die Sittlichkeit des Geistes möge die Augen des Herzens zudrücken.“ (S. 81) Nicht das Hinsehen, sondern das Begehren sei entscheidend. Der Herr selbst frage nach der „Regung des Herzens“.

Ganz im Sinne der altkirchlichen Lehren von Tugenden und Leidenschaften warnt der Bischof sehr pragmatisch: „Die Lust wird genährt durch üppige Gastmähler, gehegt durch Genüsse, entzündet durch Wein und entflammt durch Trunkenheit. (...); wo das Fleisch trunken wird, da taumelt der Geist, da torkelt die Seele, da schwankt das Herz.“ (S. 85). Im Gegenzug dazu betont Ambrosius die Reue und stellt diese in Beziehung zur Passion Christi: „Die Passion des Herrn kam allen zugute und schenkte Erlösung den Sündern, die ihre begangenen Schandtaten bereuen.“ (S. 89) Ein Spitzensatz findet sich in Buch II: „Somit ist durch die Predigt des Herrn aufs Allerklarste geboten, auch diejenigen (sic!, gemeint wohl: denjenigen; J.H.), die des schwersten Verbrechens schuldig sind, die Gnade des himmlischen Sakraments wieder zu gewähren, sofern sie von ganzem Herzen und mit sichtbarem Bekenntnis für ihre Sünde Buße tun.“ (S. 104) Eindrucksvoll interpretiert Ambrosius die biblischen Berichte von der Auferweckung des Lazarus (Joh 11) und der Sünderin zu Jesu Füßen (Lk 7,36-50) wie auch die „Tränen der Reue“.

In seiner Einleitung geht Sebastian Moll davon aus, dass Ambrosius sein Werk um das Jahr 389 in Mailand geschrieben hat. Er stellt andere frühere Werke zum Thema vor, systematisiert die wichtigsten Aussagen des Ambrosius und meint: „Das gesamte Werk des Mailänder Bischofs ist durchzogen vom Kampf gegen die Hartherzigkeit der Novatianer, denen Ambrosius die unbegrenzte Liebe und Gnade Christi gegenüberstellt." (S. 36) Gänzlich falsch ist allerdings Molls Behauptung: „Was die Protestanten jedoch bestreiten, ist die Vollmacht der kirchlichen Amtsträger, da allein Gott selbst Sünden vergeben könne, eine Position, die sie merkwürdigerweise mit den Novatianern gemein haben." (S. 40) Ein Blick in die Lutherische Agende zur Beichte korrigiert dies schnell.[1]

Das vorliegende Buch erschließt einen bedeutenden Kirchenvätertext und eine wichtige Quelle der Theologiegeschichte neu. Es ist eine zeitlos gültige Darlegung zur Theologie der Buße und Bußpraxis der Kirche, zudem ein wunderschöner Text, der zeigt, dass Kirchenväter in tief biblischer Argumentation denken und argumentieren und keine erstarrte oder versteinerte Lehre entwickeln, sondern das biblische Zeugnis, die Botschaft des Herrn und die Lehre der Kirche in einem dynamischen Dialog und Prozess fortschreiben. Die Theologie der Kirchenväter präsentiert sich an diesem Beispiel als äußerst lebendig; sie ist gegründet auf das Zeugnis der Heiligen Schrift sowie Leben, Werk und Lehre Jesu Christi und zugleich inspiriert vom Heiligen Geist. Das Buch ist höchst lesenswert.

Dr. Jürgen Henkel, Selb

Stefan Hetzer/Stefan Thiele (Texte), Carlo Böttger (Fotos): ***Schätze entdecken. Kleinode in Chemnitzer Kirchen. Ein Lese- und Bilderbuch.*** Kunstverlag Josef Fink, Lindenberg im Allgäu 2025, 104 Seiten, 90 Abb., geb. ISBN 978-3-95976-544-2

Chemnitz in Sachsen ist in diesem Jahr Europäische Kulturhauptstadt. Ein Besuch in der bekannten Industriestadt lohnt, unter anderem lockt das Industriemuseum. Pünktlich zum Jahr der Kulturhauptstadt hat der renommierte Kunstverlag Josef Fink aus Lindenberg im Allgäu nun ein besonders schönes „Lese- und Bilderbuch" herausgebracht, das Besuchern und Interessierten unter dem einladenden Titel *„Schätze entdecken. Kleinode in Chemnitzer Kirchen"* die Kirchen der Stadt erschließt. Um es vorwegzunehmen: es gibt in der Europäischen Kulturhauptstadt die-

[1] Vgl. *Agende für evangelisch-lutherische Kirchen und Gemeinden, Bd. III, Teil 3: Die Beichte.* Hg. von der Kirchenleitung der VELKD, neu bearbeitete Ausgabe, Hannover 1993. In der lutherischen Kirche werden im Eröffnungsteil (I.) als Stiftungsworte die Aussagen Jesu Christi Mt 16,19 und Joh 20,22b-23 zitiert, also die Worte zur Vollmacht der Kirche (*Gemeinsame Beichte*, S. 18). Die Absolution wird mit den Worten erteilt: „In der Vollmacht, die der Herr seiner Kirche gegeben hat, spreche ich euch [frei, ledig und] los: Euch sind eure Sünden vergeben. Im Namen + des Vaters und des Sohnes und des Heiligen Geistes. Amen." Alternativ: „Christus spricht: Wie mich der Vater gesandt hat, so sende ich euch. Nehmt hin den heiligen Geist! Welchen ihr die Sünden erlaßt, denen sind sie erlassen; und welchen ihr sie behaltet, denen sind sie behalten. Diese Vollmacht hat Christus seiner Kirche gegeben. Darum verkündige ich einem jeden von euch: Dir sind deine Sünden vergeben. Im Namen + des Vaters und des Sohnes und des Heiligen Geistes. Amen." (*Gemeinsame Beichte*, S. 30).

ses Jahres 2025 auch im Blick auf Kirchen und sakrale Räume viel zu entdecken, was einen Besuch lohnt.

Längst hat die Industrie- und Handelsstadt das muffige kommunistische Flair jener Zeit abgelegt, in der sie zwangsweise in „Karl-Marx-Stadt“ umbenannt war. Etliche vor 1989 seitens des atheistischen Staates und des SED-Regimes stiefmütterlich behandelte Kirchen sind heute touristische Attraktionen, wie der Band zeigt. So können Kulturfreunde auch im Bereich von Kirchenbau und Kirchenkunst viel in Chemnitz erleben, über die Museen, die Kunstsammlungen, das Theater und Kulturereignisse hinaus.

Der vorliegende großformatige Bildband nimmt die Kulturhauptstadt zum Anlass, vom ältesten umbauten kirchlichen Raum in Chemnitz bis zum Altarwandgemälde, auf dem ein kommunistischer Diktator zu erkennen ist, ausgewählte Kirchen der Stadt und ihre Kostbarkeiten zu präsentieren. In 25 kurzen Kapiteln erzählen die Autoren Bemerkenswertes, Wissenswertes und Anrührendes. Historische und aktuelle Fotografien illustrieren die Geschichten hinter der Geschichte. Die Autoren sind Stefan Hetzer, Historiker und Dozent für Fachdidaktik an der Universität Leipzig, und Stefan Thiele, Kunst- und Kirchenhistoriker sowie seit 2024 Leiter des Schloßbergmuseums Chemnitz. Sie reihen hier nicht langweilend Jahreszahlen aneinander, sondern orientieren sich am journalistischen Konzept des „Story Telling“, des Erzählens von Geschichten. Sie bringen die dargestellten Kirchen den Lesern in Form besonderer Geschichten in knapper und gut lesbarer Form als „Aufhänger“ nahe.

Die aktuellen Fotos des Bandes stammen zumeist von Carlo Böttger und sind überaus beeindruckend. Sie zeigen einerseits „klassische“ Gesamtaufnahmen wie etwa des Innenraums der neugotischen Petrikirche auf der Titelseite, die als eine der schönsten Kirchen Sachsens gilt, oder des Altarraums der Stiftskirche Ebersdorf aus dem 15. Jahrhundert (S. 41). Gleichzeitig sind viele Detailfotos mit ungewöhnlichen Objekten zu sehen. Dazu zählen etwa Statuen als Lesepultträger (S. 42 f.), Kinderfiguren an Taufsteinen (S. 44-47), farbenprächtige Kirchenfenster unter anderem mit Bildern von König Gustav Adolf von Schweden, Melanchthon, Luther und Kurfürst Friedrich dem Weisen (Kirche Berbisdorf, S. 48-51), stattliche Kirchenportale wie der erbauten Markuskirche auf dem Sonnenberg (S. 54), Kirchenglocken oder auch der von Superintendent Sebastian Hommel 1635 in den Wirren des Dreißigjährigen Krieges gestiftete Abendmahlskelch der Jakobikirche samt Porträt des Geistlichen (S. 82 f.). Hier waren wertvolle Kelche, Kannen, Hostiendosen, Leuchter, Altartücher und liturgische Gewänder im Krieg spurlos verschwunden. Der von Hommel gestiftete Kelch sollte wieder eine würdige Feier des Altarsakraments ermöglichen. Er wird bis heute verwendet.

Der Bildband dokumentiert die ganze Bandbreite an Baustilen, Epochen, Kunstgestaltung und Architektur der Kirchenlandschaft von Chemnitz, dazu zählt auch das Phänomen der „Notkirchen“ (S. 10-15). Von der romanischen Apsis in der Schloßkirche, die bei einer Gesamtrestaurierung der Schloßkirche und des Schloßbergmuseums ab 1980 eher zufällig entdeckt wurde (S. 92-95) bis zu hochmodernen Eindrücken wie etwa der Vleugels-Orgel in der Schloßkirche von 2006 mit ihrem extravaganten Orgelprospekt (S. 100 f.).

Manche Beiträge berichten zudem von ganz außergewöhnlichen Geschichten. Sehr eindrucksvoll ist der Beitrag über die beiden Besuche der 2016 heiliggesprochenen Friedensnobelpreisträgerin und Ordensgründerin Mutter Theresa in Chemnitz 1983 und 1988 mit Fotos davon und die Einrichtung eines Ordenshauses 1983. Genauso bemerkenswert ist der Bericht über das neue Altarbild des Wachauer Künstlers Werner Juza aus den Jahren 1965/1966 in der Jakobikirche im Stadtteil Einsiedel, das im Zeichen zweier Diktaturen steht. Dort wird die bittere Wirklichkeit von KZs genauso sichtbar wie eine Gruppe um einen „falschen Propheten", der unverkennbar die Gesichtszüge von Walter Ulbricht trägt (S. 66-71).

Der Band ist eine erfreulich gelungene und nach Inhalt und Methode der Präsentation äußerst innovativ gestaltete Einladung, die Kirchenlandschaft in Chemnitz im Jahr der Europäischen Kulturhauptstadt 2025 zu entdecken. Der sehr erschwingliche Preis für diesen prachtvoll gestalteten und aufwendig gedruckten Band stellt ein weiteres großes Plus dar.

Dr. Jürgen Henkel, Selb

Matthias Hilbert: ***Von Paul Gerhardt bis Manfred Siebald. 20 Lebensbilder alter und neuer Liederdichter.*** Bd. 1. Christliche Verlagsgesellschaft, Dillenburg 2024, 272 S., ISBN 978-3-86353-879-8

Der 1950 geborene Lehrer i. R. Matthias Hilbert, der sich als Autor von Lebens- und Glaubensgeschichten bekannter Dichterpersönlichkeiten aus dem 19. und 20. Jahrhundert einen Namen gemacht hat, ist vor kurzem mit einer als Taschenbuch publizierten Sammlung von insgesamt zwanzig Lebensbildern christlicher Liederdichter vom 17. Jahrhundert bis zur Gegenwart an die Öffentlichkeit getreten.

Die chronologisch aufgebaute Auswahl von Lebensbildern, die der historischen Information, der literarischen und musikalischen Bildung wie der christlichen Erbauung dient, setzt drei Schwerpunkte bei der Darstellung der in ihr präsentierten Liederdichter. Im ersten Teil des Buches, der die Lebensbilder von vier Liederdichterinnen und acht Liederdichtern aus dem 17. bis zum 20. Jahrhundert behandelt, werden vornehmlich Poetinnen und Poeten vorgestellt, die einerseits entweder dem Pietismus zuzurechnen sind (wie zum Beispiel Gerhard Tersteegen, Philipp Friedrich Hiller oder Nikolaus Ludwig Graf von Zinzendorf) oder andererseits der neupietistischen Erweckungs- und Heiligungsbewegung angehören (wie etwa Johann Christoph Blumhardt, Ernst Heinrich Gebhardt oder Hedwig von Redern). Der zweite Teil des Buches ist dann acht neuzeitlichen Liedermachern gewidmet, die zwischen 1934 und 1961 geboren sind und die seit den siebziger Jahren des vergangenen Jahrhunderts

das traditionelle christliche Liedgut um neuzeitliche Texte ergänzt und um einen modernen Musikstil bereichert haben. Zu erwähnen sind hier etwa Peter Strauch, Manfred Siebald oder Christoph Zehendner.

Sämtliche zwanzig Lebensbilder sind nach demselben Schema strukturiert. Auf ein Gemälde oder eine Fotografie mit der Abbildung des jeweiligen Liederdichters (Bildnachweise auf den Seiten 268 und 269) folgt der jene porträtierende Text, der oftmals zum Zwecke der Illustrierung mit Zitaten angereichert ist, sodann die Anmerkungen und am Ende ein Literatur- und Quellenverzeichnis. Da der Schwerpunkt der Darstellung auf der Persönlichkeit und der Biographie des jeweiligen Liederdichters liegt, ist für die Wiedergabe ihrer in der Regel vielstrophigen Liedertexte kaum Platz. Der Autor behilft sich aus diesem Grunde notgedrungen entweder mit der bloßen Auflistung von Titeln bekannter und berühmter Lieder (etwa der Lob, Kreuz-, Trost-, Sterbe- und Ewigkeitslieder Paul Gerhardts, vgl. S. 27) oder mit der Wiedergabe lediglich einzelner Liedstrophen (so der ersten, zweiten und achten Strophe von Gerhard Tersteegens geistlichem Lied „Gott ist gegenwärtig", vgl. S. 41f.).

Gegenüber seit längerem publizierten Sammlungen von Lebensbildern bekannter Choraldichter – wie etwa der beiden Bände „Den Kummer sich vom Herzen singen" bzw. „Dennoch fröhlich singen" von Beate und Winrich Scheffbuch – setzt die Sammlung von Matthias Hilbert andere Prioritäten. Sie legt einerseits Wert auf größere Ausführlichkeit und nimmt dafür in Kauf, dass sie insgesamt weniger Dichter biographisch erfasst. Im Vergleich zu den genannten Scheffbuchschen Publikationen kommt bei Hilbert lediglich ein Fünftel der dort präsentierten Lebensbilder zur Darstellung. Andererseits werden von Matthias Hilbert auch Liederdichter der Gegenwart berücksichtigt und in lebendigen Porträts dem Publikum präsentiert.

In jedem einzelnen der zwanzig Porträts von Liederdichtern gelingt es Matthias Hilbert, Erbauliches und Erhebendes einzuflechten, um so die literarische und historische Bedeutung der behandelten Poeten durch Einprägsames und Denkwürdiges zu unterstreichen. So zitiert er im Rahmen des Porträts von Paul Gerhardt, des „Trösters und Ermutigers der Christenheit" – jedes Porträt trägt einen markanten Titel! –, ein Erlebnis des Gerhardt-Biographen Rainer Köpf, der bei einem Besuch in einem oberschwäbischen Altenheim die wundersame Erfahrung machen durfte, dass ein neunzigjähriger Bewohner dieses Altenheims, der kaum mehr zusammenhängend reden konnte, dennoch sämtliche zwölf Strophen von „Befiehl du deine Wege" geistlichen Liedes klar, deutlich und fehlerlos auswendig zu singen verstand. Und in Hilberts Porträt des „Gottes- und Menschenfreundes" Gerhard Tersteegen wird aus den Erinnerungen eines seiner Freunde geschöpft, der berichtet, wie Hunderte von Gläubigen in das Haus Tersteegens, das heute noch in Mülheim steht und als Heimatmuseum dient, strömten, um den wortgewaltigen Prediger zu hören, wobei manche Zuhörer sogar mittels Leitern von außen zu den oberen, zudem ausgehängten Fenstern emporklommen.

Ohne aus Raumgründen auf die vier Liederdichterinnen des ersten Teils – Fanny Crosby, Julie Hausmann, Eleonore Fürstin von Reuß und Hedwig von Redern – näher eingehen zu können, sei abschließend noch auf die acht Liederdichter des 20. und 21. Jahrhunderts hingewiesen, die im zweiten Teil der Porträtsammlung von Matthias Hilbert zur Sprache kommen. An erster Stelle wäre der 1934 geborene Pfarrer, Jugendevangelist und Liedermacher Theo Lehmann zu erwähnen, der im Dritten Reich seine Kindheit und im DDR-Sozialismus seine Jugend verlebte und sich intensiv mit dem Jazz, dem Blues und insbesondere auch mit dem Spiritual befasste, über dessen Geschichte und Theologie er 1963 an der Universität Halle-Wittenberg promovierte. Die darin enthaltenen Reflexionen über gesellschaftliche und staatliche Unterdrückung sowie seine legendären Jugendgottesdienste in Karl-Marx-Stadt machten den unangepassten Prediger und Dichter bei manchen seiner Amtskollegen und vor allem bei der Stasi suspekt, was angesichts folgender Strophe aus einem seiner Lieder nicht verwundert: „Die Mächtigen kommen und gehen, / und auch jedes Denkmal mal fällt. / Bleiben wird nur, wer auf Gottes Wort steht, / dem sichersten Standpunkt der Welt." (S. 163)

Nach Lebensbildern des 1943 geborenen freikirchlichen Pastors Peter Strauch und des 1946 geborenen Bahnbrechers moderner christlicher Popmusik in Deutschland Siegfried Fietz (mit über 4000 vertonten Liedern und über 200 beim Musikverlag Abakus veröffentlichten Alben) wendet sich Matthias Hilbert dem Theologen und baptistischen Evangelisten Jörg Swoboda zu, der 1947 in Ostberlin geboren wurde und neben Theo Lehmann, dessen oben zitiertes Lied er übrigens mit schrieb und noch im Entstehungsjahr 1981 vertonte, zum wohl bekanntesten und populärsten ostdeutschen christlichen Liedermacher avancierte. Der 1948 in Westdeutschland geborene Amerikanistikprofessor und christliche Liedermacher Manfred Siebald brachte das besagte „Mutmacher- und Trostlied für alle, besonders für Jugendliche, die in dem Riesengefängnis DDR Gott folgen wollten" (Theo Lehmann), im Jahre 1986 beim Musiklabel des Hänssler-Verlags als Interpret heraus.

Auch wenn der Titel des Buches von Matthias Hilbert anderes nahelegt, folgen auf das Porträt von Manfred Siebald, der vor allem durch seine Auftritte auf Großveranstaltungen des amerikanischen Evangelisten Billy Graham deutschland- und europaweit bekannt wurde, noch drei weitere Lebensbilder: dasjenige des 1950 geborenen christlichen Entertainers Arno Backhaus; dasjenige des 1951 geborenen Journalisten und christlichen Liedermachers Jürgen Werth; sowie dasjenige des 1961 geborenen Rundfunkjournalisten Christoph Zehendner, der vor über zehn Jahren Teil der Klostergemeinschaft der Christusträger-Bruderschaft wurde, ohne allerdings seine bis dahin ausgeübten musikalischen, literarischen und homiletischen Aktivitäten aufzugeben. Diese drei Porträts der in den fünfziger und sechziger Jahren des vergangenen Jahrhunderts geborenen christlichen Liedermacher runden das lesenswerte Lebensbilder-Buch von Matthias Hilbert gelungen ab, dem, wie die Bezeichnung „Band 1" auf dem Cover vermuten lässt, weitere Bände folgen sollen.

Dr. Markus Fischer, Bukarest

Johannes Thomas Laichner: ***Wie ein roter Faden. Von der Schönheit und Wahrheit des christlichen Glaubens.*** Verlag A. Weger, Brixen 2024, geb., 96 S., ISBN 978-88-6563-384-7

In Zeiten eines bestürzenden religiösen Traditionsabbruchs und zunehmenden Analphabetismus in breiten Schichten der Bevölkerung Mittel- und Westeuropas im Blick auf Kirche und Christentum, der auch vor den Christen selbst nicht Halt macht, ist Selbstvergewisserung über den eigenen Glauben eine grundlegende wie unverzichtbare Notwendigkeit. Dies gilt für Christen als Gläubige genauso wie für die christlichen Gemeinden und die gesamte Kirche. Christen brauchen und finden Halt im Glauben; den gibt es aber nur, wenn ausreichend Wissen und Orientierung über den Glauben vorhanden sind. Nur so können *fides quae* (das zu Glaubende) und *fides qua* (der Glaube in Praxis und Vollzug) in einer lebendigen Verbindung bleiben und die christliche Spiritualität in Herzen und Seelen Tiefe finden und Wurzeln schlagen. Die ganz einfachen Fragen dazu lauten: „Was bzw. an wen glauben wir?" Und „Zu wem beten wir?" Diese klassischen Katechismus-Fragen sind entscheidend in einer Zeit, in der das Christentum besonders in den Ländern Mittel- und Westeuropas vor aller Augen verdunstet und viele Multiplikatoren, Meinungsmacher und Taktgeber einer zunehmend areligiösen Gesellschaft noch mit ihrer religiösen Indifferenz und Amusikalität kokettieren bis prahlen.

Das vorliegende inhaltlich vorzüglich konzipierte und die Lehre der Kirche unverfälscht und unverkürzt präsentierende Buch *„Wie ein roter Faden. Von der Schönheit und Wahrheit des christlichen Glaubens"* von Johannes Laichner bietet hier ein höchst willkommenes Gegenmittel. Es ist ein Buch der christlichen Selbstvergewisserung über den eigenen Glauben, der konzentrierten Darstellung der christlichen Lehre und Botschaft, das dadurch sowohl für die Gemeindearbeit von der Jugendkatechese bis zur Erwachsenenbildung, als auch zum Gespräch mit interessierten Außenstehenden segensreiche Wirkung entfalten kann. Das schmuck gestaltete und glänzend geschriebene Buch kann für die eigene Spiritualität wie auch für die Innere und Äußere Mission eine kluge und ansprechende Grundlage bilden. Der Autor ist den Lesern dieser Zeitschrift als Verfasser von Predigtentwürfen bestens bekannt. DDr. Johannes Laichner ist römisch-katholischer Theologe und Priester mehrerer Pfarrgemeinden in der Diözese Innsbruck sowie Diözesandirektor der Päpstlichen Missionswerke Missio. Seine tiefsinnigen Predigtentwürfe bieten immer wieder wertvolle geistliche und auch missionarische Impulse.

Der vorliegende Band beschäftigt sich zunächst mit theologischen Fragen wie der nach dem Verhältnis von Vernunft, Glauben und Wissen, die sich sowohl Christen selbst wie aufgeschlossene Außenstehende stellen, kritische Zeitgenossen sowieso. Nach diesen sieben Einstiegskapiteln folgen 18 weitere, die sich an Struktur und

Inhalt des Apostolischen Glaubensbekenntnisses orientieren. Schon der Bezug zum Credo zeigt, dass es hier um die wahren Inhalte des Glaubens geht, nicht um oberflächliche Alltags- oder flache Binsenweisheiten im pastoralen Leierton. Der bekannte Zisterzienser-Pater Karl Wallner vom Stift Heiligenkreuz bringt Orientierung und Programm dieses Buches in seinem Vorwort auf den Punkt, wenn er festhält: „Glaube ist nicht nur ein Gefühl, eine innere Stimmung. Gefühle und Stimmungen kommen und gehen. Glaube ist auch ‚*Inhalt*'. Glaube ist ‚*Wissen*'. (…) Die Situation des Christentums in Europa ist erschreckend, denn wir schmelzen schneller als jeder Gletscher. Schuld ist auch unsere Ignoranz. (…) Das Evangelium Christi war nie ‚*zeitgeist-kompatibel*'. Es beinhaltet sperrige und herausfordernde Botschaften, sonst wäre Jesus an Altersschwäche im Bett und nicht unter Spott und Hohn am Kreuz gestorben." (S. 7f.) Er ruft als Ansage Jes 7,9 ins Gedächtnis: „*Glaubt ihr nicht, so bleibt ihr nicht.*"

Laichner berichtet eingangs vom Weg eines jungen Wirtschaftsingenieurs, der auch über die Lektüre von Joseph Ratzingers Standardwerk „*Einführung in das Christentum*" zum Glauben gefunden hat. Dies auch aufgrund der Erkenntnis, dass der christliche Glaube zu einer Wahrheit führt, „die den Sinn des menschlichen Lebens eröffnet" (S. 13). Glaubende wie Nichtglaubende werden von der Glaubensfrage berührt. Laichner argumentiert durchgehend biblisch. Gleichzeitig flankiert bzw. reflektiert er die Botschaft von Schrift und Credo mit zahlreichen treffsicher ausgewählten Zitaten vor allem des hl. Papstes Johannes Paul II. sowie von Papst Benedikt XVI., der hl. Mutter Theresa von Kalkutta oder der hl. Edith Stein. Hinzu kommen Zitate großer Intellektueller.

Immer wieder wird der Glaube als innere Haltung zur Sprache gebracht. Das unterscheidet das Christentum schon in der Antike vom religiösen Umfeld, da „die Religionen der Antike gerade keinen besonderen Wert auf ein spirituelles Glaubensleben legten. Vorrangig ging es um die strenge Einhaltung religiöser Riten, Zeremonien und kultischer Vorschriften. Demzufolge kann der Glaube auch nicht automatisch mit Religion gleichgesetzt werden. Aus christlicher Perspektive bleibt der persönliche Akt des Glaubens unverzichtbar. (…) Der christliche Glaube setzt eine innere Haltung voraus." (S. 17f.)

Zugleich übersteigt der Glaube auch die (inner)weltliche Empirie und führt zu Gott und höheren Einsichten: „Glaube hält an einer Wahrheit fest, die außerhalb dessen liegt, was die Naturwissenschaft empirisch erforscht und in messbaren Zahlen darstellt. (…) So beschreiben physikalische Grundgesetze und mathematische Formeln nie umfassend den Sinn und die Schönheit des menschlichen Daseins und damit der geschaffenen Welt als Ganzes. (…) der Glaube erweitert den Horizont des Wissens ins Unendliche." (S. 19f.)

Im Dialog mit Zitaten auch von Wissenschaftlern wie Max Planck, Albert Einstein, Werner von Siemens und sogar Charles Darwin betont Laichner an dieser Stelle das Verhältnis von Vernunft und Glauben unter Bezug auf das berühmte Axiom von Anselm von Canterbury „Credo ut intelligam" – „Ich glaube, damit ich erkennen kann." Hier wird deutlich, dass die heutige Gottlosigkeit vor allem darin besteht, dass die Wahrheit – Jesus Christus – nicht mehr gesucht, sondern bestritten wird. Dabei gab es schon im brennenden Dornbusch des Mose einen „Qualitätssprung in der Gotteserkenntnis" (Ex 3,1-4,17).

Als „Schlüsselwort des christlichen Glaubens“ hält er das Wort „Freude“ fest (S. 34). Das ganze Buch lebt von der Betonung der inspirierenden Freude des Glaubens, die auch darin begründet liegt, dass der Glaube Gemeinschaft stiftet. Die besondere Qualität der Gotteserfahrung mit dem sich offenbarenden und liebenden Gott systematisiert Laichner in mehreren Aspekten. So sei Gott in Begegnungen erfahrbar; Er zeige sich ansprechbar und mache sich anrufbar; Er sei Person für uns und schenke uns auch durch die Gottebenbildlichkeit die Perspektive der Ewigkeit als Zukunft in Ihm.

Laichner thematisiert mit leichter Feder und zugleich inhaltlich-theologisch anspruchsvoll wichtige Themen wie die menschliche Freiheit zur Entscheidung, die Frage der Heilsgeschichte und Offenbarung, wobei er hier auch darlegt, warum das Christentum deistische Vorstellungen ablehnt. Das führe auch zu einem besonderen Menschenverständnis: „Der gläubige Gott versteht sich keineswegs als Zufallsprodukt der Evolution, sondern von Anfang an in Liebe von Gott grandios erdacht.“ (S. 51) Der dreifaltige Gott selbst beuge sich in der Menschwerdung Christi liebevoll in seine eigene Schöpfung hinein. Gott teile dabei niemals nur „etwas“ mit, sondern immer „sich selbst“, wie Laichner Johannes Paul II. zitiert.

Anschließend stellt Laichner die Kernpunkte des christlichen Glaubens anhand des Apostolikums dar und gibt Orientierung zugleich zu den wichtigen Dogmen der Dreifaltigkeit und der Christologie. Dies stets biblisch begründet und im Dialog mit Kirchenvätern, den großen Päpsten und Heiligen, aber auch Theologen wie Thomas von Aquin.

Er erläutert, warum Person und Sendung bei Christus zusammengehören, geht auf Kreuz und Kreuzesopfer ein: „An die Stelle des kultischen Ersatzes tritt die Selbsthingabe Jesu am Kreuz. (…) Jesus Christus vollzieht am eigenen Leib den einzig wahren Opferkult der Welt. Er (…) wird wahrer Priester und wahres Opferlamm zugleich.“ (S. 68) Mit wunderbaren Worten beschreibt er Messe, Eucharistie und Liturgie, die er mit Urs von Balthasar immer auch als kosmische Liturgie begreift: „Sie nimmt uns mystisch aus Raum und Zeit heraus und stellt uns direkt unter das Kreuz und damit unter das geöffnete Herz Jesu.“ (S. 72) Und so gilt: „Die hl. Messe gleicht einem Fenster zum Himmel, durch das Gottes Wirken wie ein Sonnenstrahl einfällt und unser Leben verändert. Wann und wo auch immer die Kirche eine hl. Eucharistie feiert, werden wir mystisch hineingenommen in die himmlische Liturgie.“ (S. 74)

Tröstlich sind seine Ausführungen zum Tod aus christlicher Sicht, klar seine Darstellung der Kirche als „Gemeinschaft der Liebe“ und „Stiftung Jesu selbst“, die „einzig der Wahrheit und damit dem Willen Gottes verpflichtet“ sei, deren Bischöfe „die Hüter und unverzichtbaren Garanten jener Wahrheit“ seien (S. 81). Der Kern des dreistufigen Weiheamts bestehe darin, „im Auftrag Jesu Christi das Volk Gottes zu leiten, den Glauben zu verkündigen und die Sakramente zu spenden“ (ebda). Theologisch gesehen sind das Selbstverständlichkeiten, die in heutigen Zeiten vielfach an Zeitgeist und Welt sich anpassender Amtskirchlichkeit dringend wieder ins Gedächtnis zu rufen sind.

Die Freude am Glauben und aus dem Glauben, die Begegnung mit der Liebe Gottes und die Frage der Wahrheit und Schönheit des Glaubens durchziehen dieses zugleich katechetische wie meditative und missionarische Buch tatsächlich als roter Faden, wie es der Titel ankündigt. Es ist ein wunderbares Buch für die eigene Meditation, für die Arbeit in Gruppen und Kreisen, für am Glauben interessierte – oder sogar zweifelnde – Menschen. Und es eignet sich hervorragend als Geschenk.

Dr. Jürgen Henkel, Selb

Francis Moloney: ***Das Johannesevangelium in der Karwoche und Osterzeit. Hinführung und Deutung.*** EOS Verlag, St. Ottilien 2025, 379 S, ISBN 978-3-8306-8246-2

Francis Moloney ist ein besonderer Mensch, einer, der gläubig, blitzgescheit, weitblickend und tief in der Kirche verwurzelt ist. Als Professor für Biblische Theologie an Universitäten in Australien und den USA hat er jenen Zugang zur Theologie, der sich ihm bereits als Student – unter anderem in Oxford – erschlossen hat, nie verloren. Und der besteht in jener Verbindung aus gläubiger Annahme und intellektueller Durchdringung, die für die Hochphase der monastischen Theologie im Mittelalter maßgeblich war und in den letzten Jahren erneut als wegweisend wiederentdeckt wird. Sein vorliegendes Werk ist in mehrfacher Hinsicht beispielhaft für diesen Ansatz. Es führt fort, was Moloney, Salesianer Don Boscos, bereits von den ersten Jahren seiner theologischen und biblischen Ausbildung an fasziniert hat, die Erforschung des Johannesevangeliums.

Die für den Theologen selbstverständliche Lektüre der Heiligen Schrift, die für ihn die Landkarte darstellt, mit deren Hilfe er seinen Lebens- und Glaubensweg geht, ließ ihn schnell erkennen, dass er hier nicht nur gut erzählte Geschichten fand, obwohl auch dies für einen Menschen, der Geschichten liebt, kein geringer Anziehungspunkt war. Die Evangelien aber bieten mehr als das. Sie weisen den Weg zum wahren Leben. Gut, aber sehr unterschiedlich erzählt. Genau dieser Punkt weckte das Interesse von Francis Moloney. Er wollte herausfinden, worin und warum sich die Synoptiker Matthäus, Markus und Lukas, die doch dieselbe Quelle verwendeten, in ihrem Erzählstil und ihrer Erzählabsicht unterschieden. Und er wollte daran mitwirken, herauszuarbeiten, was den Evangelisten Johannes, dessen Evangelium ein Alleinstellungsmerkmal hat, so sehr von ihnen unterscheidet, dass seine Erzählungen vom Leben Jesu den zentralen Feiern seines Todes und seiner Auferstehung zugeordnet sind. Dabei befindet Moloney sich, wie er in der faszinierenden Einführung in sein Werk beschreibt, in einer langen Tradition. Schon Clemens von Alexandrien und Augustinus von Hippo hatten ihre ganz eigenen Ansichten darüber, was Johannes zu einer solchen Ausnahmeerscheinung unter den Evangelisten macht. Moloney geht bei der Beantwortung dieser Frage von den Menschen aus, die die Geschichte des Lebens, Sterbens und Auferstehens Jesu erzählen. Seine eigene Arbeit setzte bei der Untersuchung des Begriffes Menschensohn an, den Johannes wählt, um seine ganz eigene Sicht auf Jesus zum Ausdruck zu bringen.

Das vorliegende Buch ist, wenn man so will, eine Summe der Studien des Johannesevangeliums, die Francis Moloney im Laufe seines wissenschaftlichen Lebens er-

stellt hat. Geordnet werden sie durch die Fokussierung auf das Triduum Sacrum, dessen Lesungstexte sie stellen. Es beginnt am Gründonnerstag mit der Betonung der bedingungslosen Liebe Jesu zu den Menschen, die in der Fußwaschung, dem letzten Abendmahl und dem Durchstehen der Todesangst am Ölberg in all ihren Facetten zum Ausdruck kommt. Am Karfreitag steht die Passionserzählung des Johannes im Mittelpunkt, die im Gegensatz zu den Synoptikern den Blick auf den, den die Menschen durchbohrt haben, und die erlösende Kraft des Kreuzesopfers betont. Der Ostersonntag lenkt den Blick auf die unterschiedlichen Reaktionen und Glaubenswege der Jüngerinnen und Jünger, für die Maria Magdalena, Petrus und Johannes selbst stellvertretend stehen. Francis Moloney möchte mit seinem Blick auf die performative Kraft des Johannesevangeliums, die sich an Gründonnerstag, Karfreitag und dem Ostersonntag so wirkmächtig entfaltet, Johannes als Wegbegleiter für das gläubige Gottesvolk zu präsentieren. Zugleich ist es dem Autor ein Anliegen, die Bedeutung des Predigens in der katholischen Tradition hervorzuheben und den Homilien Nahrung zu geben.

Traditionell ist die Predigt, wie der Autor zu Recht betont, in den katholischen Liturgien oft unterbewertet. Im Vordergrund steht die Liturgie, deren eucharistischer Teil einseitig im Fokus steht. Aber das Zweite Vatikanische Konzil hat zu Recht herausgearbeitet, dass es bei der heiligen Messe zwei nährende Tische gibt, den des Wortes und den des Brotes. Ersteren reich und immer wieder neu zu decken geschieht nicht nur durch die Lesungstexte selbst, sondern ganz wesentlich auch durch eine gute Predigt, die den Gläubigen den Inhalt der Heiligen Schrift erschließt und in praxistaugliche Landkarten für die je eigenen Lebenswege verwandelt. Die Predigt, deren Gelingen Moloney mit seinem wichtigen Buch über das Johannesevangelium und seine Bedeutung für Karwoche und Osterzeit unterstützen möchte, versteht er in der Tradition der Deutung, die Papst Franziskus in seiner Enzyklika Evangelii Gaudium vorgenommen hat, als Teil der Opfergabe, die dem Vater dargebracht wird. Zugleich möchte er den vom verstorbenen Papst zu recht beklagten Analphabetismus unter den Priestern beheben, denen es nicht selten an jenen hermeneutischen Fähigkeiten mangelt, die sie „zu glaubwürdigen Auslegern und Übersetzern unserer eigenen kulturellen Tradition machen". Dank der Lektüre dieses wegweisenden Buches, das für die Theologie hierzulande zu einem Leuchtturm werden kann, der den Weg in eine wahrhaft traditionsreiche und zielführend Form des Umgangs mit der Heiligen Schrift weist, kann dies erneut gelingen.

Dr. Barbara Stühlmeyer, Hof

Wolfgang Röd (Hg.): ***Geschichte der Philosophie.*** Gesamtwerk in 14 Bänden, Sonderausgabe (in Kassette), Verlag C.H. Beck, München 2021, 6.126 S., ISBN 978-3-406-77581-9

Das Jahr 2024 mit dem Kant-Jubiläum zum 300. Geburtstag des weltberühmten deutschen Philosophen hat zumindest wieder ein etwas gesteigertes Interesse an Philosophie zutage gefördert. Es sind etliche Publikationen aus diesem Anlass erschienen, einige wurden auch im Rezensionsteil dieser Zeitschrift besprochen.

In diesem Zusammenhang ist es überaus zu begrüßen, dass der Verlag C. H. Beck das von Wolfgang Röd (1926-2014) als Gesamtherausgeber verantwortete, groß angelegte Gesamtwerk *„Geschichte der Philosophie"* 2021 in einer 14bändigen Sonderausgabe neu aufgelegt hat. Wobei es insgesamt 15 Bände sind, ist doch der Band 9 in zwei Teilbände aufgeteilt (vgl. Auflistung unten). Sämtliche relevanten Philosophen, Werke und Strömungen der Philosophiegeschichte von den Vorsokratikern bis zur Philosophie der neuesten Zeit (Bd. 14: *Hermeneutik, Frankfurter Schule, Strukturalismus, Analytische Philosophie*) werden hier in konzentrierter Weise überaus hintergründig und nachvollziehbar strukturiert präsentiert. Dass die in Erstauflage zwischen 1976 und 2020 (die meisten freilich nach 2000) erschienenen Bände unterschiedlich alt sind, nimmt diesem Gesamtwerk nichts an Bedeutung und Aussagekraft. Hier sind namhafte Philosophen und Philosophiehistoriker versammelt, deren Darlegungen auch im Einzelfall nach vielen Jahren nichts an Nachhaltigkeit und Prägnanz eingebüßt haben, sondern die nach Methodik der Darstellung und inhaltlicher Stringenz bis heute Maßstäbe setzen. Manche Bände sind Monographien, manche versammeln Beiträge unterschiedlicher Autoren.

Im Einzelnen gliedert sich das Werk in folgende Bände:

Band I:	Die Philosophie der Antike 1: Von Thales bis Demokrit
Band II:	Die Philosophie der Antke 2: Sophistik und Sokratik. Plato und Aristoteles
Band III:	Die Philosophie der Antike 3: Stoa, Epikureismus und Skepsis
Band IV:	Die Philosophie der ausgehenden Antike und des frühen Mittelalters
Band V:	Die Philosophie des Hoch- und Spätmittelalters
Band VI:	Die Philosophie des Humanismus und der Renaissance
Band VII:	Die Philosophie der Neuzeit 1: Von Francis Bacon bis Spinoza
Band VIII:	Die Philosophie der Neuzeit 2: Von Newton bis Rousseau
Band IX,1:	Kritische Philosophie von Kant bis Schopenhauer
Band IX,2:	Klassische Deutsche Philosophie von Fichte bis Hegel
Band X:	Positivismus, Sozialismus und Spiritualismus im 19. Jahrhundert
Band XI:	Pragmatismus und analytische Philosophie
Band XII:	Neukantianismus, Idealismus, Realismus, Phänomenologie
Band XIII:	Lebensphilosophie und Existenzphilosophie
Band XIV:	Die Philosophie der neuesten Zeit: Hermeneutik, Frankfurter Schule, Strukturalismus, Analytische Philosophie

Immer wieder wird deutlich, wie sich historische und politische, aber auch geistes- und kulturgeschichtliche Entwicklungen und Rahmenbedingungen auf die Philosophie der jeweiligen Zeit ausgewirkt haben. Die renommierten Autoren von Herausgeber Wolfgang Röd selbst bis Julian Nida-Rümelin stellen alle hier verhandelten Philosophen und deren wichtigste Werke, Lebensdaten, Themen und Argumentationsmuster kundig und nachvollziehbar dar. Zugleich verdeutlichen sie, dass sich die Philosophie nie im geistig luftleeren Raum entfaltet, auch wenn die Sujets wie die Frage nach Existenz und Sinn, Freiheit und Bindung, Individuum und Gemeinschaft, die Gottesfrage und das Menschenbild, die Frage nach richtigem Verhalten und besonders im Kontext der christlichen Theologie natürlich auch die Frage nach Immanenz, Transzendenz und Erlösung überzeitliche Grund- und Schicksalsfragen beantworten.

Keine andere Wissenschaft ist für die Theologie von so herausragender Bedeutung wie die Philosophie. Für Theologen empfiehlt sich dieses Werk einerseits als Standard- und Nachschlagewerk zur Philosophiegeschichte. Andererseits werden hier die Philosophiegeschichte und die verschiedenen Epochen, Strömungen und deren Repräsentanten „neutral“ ohne transzendenzorientierte Begründungsvorbehalte analysiert, behandelt und vorgestellt, die Philosophie also strikt „philosophisch gelesen“. Das bedeutet einen ergebnisoffeneren Blick auf die philosophischen Entwürfe und ihre Schöpfer als bei aus dominant theologischer Warte zu erwarten wäre. So ergibt sich ein intellektuell redliches und zudem vergnüglich nachzuvollziehendes Gesamtbild.

Die ersten drei Bände skizzieren die frühen und antiken Wurzeln der europäischen Philosophie von den Vorsokratikern und den griechischen Vätern der Philosophie – Sokrates, Plato und Aristoteles – bis zu den lateinischen Bewegungen der Stoa, des Epikureismus und der Skepsis. Gerade Plato und Aristoteles sowie die ausgeglichene Stoa werden als Referenzpunkte zum geistigen Wurzelgrund der christlichen Theologie. Der exzellente Band 4 von Wolfgang L. Gombocz (*Die Philosophie der ausgehenden Antike und des frühen Mittelalters*) führt vor, wie sich die Theologie dann über wirkmächtige Kirchenväter der Patristik aus der Philosophie heraus in Abgleich wie Abgrenzung zur antiken Philosophie entwickelt hat, um im frühen, Hoch- und Spätmittelalter schließlich nachgerade mit der Theologie zu verschmelzen. Ausführlich werden große Theologen wie Augustinus von Hippo und Anselm von Canterbury in ihrer auch philosophischen Bedeutung gewürdigt. Wobei hier Anselm noch zu den Anfängen der Scholastik gerechnet wird, obwohl er schon ins 11. und beginnende 12. Jh. datiert. Immer wieder wird auch bei den Theologen herausgearbeitet, worin deren jeweils spezifischer Beitrag zur Philosophie besteht. Für die beginnende Scholastik weist Gombocz nach, welche Rolle die „Wiederentdeckung der aristotelischen Logik bzw. Dialektik“ spielt (Bd. IV, S. 332). Selbstverständlich werden auch eigenständige Entwürfe wie „Vom Trost der Philosophie“ des Boëthius ausführlich erörtert. Fortgeführt wird diese Darstellung durch Theo Kobusch, der Band 5 verantwortet (Hoch-

und Spätmittelalter). Hier kommen neben vielen anderen Größen der Theologie und Philosophie wie Thomas von Aquin und Albertus Magnus zur Sprache.

Umfassend werden in den späteren Bänden die allmähliche Emanzipation der Philosophie von der Theologie und die daraus resultierenden Entwürfe und Epochen geschildert. Jedem Band sind nach einem ausführlichen Teil mit Anmerkungen auch ein Personen- und ein Sachregister beigefügt. Dieses Gesamtwerk ist absolut empfehlenswert. Es befruchtet die eigene Beschäftigung mit Philosophie und kann die theologische Arbeit flankierend bereichern. Zudem bietet es exzellente Porträts aller relevanten Persönlichkeiten und Werke der Philosophiegeschichte. Wohl unschlagbar ist der wirklich kundenfreundliche und erschwingliche Kaufpreis dieser Gesamtdarstellung der Philosophie in 14 Bänden von 228.- € (Stand Mai 2025). Das Werk kann Theologen und allen an Philosophie interessierten Zeitgenossen uneingeschränkt empfohlen werden.

Dr. Jürgen Henkel, Selb

Jens Schröter: ***Die Entstehung des Christentums. Von den Anfängen bis zu Konstantin dem Großen.*** Verlag C. H. Beck, München 2024, 128 S., ISBN 978-3-406-82272-8

Zu den spannendsten wie auch aufregendsten Phasen der Geschichte von Kirche und Christentum gehören die ersten drei Jahrhunderte bis zu Kaiser Konstantin dem Großen († 337). Das war jene Zeit, in der aus dem ursprünglichen Kreis der zwölf Apostel sowie den Zeugen der Auferstehung Jesu Christi – also aus der Urkirche und ihren Gemeinden – heraus im gesamten Römischen Reich die Frühe Kirche entstand. Jene Epoche umschreibt nicht weniger als die Entwicklung von Christus zum Christentum.

Als Jesus von Nazareth am Kreuz starb und die „Wolke der Zeugen“ (Hebräer 12,1) ab dem Ostermorgen seine Auferstehung verkündigte, gab es noch kein Christentum als Religion oder Institution. Allmählich entstanden Gemeinden, die glaubten, dass Jesus Christus der Sohn Gottes ist. Diese „Christusgläubigen“ bildeten eigene religiöse und ethische Überzeugungen aus, die sich in den ersten drei Jahrhunderten im Römischen Reich weit verbreiteten.

Jens Schröter beschreibt nun präzise und hintergründig, aber auch gut zusammengefasst, wie aus der Vielzahl an christlichen Gemeinden mit je eigenen Glaubensweisen, Lebensformen, Ritualen und Schriften die christliche Kirche entstand und auch Verbindlichkeit beanspruchte. Diese nahm zwar nicht alle Spielarten (und Abarten) christlichen Glaubens und Lebens in sich auf, integrierte aber doch eine große Vielfalt.

Mit seinem anschaulich geschriebenen Buch aus der Reihe „C. H. Beck Wissen“ legt Schröter, Professor am Institut für Neues Testament an der Humboldt-Universität Berlin, eine neue Geschichte des frühen Christentums auf dem neuesten Forschungs-

stand und vor allem in überschaubarem Umfang vor. Der 128 Seiten umfassende Band ist klug strukturiert und gegliedert und jedem zu empfehlen, der sich für das Thema interessiert. Zunächst geht es um die Ausbreitung des christlichen Glaubens. Der zweite Hauptabschnitt thematisiert das Verhältnis zwischen christlichem und jüdischem Glauben. Der umfangreichste Teil widmet sich der Entfaltung des christlichen Glaubens in der noch nichtchristlichen Gesellschaft (S. 53-116), bevor abschließende Erwägungen des Kapitels „Vielfalt und Einheit des Christusglaubens" den Band beschließen. Schröter bietet dabei keine Geschichte der Institution, sondern geht perspektivisch vom Glaubensleben und Glaubensvollzug aus.

Dabei betont er immer wieder die „Dynamik von Einheit und Vielfalt" im Christentum seit dessen Anfängen, macht aber auch deutlich, dass die Überführung in feste institutionalisierte Formen und die Stabilisierung gemeinsamer Grundlagen von den Heiligen Schriften bis zur Glaubenslehre zur Etablierung im Römischen Reich notwendig waren, so dass das Christentum „eine Religionsgemeinschaft mit übergreifenden Strukturen, gemeinsamen Ritualen, verbindenden Bekenntnissen und einem gemeinsamen Schriftenbestand wurde" (S. 10). Die Leitfrage der Darlegungen lautet: „Wie entstand der Glaube an Jesus Christus und wie wurde er unter den politischen, kulturellen und sozialen Bedingungen der jüdischen und griechisch-römischen Antike gelebt?" (S. 11) Der Band gibt darauf Antworten. Der gesamte Prozess von den Anfängen und Aufbrüchen über die Phasen der Ausgrenzung, Denunziationen und Christenverfolgungen bis hin zur offiziellen staatlichen Anerkennung des Christentums unter Kaiser Konstantin wird hier gut nachvollziehbar dargestellt. Wobei der Autor pointiert Schlüsselmomente und entscheidende Aspekte der Entwicklung hervorhebt.

So etwa die Tatsache, dass die Unterschiede zwischen den Menschen für die Zugehörigkeit zur christlichen Gemeinschaft bedeutungslos wurden, was die Botschaft der jungen Religion für alle Menschen attraktiv machte und das Christentum schnell unter Nichtjuden Fuß fassen ließ. Auch die strenge Ethik machte angesichts des libertären Umfelds den neuen Glauben anziehend für immer mehr Menschen. Zentral ist dabei, dass das Christentum von Beginn an ausdrücklich eine missionarische Bewegung war, was Christus selbst den Seinen aufgetragen hat (vgl. Matthäus 28,16-18; Apostelgeschichte 1,8), wie Schröter betont. Sehr bald fasste daher der christliche Glaube auch in den Städten des Römischen Reiches Fuß. Basis der Mission waren das Christusbekenntnis und die Christusverkündigung. Begünstigt wurde die Mission zudem durch die „Infrastruktur des Römischen Reiches", die er ebenfalls thematisiert.

Schröter referiert die feindselige Stimmung gegen den neuen Glauben und die konkreten Christenverfolgungen über Jahrhunderte. Er betont die besondere Bedeutung der Taufe als einheitsstiftendes Band. Mit ihr verbunden war „eine Abwendung vom bisherigen Leben, z. B. von der Verehrung anderer Götter, sowie die Verpflichtung auf ein Leben gemäß dem christlichen Ethos" (S. 32).

Im Blick auf das Verhältnis zum Judentum arbeitet Schröter heraus, dass der Glaube an den einen Gott den jüdischen und christlichen Glauben verbindet und „der Glaube an Jesus Christus den Glauben an den Gott Israels immer voraussetzt“ (S. 35). Entsprechend stünden das Alte und das Neue Testament „nicht einfach *neben*einander, sondern in einem spezifischen Verhältnis *zu*einander“ (S. 37). Zugleich beschreibt er die gegenseitigen Abgrenzungen, die teilweise auch in heftigen Tonlagen ihren Ausdruck fanden.

Im Hauptkapitel „Christlicher Glaube in der nichtchristlichen Gesellschaft“ behandelt Schröter alle relevanten Themen der Entwicklung der neuen christlichen Glaubenspraxis wie etwa die neue Sicht auf „Sexualität, Götterglaube und Beruf“ mit deutlichen Warnungen vor Unzucht und Götzendienst, wobei die Sicht auf „Prostitution als Ausdruck heidnischen Lebenswandels“ (S. 55) auch aus einer jüdischen Perspektive begründet wird. Und er hält fest: „Christliche Theologen weisen immer wieder auf den Wert der Ehe zwischen Mann und Frau hin, die als einziger legitimer Bereich der Sexualität angesehen wird.“ (S. 56)

Kontroverse Themen werden dabei nicht ausgespart, etwa beim Thema „Leben im Haus: Ehe und Familie, Sklaven, Stellung der Frau“. Hier schildert Schröter die Spannung zwischen dem „Ethos der sexuellen Enthaltsamkeit in Distanz zur heidnischen Gesellschaft“, die als „konsequente Form der Nachfolge Jesu bzw. der Praxis des christlichen Glaubens“ verstanden wird (S. 60), bis hin zum Entstehen des Mönchtums. Gleichzeitig aber macht er deutlich, dass die meisten Christen die Ehe als die dem Menschen angemessene Lebensform sehen. Hier griff bekanntlich schon der Apostel Paulus beide Sichtweisen auf.

Schröter geht auf Hausgemeinden ein, die auch dazu führen konnten, dass Wohnhäuser in Kirchen umgewandelt wurden wie im syrischen Dura Europos 232/233 belegt. Als besonders relevant markiert er immer wieder das Verhältnis der Gläubigen und Gemeinden zu den christlichen Märtyrern, von den Märtyrerakten bis zu christlichen Martyriumsdarstellungen in den Kirchen.

In den ersten vier Jahrhunderten hat sich auch die christliche Theologie herausgebildet, sowohl im Dialog mit der griechisch-jüdischen Geisteswelt und Philosophie, als auch in Abgrenzung. Schröter porträtiert die wichtigsten Theologen und Schriften jener Zeit bis hin zur „Kirchengeschichte“ des Eusebius von Cäsarea, dem ersten groß angelegten und auf Quellen basierenden epochalen Werk der Kirchengeschichtsschreibung, das „ein dezidiert theologisches Interesse“ vertritt (S. 84). Auch die innertheologischen Auseinandersetzungen werden gut verständlich erläutert, Fachbegriffe durchgehend auch übersetzt. Deutlich wird dabei auch, dass der christliche Glaube „als Vollendung der Philosophie“ verstanden wurde und die „Apologeten“ als „Verteidiger des Christentums (…) nicht bloß ungerechtfertigte Vorwürfe zurückweisen, sondern zugleich die Logik des Christentums darlegen wollten“ (S. 86 f.).

Ausführlich geht der Band auf die Motive staatlicher Ablehnung des Christentums ein. Das Verhältnis zwischen Christentum und Staat wie Obrigkeit, die Weigerung der Christen (wie auch der Juden), den römischen Kaiser als Gott anzubeten und die daraus resultierenden Konflikte bis hin zu den fürchterlichen Christenverfolgungen werden intensiv nachgezeichnet. Lange war das Bekenntnis, Christ zu sein, eine strafwürdige Handlung und konnte geahndet werden. „Als Christ war man folglich der Gefahr ausgesetzt, angezeigt und verurteilt zu werden, auch ohne dass man eine Straftat begangen hatte." (S. 109) Kaiser Diokletian (Regierungszeit 284-305) erließ Edikte, dass Kirchen zu zerstören und christliche Schriften zu verbrennen seien. Erst das Toleranzedikt von Kaiser Galerius von 311 anerkannte die christliche Religion und gestattete die Einrichtung von Versammlungsräumen. Und mit Kaiser Konstantin (312-337) begann schließlich die Phase echter staatlicher Toleranz.

Im Schlusskapitel „Vielfalt und Einheit des Christusglaubens" hält Jens Schröter zu dem von ihm beschriebenen Selbstfindungsprozess des Christentums hin zu verbindlichen Strukturen, Inhalten und Lebensformen bis zur Zeit Kaiser Konstantins fest: „Dieser Prozess (...) stellte keine Gleichförmigkeit her, sondern schuf einen Rahmen, innerhalb dessen sich die verschiedenen Ausprägungen des christlichen Glaubens bewegen sollten." (S. 121)

Das Buch ist rundum gelungen und empfehlenswert. Es bietet eine in dieser Kürze beeindruckend umfassende Gesamtschau der Entwicklung der Kirche und des Christentums in jener Zeit, die normative Grundlagen bis heute schuf. Erfreulich wohltuend ist der Zugang des Autors zum Thema. Er bezieht die Entwicklung des christlichen Glaubens in Lehre und Praxis immer zurück auf die Glaubensüberzeugungen der ersten Christen und fällt den Entwicklungen und Entscheidungen jener Zeit nicht von der Warte heutiger Positionen aus ins Wort. Wer über die Entstehung des Christentums kurz und bündig alles Wichtige erfahren oder sie sich neu erschließen will, wird dieses Buch mit großem Gewinn lesen.

Dr. Jürgen Henkel, Selb

Thomas Schumacher: ***Verbunden über den Tod hinaus. Was wir aus christlicher Sicht sagen können.*** Pneuma Verlag, München 2023, 161 S., ISBN: 978-3-942013-60-4

In seinem Werk „Verbunden über den Tod hinaus" widmet sich der Theologe und Philosoph Thomas Schumacher der im Angesicht des Todes jeden Menschen bewegenden Frage, wie die Verbindung zwischen ihm und denen, die ihn lieben, über den Tod hinaus bestehen kann. Der Ausgangspunkt des Autors ist zutiefst persönlich: der frühe Verlust seiner Ehefrau. Dieser Point of no return wird für Schumacher zum Anlass für theologisch-philosophische Reflexion, die Trost spendet, Hoffnung vermittelt und darüber hinaus jede Menge wissenswerter Fakten hinsichtlich des Übergangs ins andere, wie die Christen glauben, ewige Leben vermittelt.

Schumacher betont, dass die Beziehung zu Verstorbenen nicht mit dem Tod endet, sondern vielmehr in veränderter Form weiterbesteht. Er schreibt: „So wie Gott gegenwärtig ist, ist es der geliebte Verstorbene mit ihm und in ihm." Eine starke Aussage, die nicht nur die fortdauernde Präsenz der Verstorbenen in der Gemeinschaft mit Gott und somit auch in unserem Leben ins Bewusstsein hebt, sondern auch die Kirche als über die Zeiten hinweg lebendigen Leib Christi wieder neu fokussiert. Ein

zentrales Thema des Buches ist die christliche Ehe als Sakrament. Schumacher beschreibt sie als ein „in Freiheit gewolltes Mit-Sein, das Realsymbol des Bundes Gottes mit den Menschen ist". Auch hier geht Schumacher über die üblichen Überlegungen zum Tod hinaus, indem er die sakramentale Sicht auf die Ehe als eine aufweist, die über den physischen Tod hinausreicht.

Der Autor führt aus, dass das „Mit-Sein" mit Verstorbenen durch die Beziehung zu Gott ermöglicht wird. Ein wichtiger Schlüssel. Denn so wird klar, dass die Beziehung zu jenen, die den Gläubigen vorausgegangen sind, keine isolierte, sondern vielmehr Teil der dem irdischen Leben immanenten transzendenten Ebene, der Gottesbeziehung ist. Schumacher betont: „Nur im Glauben an Gott und in der Beziehung zu Gott ist das Mit-Sein mit unseren Verstorbenen eröffnet, die bei ihm leben." Diese Perspektive bietet Hinterbliebenen eine spirituelle Verbindung zu ihren Lieben, die über den Tod hinausgeht.

Dem Autor gelingt es in seinem kleinen, sehr lesenswerten Band, komplexe theologische Konzepte in einer zugänglichen Sprache zu vermitteln. Sein Werk ist nicht nur eine persönliche Auseinandersetzung mit dem Verlust, sondern auch eine Einladung an die Leserinnen und Leser, den Tod im Licht des christlichen Glaubens zu betrachten. *Verbunden über den Tod hinaus* ist ein Buch, das Trost spendet und Hoffnung gibt. Es zeigt, dass die Liebe und Verbindung zu Verstorbenen in der Gemeinschaft mit Gott weiterlebt. Ein wertvoller Beitrag zur christlichen Eschatologie und ein tröstlicher Begleiter für Trauernde.

Dr. Barbara Stühlmeyer, Hof

Volker Stadler/Johannes Laichner: ***„Den Esel also mache ich!" Der heilige Engelbert Kolland – Missionar aus Leidenschaft.*** Be+Be Verlag/missio edition, Heiligenkreuz 2024, 114 S., ISBN 978-3-903518-25-4

Anlässlich der Heiligsprechung der Märtyrer von Damaskus, die am 20. Oktober 2024 durch Papst Franziskus vollzogen wurde, ist im Be+Be Verlag eine Biographie über P. Engelbert Kolland OFM erschienen. Verfasst wurde sie von P. Volker Stadler OFM und Pfarrer DDr. Johannes Laichner. Die Darstellung ist sachlich, gut dokumentiert und bietet einen vertieften Einblick in das Leben eines Tiroler Franziskaners, der bei den Christenverfolgungen im Osmanischen Reich den Märtyrertod erlitt.

Engelbert Kolland, mit Taufnamen Michael, wurde am 21. September 1827 in Ramsau im Zillertal geboren. Seine Herkunft war durch einfache Verhältnisse geprägt, aber auch durch eine bewegte religiöse Familiengeschichte: Seine Eltern gehörten zur

Gruppe der Kryptoprotestanten, die sich im 18. und frühen 19. Jahrhundert im Zillertal trotz des offiziellen katholischen Bekenntnisses behaupteten. Aufgrund ihres Glaubens mussten sie das Tal verlassen und übersiedelten in die Steiermark, nach Rachau bei Knittelfeld, wo ihnen größere religiöse Toleranz gewährt wurde. Dort konvertierten sie später wieder zum katholischen Glauben. Ins Zillertal kehrten sie jedoch nicht mehr zurück. Die Kinder Michael und Florian wurden in dieser Zeit von einer Pflegemutter in Ramsau betreut und im katholischen Glauben erzogen.

Früh zeigte sich bei Michael eine große Lernfreude, besonders im sprachlichen Bereich. Mit Unterstützung verständnisvoller Priester und Lehrer konnte er eine weiterführende Ausbildung absolvieren. 1847 trat er in den Franziskanerorden ein und erhielt den Ordensnamen Engelbert, 1851 wurde er zum Priester geweiht. Sein Sprachtalent – er beherrschte unter anderem Latein, Griechisch, Hebräisch, Arabisch, Syrisch und Türkisch – qualifizierte ihn für den Dienst im Orient. Zunächst war er als Lehrer und Seelsorger an der Grabeskirche in Jerusalem tätig, später als Missionar in Damaskus.

Dort fiel er am 10. Juli 1860 gemeinsam mit weiteren Ordensleuten und Laien einem gewaltsamen Übergriff auf die christliche Bevölkerung zum Opfer. Verantwortlich war ein aufgebrachter Mob, angeheizt von drusischen Milizen. Kolland wurde gefoltert und getötet, nachdem er sich offen zum christlichen Glauben bekannte. Die Gläubigen nannten ihn wegen seiner gütigen Art „Abuna Malik" – „Vater Engel". Begraben ist er in der Pauluskirche in Damaskus.

Die Biographie ist reich bebildert und wird ergänzt durch zeitgenössische Dokumente, geistliche Texte und Würdigungen, u. a. von Erzbischof Franz Lackner, Bischof Hermann Glettler und Bischof Ivo Muser.

Das Buch bietet eine fundierte Darstellung des Lebens und Wirkens eines Mannes, der aus einem geistlich suchenden Elternhaus stammte, seine Berufung im Franziskanerorden fand, diese unter schwierigen Umständen treu lebte und schließlich im Märtyrertod für Christus Zeugnis gab. Verwiesen sei an dieser Stelle auf ein weiteres Buch zum heiligen Kolland.[1]

So kann man gleichsam in komplementärer Lektüre viel über diesen großen Heiligen erfahren!

Prof. Dr. Josef Spindelböck, St. Pölten

---

[1] Hingewiesen sei auch auf das Buch von Gottfried Egger OFM: *Vater Engel – Abouna Malak. Heiliger Engelbert Kolland*, The Best Kunstverlag, Wels 2024.

Autorenverzeichnis

Mit den Autoren ohne Kontaktadressen kann über die Redaktion unserer Zeitschrift Kontakt aufgenommen werden.

Hinweis: P. steht für Priester oder Ordenspriester, Pfr. für Pfarrer

Adresse der Redaktion und Schriftleitung: Pfr. Prof. h. c. Dr. Jürgen Henkel, Pfarramt Erkersreuth, Lindenfelsstr. 2, 95100 Selb,
@: Schriftleitung@Auftrag-und-Wahrheit.net

Dr. Markus Fischer, Strada Frumoasă 42, RO-010987 Bukarest, Rumänien

Pfr. Martin Fromm, Pfarramt Rüdenhausen und Wiesentheid, Kirchplatz 2, 97355 Rüdenhausen; @: martin.fromm@elkb.de

Dr. Agnes Fromme, Enoch-Widmann-Straße 86, 95028 Hof

Stadtpfarrer & Dechant Dr. Hans Bruno Fröhlich, Lektor für Praktische Theologie am Department für Evangelische Theologie der Fakultät für Geisteswissenschaften an der Lucian-Blaga-Universität Hermannstadt/Sibiu, Stadtpfarramt Schäßburg, Str. Cositorarilor 13, RO-545400 Sighişoara/Schäßburg, Rumänien

Dr. Tobias Häner, Priester des Bistums Basel, Verwalter des Lehrstuhls für Einleitung und Exegese des Alten Testaments und Dialog mit den Kulturen des Vorderen Orients, Kölner Hochschule für Katholische Theologie (KHKT), Gleuelerstr. 262-268, 50935 Köln; @: tobias.haener@khkt.de

Pfarrer Prof. h. c. Dr. Jürgen Henkel, Pfarramt Erkersreuth, Lindenfelsstr. 2, 95100 Selb-Erkersreuth; @: schriftleitung@auftrag-und-wahrheit.net

† Î.P.S. Ioachim, Arhiepiscopul Romanului şi Bacăului, Str. Alexandru cel Bun, Nr. 5, 611065 Roman, jud. Neamţ, Rumänien

Pastor Dr. Jürgen Kämpf, Schleider Hauptstraße 16, 36419 Schleid;
@: pfarrer.kaempf@bistum-fulda.de

P. Dr. Andrzej Dominik Kuciński, Kapellenstr. 44, 53115 Bonn

Dr. Katarína Kristinová, Theologin, Religionspädagogin, Autorin, Vorsitzende der Evangelischen Akademikerschaft Berlin-Brandenburg, Bussardweg 4, 16515 Oranienburg; @: katka31@web.de

P. DDr. Johannes Laichner, Pfarrer in Karres, Karrösten, Roppen und Mils bei Imst, Diözesandirektor der Päpstlichen Missionswerke Diözese Innsbruck, Widumweg 13, A-6426 Roppen, Österreich; @: johanneslaichner@hotmail.com

Monsignore Dr. Cesar Martínez, Subsidiar an der Pfarrkirche St. Pantaleon, Am Pantaleonsberg 2, 50676 Köln; @: cesar-martinez@gmx.net

Pfarrerin Cornelia Meinhard, Pfarrei Georgensgmünd, Mitglied der Landessynode der Evangelisch-Lutherischen Kirche in Bayern/ELKB, Am Kirchenbuck 1, 91166 Georgensgmünd; @: cornelia.meinhard@elkb.de

P. Philipp Meyer OSB, Benediktinerabtei Maria Laach, 56653 Maria Laach; @: p.philipp@maria-laach.de

Paweł Milerski, Subregens und Studienpräfekt am Erzbischöflichen Missionarischen Priesterseminar Redemptoris Mater Köln, Kapellenstr. 44, 53115 Bonn, @: pawel.milerski@gmail.com

P. Christoph Müller, Am Hummelsberg 2a, 96237 Ebersdorf-Kleingarnstadt

Pastor i. R. Joachim Musiolik, Gartenstr. 5, 27232 Sulingen; @: jmusiolik@aol.com

Pastor Dietmar Neß, Mag. theol., Wittichenauer Straße 11a, 02999 Lohsa–Groß Särchen; @: mag-ness@t-online.de

Pfr. i.R. Dr. Thomas Pitters, Gastprofessor an der Universität Lucian Blaga Sibiu/ Hermannstadt, Gusentalblick 13, A-4211 Alberndorf i.R., Österreich; @: t.pitters@outlook.com

P. Franz Prosinger, Pfr. i. R., Kirchenplatz 1, A–3244 Ruprechtshofen, Österreich; @: prosingerfranz@gmail.com

P. Engelbert Recktenwald FSSP, Mommsenstr. 2, 30169 Hannover, @: chesterton@gmx.net

Pfr. Martin Reutter, Geschäftsführender Vorstand Diakonie Ansbach, Prior EKKH, Karolinenstraße 29, 91522 Ansbach, @: Martin.reutter@diakonie-ansbach.de

P. Heinrich Schmidt, Leitender Pfarrer des Pastoralen Raumes Kirchhundem (Sauerland), Hundemstraße 51, 57399 Kirchhundem; @: Pfr.Schmidt@prkh.de

Pastor Dietmar Schmidtmann, Kolpingplatz 1, 02997 Wittichenau; @: d.schmidtmann@gmx.at

Prof. Dr. Josef Spindelböck, Priester im Bistum St. Pölten, Katholische Hochschule ITI Trumau, Kremser Str. 7, A-3123 Kleinhain, Österreich; @: josef@spindelboeck.net

Dr. Barbara Stühlmeyer, Theologin, Musikwissenschaftlerin, Journalistin, Westendstraße 1, 95028 Hof; @: barbara.stuehlmeyer@t-online.de

Dr. Ludger Stühlmeyer, Musikwissenschaftler, Musikdirektor ACV, Stadt- und Dekanatskantor, Komponist, Westendstraße 1, 95028 Hof; @: dr.stuehlmeyer@t-online.de

Péter Szijjártó, Ungarischer Außenminister, Budapest, c/o Botschaft von Ungarn in Berlin, Unter den Linden 76, 10117 Berlin

† Kurienbischof Prof. Dr. Franz-Peter Tebartz-van Elst, Delegat für die Katechese, Päpstlicher Rat zur Förderung der Neuevangelisierung, Vatikanstadt, Rom

Pfr. Univ.-Prof. (em.) Dr. Reinhard Thöle, Brüsseler Ring 50, 64521 Groß-Gerau; @: reinhard.thoele@theologie.uni-halle.de

Pfr. Gerhard Wagner, Str. Crişanei Nr. 1D, RO-510146 Alba Iulia, Rumänien; @: gwagner12@gmail.com

Pfr. i. R. Johannes Weigel, Ernst-Thälmann-Straße 5, 02692 Doberschau-Gaußig; @: joh.weigel@gmx.de

Pfr. Prof. Dr. Dr. h.c. Gunther Wenz, Wolfhart Pannenberg-Forschungsstelle, Hochschule für Philosophie München, Kaulbachstraße 31/33, 80539 München, @: gunther.wenz@hfph.de

Auftrag und Wahrheit

Ökumenische Quartalsschrift für Predigt, Liturgie und Theologie

Programm

Der Herausgeberkreis der Zeitschrift *„Auftrag und Wahrheit. Ökumenische Quartalsschrift für Predigt, Liturgie und Theologie"* hat sich zum Ziel gesetzt, aus katholischer, orthodoxer und lutherischer Perspektive die aktuelle Predigt- und Gottesdienstpraxis mit Predigthilfen, Predigtentwürfen und Homilien sowie theologischer Reflexion zu Homiletik und Liturgik zu bereichern. Grundlegend ist dabei die Überzeugung, dass unsere Lebenswirklichkeit vom Wort Gottes auszulegen ist, nicht das Wort Gottes nach unserer Lebenswirklichkeit.

Dabei verfolgen alle unsere Beiträge das Ziel, die Gläubigen und das ganze Volk Gottes in Theologie, Liturgie und Predigt in die Nachfolge Christi zu rufen, auf Gottes Menschwerdung und Erlösungswerk im Glauben zu antworten und sich im Gottesdienst zur eucharistischen Gemeinschaft der Erlösten zu versammeln, die Gott als Heilsgemeinde lobt und dankt und Ihn mutig und furchtlos bekennt, anbetet und preist nach dem Wort des Hl. Apostels Petrus: „Man muss Gott mehr gehorchen als den Menschen." (Apg. 5,29)

Die in dieser Zeitschrift vermittelte Theologie versteht sich als vom Heiligen Geist inspiriert und verwirft eine Orientierung der Theologie, der Kirche, der Liturgie und der pastoralen Praxis am Zeitgeist.

Sie steht ausdrücklich auf der Grundlage der Heiligen Schrift als geoffenbartem Wort Gottes, der Theologie der Kirchenväter und der altkirchlichen Bekenntnisse; sie respektiert zudem in ökumenischem Geist die daraus erwachsenen kirchlichen Dogmen als jeweils verbindliche Lehre des christlichen Glaubens und Lebens, die namentlich für Predigt, Gottesdienst und Theologie insgesamt sowie für die Verkündigung im Alltag stetig gilt. Demgemäß hat jede Predigt das Wort Gottes und die Wahrheit des Glaubens unverfälscht und rein den Gläubigen, der Kirche und der ganzen Welt zu verkündigen, „da-mit Gott herrscht über alles und in allem" (1. Kor. 15,28). Jeder Gottesdienst lässt die um den Altar versammelten Gläubigen die Gemeinschaft mit dem Dreieinigen Gott erfahren, Der in der Heiligen Schrift zu den Gläubigen spricht und Sich in den Eucharistischen Gaben als wahrer Leib und wahres Blut Christi Seiner Gemeinde schenkt.

Der christliche Glaube erhebt den Menschen somit schon in diesem Leben über die sinnlich und empirisch wahrnehmbare Welt und Wirklichkeit hinaus und gibt einen Vorgeschmack auf die Ewigkeit. Entsprechend haben Gottesdienst, Predigt und Theologie und jede öffentliche christliche Rede von Gott sich nie auf eine innerweltlich-diesseitige Sinnstiftung zu beschränken oder politisierende Weltverbesserung zu betreiben, sondern immer die Perspektive des Eschaton zu vermitteln gemäß der Weisung des Apostels Paulus: „Richtet euren Sinn auf das Himmlische und nicht auf das Irdische!" (Kol. 3,2)

Die Theologie der Kirchenväter und die kirchliche Lehrtradition bilden dabei eine lebendige Erschließung der im Wort Gottes der Heiligen Schrift geoffenbarten Wahrheit. Die Zeitschrift geht von der inneren geistgewirkten Einheit von fides quae und fides qua, Orthodoxie und Orthopraxis, lex credendi und lex orandi aus. Angestrebt wird eine pastorale und liturgische Praxis und Verkündigung, die in ihren Ausdrucksformen auch an die Sprache anknüpft, wie sie traditionell in Klöstern und evangelischen Kommunitäten geübt wird.

Gleichzeitig soll die Schönheit der Liturgie und des Gottesdienstes Augen, Herz und Sinne für das in Christus angebrochene und in unsere Welt hereinwirkende Reich Gottes öffnen. Unsere Perspektive ist die Vorbereitung der Gläubigen und der Gemeinde Jesu Christi als Volk Gottes auf das Reich Gottes, die Wiederkehr Christi und das ewige Reich der Erlösten.

Jede innerkirchliche und öffentliche Verkündigung hat zum Verständnis und zur Verteidigung des christlichen Glaubens und der Wahrheit in der Liebe beizutragen, zu ermutigen und zu befähigen.

Erscheinungsform

Die Zeitschrift erscheint vierteljährlich als E-Book und in Druckfassung.

Die Zeitschrift verwendet nicht die sog. „gendergerechte Sprache“, sondern das klassische Deutsch nach bisherigen Regeln und bestehender Grammatik.

Inhalt

Unsere Zeitschrift bietet folgende Rubriken:

- Predigtteil (Predigthilfen und Predigtentwürfe, liturgische Texte, Homilien)
- Wissenschaftliche Studien zu verschiedenen Disziplinen der Theologie (Homiletik, Liturgik, Dogmatik, Kirchengeschichte, Patristik und Theologie der Kirchenväter, Theologische Ethik und Moraltheologie, Christliche Gesellschaftslehre / Sozialethik, Pastoraltheologie, Theologische Gegenwartsfragen, Kirchenrecht, Christliche Kunst, Spiritualität)
- Dokumentation (Quellentexte, Kommentare, Berichte aus dem kirchlichen Leben und Tagungsberichte)
- Rezensionen

Mitte und Schwerpunkt der Zeitschrift ist der Predigtteil. Hier werden zu Sonn- und Feiertagen katholische und evangelisch-lutherische Autoren jeweils eine Predigthilfe oder einen bereits ausgearbeiteten Predigtentwurf bieten.

Ziel ist dabei grundsätzlich eine geistliche Schriftauslegung. Zu Hochfesten und wichtigen ostkirchlichen Feiertagen werden zudem orthodoxe Autoren Predigten oder Homilien beisteuern und ihre Traditionen präsentieren, damit Elemente daraus in den anderen Kirchen fruchtbar gemacht werden können zum gemeinsamen unverfälschten Zeugnis des christlichen Glaubens in der heutigen Zeit und Welt.

Die Zeitschrift *„Auftrag und Wahrheit. Ökumenische Quartalsschrift für Predigt, Liturgie und Theologie"* versteht sich als theologisches Plädoyer und Bekenntnis:

- zur Heiligen Schrift als Maßstab und Richtschnur christlichen Lebens, Glaubens, Handelns und Denkens (2. Tim. 3,16: „Jede von Gott eingegebene Schrift ist auch nützlich zur Belehrung, zur Widerlegung, zur Besserung, zur Erziehung in der Gerechtigkeit");
- zur kirchlichen Lehre, wie sie von Christus selbst Seiner Kirche zur Bewahrung und Weitergabe anvertraut wurde (Mt. 28,19 f.: „Geht zu allen Völkern und macht alle Menschen zu meinen Jüngern; tauft sie auf den Namen des Vaters und des Sohnes und des Heiligen Geistes, und lehrt sie, alles zu befolgen, was Ich euch geboten habe"); sowie
- zur Verkündigung des reinen Evangeliums an die Gläubigen und die Gemeinden sowie an alle Menschen und Völker, um diese zum Glauben zu rufen, damit sie Gott vertrauen und das in Jesus Christus eröffnete Heil entdecken nach dem Wort des Herrn: „Wer da glaubt und getauft wird, der wird selig werden; wer aber nicht glaubt, der wird verdammt werden." (Mk. 16,16)

So will unsere Zeitschrift alle Christinnen und Christen dazu ermutigen, Zeugnis abzulegen von ihrem christlichen Glauben und besonders Theologen, Liturgen und Prediger ermuntern und motivieren, ihren priesterlichen, katechetischen und missionarischen Dienst für das Volk Gottes und die ganze Welt eingedenk der Selbstermahnung des Paulus zu verrichten: „Weh mir, wenn ich das Evangelium nicht verkündige!" (1. Kor. 9,16)